THE 많이 풀어보는 모의고사 N2

도서출판 예빈우

머리말

예전에는 외국어를 공부하는 방법이 상당히 단순하였다. 스스로 독학을 하던가, 한정된 학원 등록해서 강사에게 배우던가 하는…

그러나 요즘에는 인터넷강의와, 카페, 블로그, 동호회 등을 통해서 최신화된 다양한 정보를 바탕으로 언제, 어디서든 공부를 할 수 있게 되었다. 물론, 어떠한 것을 선택하든, 본인의 시간과 노력을 투자하는 것은 변하지 않았다. 즉, 학습자가 목적을 가지고, 스스로 원해서 공부하는 것은 변하지 않았지만, 시중에 나와 있는 정보를 공유해서, 좋은 교재, 좋은 학원, 좋은 선생님, 좋은 인터넷강의를 선택할 수 있다는 것은, 소비자(학습자)의 입장에서는 상당히 좋은 것이지만, 공급자(출판사나 저자, 인터넷강의 업체)에서는 상당히 곤혹스러운 것(?)이다. 조금이라도 현실감각이 뒤처지거나 최신정보에 밝지 않으면, 바로 도태되어 버리는 것인 자유시장경제 논리이므로, 부단한 노력을 멈출 수가 없는 것이다.

필자는 대형학원에서 20년 이상의 현장강의를 하였고, 소위 유명한 사이트의 일본어능력시험 인터넷강사로서 이른바 전국 1타 강사라는 타이틀도 가지고 있다. 물론 지금도 전국1타 라는 타이틀을 누군가에게 양보하고 싶은 마음은 추호도 없다. 다만, 멋지고 뛰어난 후배강사가 나타나면 기꺼이 물러설 용의는 있지만, 필자 역시, 매일 끊임없이 뼈를 깎는 노력을 하고 있기에, 쉽게 물러설 것 같지는 않다.

일본어능력시험은 요 몇 년 간 침체기를 겪었다. 다양한 요인이 있었지만… 지금은 세계경제의 활황과, 특히, 일본 내의 눈부신 경제성장과 더불어, 일자리가 급속히 늘어나, 실업률이 거의 바닥을 찍고 있는 것이 일본의 현실이다. 그래서, 일본은 능력을 갖춘 외국인들의 고용에 눈을 돌리고 있으며, 특히 성실함과 인내심, 현장 적응도가 타의 추종을 불허하는(?) 한국인들을 많이 고용하고 있는 편이다. 그 덕분에 일본어를 공부하는 젊은이들이 부쩍 늘어나고 있고, 일본에 대한 관심도 상당히 높아지고 있는 추세이다.

우선 일본회사에 들어가기 위해서는 일본어능력을 입증할 수 있는 자료가 필요한데, 그것인 일본어능력시험 N1, N2, N3이다. 시험이라는 것은 학습자 개인의 능력도 중요하지만, 교재나, 그 교재를 강의하는 강사의 역할도 상당히 중요하다. 좋은 교재에 좋은 선생님, 그리고 여러분의 의욕만 있다면, 삼위일체를 이루어 시험에 가볍게 합격할 수 있을 것이다.

지금 현재, 시중에 나와 있는 교재 중에서, 가장 최신의 문제와, 가장 많은 모의고사를 자랑하는 본 교재는, 감히「THE 모의고사」라는 타이틀을 붙여도 될 만큼, 필자가 심혈을 기울여, 다년간에 걸쳐 만들었다. 20년 간의 강의경력이라는 자부심과, 일본어시험 교재 최다 저자라는 자긍심으로 여러분께 일독을 권한다.

그럼 여러분께 무한한 영광과 합격이라는 선물이 두 손에 오기를 기원한다.

저자 이 장우

목 차

THE 많이 풀어보는 모의고사 1회

유 형	배 점	시험시간
언어지식 (문자 · 어휘 · 문법)	60점	105분
독해	60점	
청 해	60점	50분

N2 ·1회　언어지식 (문자 · 어휘 · 문법)

問題1　＿＿＿＿の言葉の読み方として最もよいものを、1・2・3・4から一つ選びなさい。

1　妻と二人で豪華版の食事を楽しんだ。

1　こうが　　2　こうか　　3　ごうが　　4　ごうか

2　探検隊は冬のエベレストを征服した。

1　せいふく　　2　こうか　　3　ごうが　　4　ごうか

3　相互援助のため数ヵ国が連盟した。

1　れんもう　　2　れんめい　　3　れんみ　　4　れんまい

4　製造会社は欠陥品の回収を始めた。

1　かいじゅう　　2　かいじゅ　　3　かいしゅ　　4　かいしゅう

5　飛行機は大きく旋回して下降した。

1　げこう　　2　げきょう　　3　かこう　　4　かきょう

問題２　＿＿＿＿の言葉を漢字で書くとき、最もよいものを１・２・３・４から一つ選びなさい。

[6] こうかてきな方法はないでしょうか。

1　郊果的　　2　郊課的　　3　効果的　　4　効課的

[7] こうはんせんが大事だ。

1　後半戦　　2後判戦　　3　後半選　　4　後判選

[8] タバコ会社はこうきょう機関ではない。

1　工共　　2　工供　　3　公共　　4　公供

[9] 年をとってからのさいきは大変だ。

1　再起　　2　再気　　3　再機　　4　再基

[10] 何でもきそが大事である。

1　期礎　　2　記礎　　3　記礎　　4　基礎

問題3 （　　　　）に入れるのに最もよいものを、1・2・3・4から一つ選びなさい。

11 友だちは世界の（　　　　）現象の研究をしている。

1 楽　2 怖　3 怪　4 真

12 （　　　　）委員会からの発表がある予定です。

1 名　2 知　3 備　4 各

13 この番組の（　　　　）放送は土曜日です。

1 再　2 最　3 双　4 後

14 水力発電は、資源の少ない日本の貴重な（　　　　）国産自然エネルギーである。

1 真　2 純　3 全　4 秀

15 英語教育の（　　　　）問題について議論があった。

1 反　2 諸　3 含　4 合

問題4 （　　　　）に入れるのに最もよいものを、1・2・3・4から一つ選びなさい。

16 東京から（　　　　）20キロ以内を首都圏という。

1 傾斜　　2 傾向　　3 半径　　4 半分

17 新聞の社説を教材として（　　　　）した。

1 採用　　2 用心　　3 採掘　　4 編成

18 （　　　　）で洗っても汚れが落ちなかった。

1 洗濯　　2 体制　　3 材料　　4 洗剤

19 仕事が（　　　　）していて帰れなかった。

1 業績　　2 山積　　3 蓄積　　4 貯蓄

20 空港周辺の住民は騒音公害に（　　　　）いる。

1 なやまされて　　2 たおされて　　3 まわされて　　4 いかされて

21 坂をかけ上がったら心臓が（　　　　）した。

1 どきどき　　2 いらいら　　3 のろのろ　　4 にこにこ

22 私たちはこれからの（　　　　）要求に応じてはならない。

1 たのもしい　　2 あつかましい　　3 かしこい　　4 いさましい

問題5　＿＿＿＿の言葉に意味が最も近いものを、１・２・３・４から一つ選びなさい。

23　私がこの意見に賛成する理由は一つではない。

1　敬意　　2　慎重　　3　同意　　4　動揺

24　彼は棚に本をぎっしり詰め込んだ。

1　すきまなく　　2　なんとなく　　3　ぐっすり　　4　ぼんやり

25　この規則はあらゆる場面にあてはまる。

1　応用できる　　2　適用できる　　3　説明できる　　4　説得できる

26　お安いご用ですね。

1　とても安いものですね
2　忙しくないようですね
3　やさしい用事ができましたね
4　簡単なたのみですね

27　今日、みんなでいっぱい飲もうじゃないか。

1　みんな飲まずに帰ろう
2　いっぱいだけ飲もう
3　みんなで一緒に大いに飲もう
4　みんながいっぱいも飲みたがらない

問題６　次の言葉の使い方として最もよいものを、１・２・３・４から一つ選びなさい。

28　歳暮

1　会社の歳暮を見せてください。

2　歳暮契約ではだめです。

3　歳暮は去年とりました。

4　歳暮バーゲンセールを行っている。

29　ふせぐ

1　震災をふせぐことはできないだろうか。

2　人工衛星が地球をふせいでいる。

3　あの病院は最新式設備をふせいでいる。

4　子供は大きなまくらに頭をふせいだ。

30　くれぐれも

1　彼は最近くれぐれも仕事をしている。

2　健康にはくれぐれも気をつけてください。

3　家から駅までくれぐれも５分だ。

4　あなたが知りたいのは住所ですか、くれぐれも電話番号ですか。

31　あきらか

1　弟はテレビゲームにあきらかだ。

2　あきらかなけがじゃなくてよかったですね。

3　あのころはやりたいことも仕事も見つからず、毎日があきらかだった。

4　彼が言ったことがうそであるのはあきらかだ。

32 ふもと

1 最近はふもとのある若者が人気がある。

2 山のふもとに大きな松の木が置いてあった。

3 この商品のふもとを見せてください。

4 仕事ばかりでなく、たまにはふもとも必要だ。

問題7　次の文の（　　　　）に入れるのに最もよいものを、1・2・3・4から一つ選びなさい。

33　その話は人の命（　　　　）問題だから真剣に聞いた。

1　にかかわる　　2　にこたえる　　3　にあたる　　4　にさいする

34　学生は、先生が教室に入って来た時には、席についている（　　　　）。

1　はずです　　2　べきです　　3　ところです　　4　わけです

35　失恋をしたのは多分、これから３年ぐらい前（　　　　）。

1　に違いない　　2　だったろう　　3　のはずだ　　4　に決まっている

36　昨日は指をドアに（　　　　）、雨に降られ、えらい目にあった。

1　つつんで　　2　つつまれ　　3　はさんで　　4　はさまれ

37　先生がお書きになった論文を（　　　　）よろしいでしょうか。

1　拝見させていただいても　　2　拝見していただいても

3　ご覧いただいても　　4　ご覧させていただいても

38　携帯電話の世界の動きには、（　　　　）の私ですら、目を見張るものがあります。

1　電話好き　　2　電話嫌い

3　電話かって　　4　電話しだい

39 苦しみが（　　　　）、また成功したときの喜びもあるものだ。

1　あるならこそ　　2　あるからこそ

3　あるからには　　4　あるかぎり

40 間抜けな注文を（　　　　）、店主は怒鳴りつけて追い返した。

1　しようものなら　　2　しそうものなら

3　しないものなら　　4　しようものの

41 彼は（　　　　）職歴もない。

1　お金もないと　　2　お金はないと

3　お金もなければ　　4　お金はなければ

42 たとえどんな食物を（　　　　）、食べ過ぎてはいけません。

1　食べたからといって　　2　食べるにしても

3　食べたからには　　4　食べるにしては

43 彼は定年退職したはずなのに、（　　　　）スーツにネクタイ姿で出かけて行く。

1　偶然一人で　　2　いつもと違って

3　まさか家族をつれて　　4　依然として毎日

44 彼は金庫のカギの開け方を知っていたただ（　　　　）。

1　ひとりになってほしい　　2　のひとりになってほしい

3　ひとりの人だった　　4　の人ではない

1회

2회

3회

4회

5회

6회

問題8　次の文の＿＿★＿＿に入る最もよいものを、1・2・3・4から一つ選びなさい。

（問題例）　寝る ＿＿＿＿ ＿＿＿＿ ＿＿★＿＿ ＿＿＿＿ 習慣になっていた。

　　1　前に　　2　彼の　　3　ひと風呂　　4　浴びるのが

（解答の仕方）

1.　正しい文はこうです。

> 寝る ＿＿＿＿ ＿＿＿＿ ＿＿★＿＿ ＿＿＿＿ 習慣になっていた。
>
> 　　1　前に　　3　ひと風呂　　2　浴びるのが　　4　彼の

2.　＿＿★＿＿に入る番号を解答用紙にマークします。

（解答用紙）

（例）	① ② ● ④

45　彼の奥さんは ＿＿＿＿ ＿＿＿＿ ＿＿★＿＿ ＿＿＿＿ ひとつだった。

　　1　彼の大きな　　2　とても知的で　　3　自慢の　　4　それが

46　高校は若者が人生の目的について＿＿＿＿ ＿＿＿＿ ＿＿★＿＿ ＿＿＿＿場所である。

　　1　考える　　2　できる　　3　すばらしい　　4　ことの

47　どの部屋を＿＿＿＿ ＿＿＿＿ ＿＿★＿＿ ＿＿＿＿ しておいてください。

　　1　あとで必ず　　2　と　　3　きれいに掃除　　4　使おう

48 私は一度決心したら、＿＿＿＿ ＿＿＿＿ ＿★＿ ＿＿＿＿ します。

1 どう評価しても　2 他人が　3 貫こうと　4 自分の意志を

49 私は持っていた＿＿＿＿ ＿＿＿＿ ＿★＿ ＿＿＿＿彼にあげた。

1 金を　2 少し　3 全部　4 ばかりの

問題９　次の文章を読んで、文章全体の内容を考えて [50] から [54] の中に入る最もよいものを、１・２・３・４から一つ選びなさい。

11月３日は文化の日。それでは、「文化」という言葉について調べてみましょう。この言葉は「伝統文化」、「文化祭」、「文化鍋」などいろいろな使い方をします。今、[50] 使われているのは「学問や芸術、道徳、宗教など、人間が生み出したもの」を指す意味です。これは明治時代に、ドイツ語「kultur」の訳語として使われてからの意味です。ドイツ語「kultur」の語源はラテン語「cultura」です。これは「耕作」という意味です。つまり、人間が手を掛けて [51] ということです。ここから現在使われている意味になったのです。

さて、この「文化」は、もともと日本では「世の中が開けて生活内容が高まること」、つまり「文明開化」という意味で使われていて、「近代的、欧米的」ということを意味するようにもなりました。大正時代になると、他の言葉の上について「文化○○」という言葉が使われるようになります。例えば、「文化住宅」。洋風を取り入れた住宅で、居間や子ども部屋、テーブル、いすを設けました。ところが、関西では [52] 、高度経済成長期に多く建設された２階建ての木造アパートのことを「文化住宅」と呼びました。それまではトイレと台所が [53] だったのに対し、各戸についていることから「文化的」ということでこう呼ばれたといいます。このように戦後になると「欧米的」よりも「新しい・便利」という意味での「文化」がつく言葉が増えました。

例えば、「文化鍋」「文化包丁」「文化干し」。「文化鍋」は、従来の鍋よりも飯を炊きやすくした鍋。「文化包丁」は、野菜や肉、魚など一本でさまざまな食材を扱える包丁です。「文化干し」は、セロハンで包み込んだ干物のことです。きれいな仕上がりになる画期的な包装の仕方ということで [54] 。

50

1 主に　　2 さらに

3 もっと　　4 きっと

51

1 何でも食べてみる　　2 何かを作り出す

3 何かをやってみる　　4 何でも聞いておく

52

1 まったく同じく　　2 昔と比べて

3 これとは別に　　4 いろんなことがあって

53

1 別々　　2 無し

3 共用　　4 一緒

54

1 きれいな名前になりました　　2 有名な名前になりました

3 名付けられそうです　　4 名付けられたそうです

問題10　次の文章を読んで、後の問いに対する答えとして最もよいものを、1・2・3・4から一つ選びなさい。

(1)

ある日、テレビを見ていたら子育て中のあるお母さんがこう言っていました。「夕飯の支度をしていると1年生の子供がお手伝いをしたがるんだけど、あまり役に立たないし、それどころかかえって能率が落ちてしまうのでおもちゃで遊ばせるようにしているんです」「でも、ただのおもちゃではなくて、頭がよくなるパズルのおもちゃをやらせているんです」私はそれを聞いて「もったいないなあ」と思いました。せっかく子供がやる気になっているのに、それを生かさないなんてもったいなさすぎです。もちろん、小さい子に手伝わせるより、自分でやった方が能率がいいに決まっています。でも、そういう考えでいると、子供を伸ばすことはできません。お手伝いは、家事を能率よくやるためのものでなく子供を伸ばすためにある、と考えてほしいのです。

55　筆者は子供が家事を手伝うことについてどう思っているか。

1　あんまり役に立たないのでやめさせたほうがいい。

2　小さな力でもやらせたほうが子供のためにもいい。

3　どのように家事をすればいいかをちゃんと教えてやる。

4　おもちゃを活用して家事を手伝う方法を教えてやる。

(2)

ダイエット中、きのこやこんにゃくなど、低カロリーの食品ばかりを選んで食べる人もいるでしょう。しかし、低カロリーの食品は熱を生み出すことがありません。逆に食べ過ぎると、冷えを招いてしまい、かえってやせにくくなってしまう可能性もあるのです。低カロリーの物ばかりを食べて体が冷えると、血流が悪くなって栄養が隅々まで行き渡らなくなるために、代謝が低下してしまいます。また、体を温めると脂肪がよく燃焼しやすい状態になりますが、冷えている状態ではなかなか体脂肪は燃えてくれません。さらに、体が冷えると胃が弱くなって食べ物が消化にくくなり、食品のカスが腸壁に残るため栄養の吸収が悪くなり、かえって太ってしまう危険性が高くなるのです。

56 ダイエットについてどう言っているか。

1 毎日ある程度の低カロリーの食品を食べたほうがいい。

2 低カロリーの食品の中でも栄養の豊富な物を食べたほうがいい。

3 体が冷えにくい低カロリー食品を食べたほうがいい。

4 体脂肪をよく燃やしてくれる食品を食べたほうがいい。

(3)

カナダに住んでいる両親が初めてドイツに旅行した。歩き疲れてお腹が空いてきた両親は、食べ物がたくさん置いてあって人々が飲んだり食べたりしている場所を見つけた。ドイツ語をひとことも話せない両親はとりあえず空いている席2つを見つけて座った。ウェイターを待っていたら、誰かがやってきて話しかけてきた。だが向こうも英語を話せず会話は成立しなかった。そこでメニューを探していたら、驚いたことに食事が運ばれてきた。ビールやソーセージなどごちそうが並び、知らない言語で知らない人たちと楽しく笑ったり飲んだり楽しい時間を過ごした。その2時間後くらい花嫁・花婿(注)が登場し、両親に紹介された。そこで両親は初めて気づき、恐怖に満ちた顔になった。それをみんなが見て、泣くほど笑い転げたらしい。

20年経って、今でもその花嫁の家族と交流があり、あちらの家族や親戚たちも何度かカナダの両親のもとを訪ねている。

(注) 花婿《はなむこ》: 新郎

57 どんな話なのか。

1　両親の錯覚で起きた旅行先でのおもしろい話

2　両親が旅行先で経験した現地人の親切な話

3　その国の言語が知らなくても楽しめる旅行の話

4　外国における両親の親戚の結婚式のめでたい話

(4)

「酒は飲んでも飲まれるな」これは私が成人した時に父親から言われた言葉です。それで、私はお酒を飲むときは常に頭のどこかに酒は飲んでも飲まれないということを気にかけています。なぜ気にかけているかというと、恥ずかしながらお酒で失敗した事が多数あるからなのです。まずは会社の忘年会や新年会で、羽目をはずしすぎて、社長にまでからんでしまったり、声が大きくなりすぎてケンカをしてしまったりと、今になって思えば恥ずかしいことばかりやってきたからなのです。今は、お酒を飲んでも気をつけていますから大丈夫ですが、みなさんも「酒は飲んでも飲まれないように」ご注意ください。

58 「酒は飲んでも飲まれるな」とあるが、何の意味なのか。

1 お酒を飲みすぎると人間関係が悪くなるおそれがある。

2 お酒は健康のために適当に飲んだほうがいい。

3 お酒を飲んでも人に迷惑をかけるようなことはするな。

4 お酒を飲みすぎると仲間たちからの印象が悪くなる。

問題11　次の文章を読んで、後の問いに対する答えとして最もよいものを、1・2・3・4から一つ選びなさい。

(1)

「忙しいな。暇がないんだよ」

合コンのとき、忙しさをアピールすれば、価値がある人のように思われるだろうと思います。人付き合いに忙しい人は、モテるだろうと思います。公私ともに忙しい様子が感じられれば、それだけ求められる有能な人材なのだろうと思います。

しかし、そう思うのは、本人ばかりです。聞いている人はどう感じるでしょうか。

もちろんプラスのイメージもありますが、マイナスのイメージも抱いてしまいます。

「いつも忙しそうで、心に余裕がなさそうだな」

「知り合えても、連絡が大変そう」

あげくには「いつも忙しいと言っているのは、実は本人の仕事が遅いだけではないのか」とさえ、思われることでしょう。

「忙しい、忙しい」という人は、実は暇な人が多いものです。

あまり大げさにアピールしすぎると、プラスの印象どころか、マイナスの印象を受けてしまうのです。忙しすぎる印象を与えるのは、近寄りがたい雰囲気を出してしまうことです。いつの間にか、出会いのチャンスを逃してしまいやすいのです。では、忙しいときには、どう言えばいいのでしょうか。

「忙しいけれど時間を作るよ」と言えばいいのです。これは嬉しい言葉です。自分のために、時間を作ってくれると、特別扱いされているような感じがします。特別扱いするから、特別な意識が芽生えます。

59 筆者の話によると、いつも忙しいふうに振る舞う人に、他人はどう思うか。

1 能力がある人だと思われて肯定的に考える。

2 否定的なイメージがあってあんまり好まれない。

3 他人のことは気にしない自己中心的な人だと思う。

4 ただの自己満足だけだというマイナスのイメージを持つ。

60 他人に自分の忙しさをアピールすればどうなるか。

1 人間関係の悪さを感じて二度と会おうとしないだろう。

2 自分のことをうらやましがって、いろんなことを学ぼうとする。

3 異性との出会いのチャンスはなくなるが、会社では認められる。

4 自分をよく見せようとしたことがかえって悪いイメージを与えてしまう。

61 「嬉しい言葉」とあるが、それはなぜか。

1 忙しい人が自分のために時間を出してくれると思われるようになるから

2 本気ではなく建前でも自分のことをほめてくれるから

3 会社のことより自分のことを先に考えてくれる優しい人だから

4 今まで知らなかった時間の大事さを教えてくれるから

(2)

不眠症になる原因の代表的なものに人間関係のストレスがあります。職場の上司とうまくいかない、夫婦の関係がぎくしゃくしている、子どもと会話が成り立たない、などの悩みをお持ちの方は決して少なくないはずです。こうした人間関係の問題は、非常にありふれているとも言えますが、こうした原因によって不眠症になってしまう人がいる一方で、まったく気にせずよく眠れる人がいます。

つまり、同じような状況にいても、不眠症になってしまう人とならない人がいるということです。なぜこのような違いが出てくるかということについて明確な答えが用意されているわけではありませんが、性格的な違いが原因だと考えられます。負けず嫌いで自己主張が強く、そのくせいつまでも感情を引きずってしまうタイプの人は、人間関係が原因で不眠症になりやすい傾向があります。逆に、サバサバした性格で、人間関係で不愉快なことがあっても、ベッドに入ればそんなことはすっかり忘れてしまい、一晩寝たらまったく気にしていないというあっさりした方は、不眠症になることはありません。

性格は変えられないと思い込んではいけません。人間はいつからだって、自分自身を変えることはできます。人間ですから悩みがあるのは当たり前です。しかし、その悩みに睡眠を邪魔されてしまっては、自分が損をするだけでいいことは一つもありません。寝るときは不愉快なことをきれいさっぱりと忘れる、という練習を少しずつやってみてください。こうした頭の切り替えがだんだん上手になってくれば、ストレスが原因で眠れなくなることもなくなり、朝までぐっすり眠れるようになるでしょう。

62 どんな人が不眠症になるのか。

1 変なことでストレスが多い人

2 自分だけの悩み事が多い人

3 他人には言えないストレスが多い人

4 普通の人間関係によるストレスが多い人

63 不眠症になりにくい人はどんな人か。

1 自分がストレスを受けたかどうかも分からない人

2 悪いことがあってもすぐさっぱり忘れてしまう人

3 職業柄、ストレスをまったく受けてない人

4 いつも他人の立場で考えるような人

64 不眠症をなくすにはどうすればいいか。

1 悩みがあることは避けないで、ただそれを早く忘れるのが一番いい。

2 寝る前に今日のことを反省して、明日はもっといい一日になるだろうと思う。

3 不眠症になる原因を早く調べて、友だちや知り合いに相談したほうがいい。

4 ストレスの原因を調べて、ストレスを受けないように毎日努力してみる。

(3)

写真を撮るときのかけ声で、「はいチーズ」というのはなぜか？確かにほとんどの人は「チーズ」と言いますね。これは世界20か国以上で使われるとても有名なかけ声です。日本で広がるきっかけとなったのは1963年のチーズのテレビコマーシャルと言われています。日本人女性のモデルが写真撮影で笑顔がつくれずにいると、外国人カメラマンがやってきて「チーズと言ってごらん」とアドバイス。「チーズ」と言った女性モデルは自然な笑顔で撮影が快調に進むというものでした。

チーズの需要が一気に伸びた時期と個人用カメラが普及した時期がうまく重なり、「チーズで笑顔になる」というキャッチフレーズが日本中に広がったと言われています。また、世界にはさまざまな「はいチーズ」が使われています。例えば、韓国では「はいキムチ」、中国では「はいチェス」、南米では「はいウイスキー」などがあるそうです。

ところで、じゃんけんの時にもつい言ってしまう決まり文句があります。街でじゃんけんをしてもらうと、年配の人たちはいきなり「じゃんけんぽい」とじゃんけんを始めるのに対して、若い世代は「最初はグー」と言ってじゃんけんを始めました。若い人たちになぜ「最初はグー」と言うのか聞いてみると、「言わないとタイミングが合わない」などの意見が聞かれました。これは、1980年代のテレビ番組から広がったと言われ、現在の40歳ぐらいを境目に若い人の間で使われているといわれています。

いずれのことばも、当時のテレビを見ていない世代にまですっかり浸透し定着したことばになっているのですね。

65 日本で写真撮影の時、「はいチーズ」と言うのになったのはなぜか。

1 チーズのテレビコマーシャルの影響があったから

2 「はいチーズ」と言わないと、おかしく見えるから

3 「はいチーズ」と言えば自然な笑顔になれるから

4 世界20か国以上で使われていることから

66 「はいチーズ」が広がった原因は何か。

1 急激なチーズ需要と個人用カメラの普及によって

2 いろんな国で「はいチーズ」という言葉が使われることによって

3 チーズの供給と需要がぴったり合ったことによって

4 それがその時期の流行りということによって

67 じゃんけんの時、若い人たちはなぜ「最初はグー」と言うのか。

1 流行についていけないと仲間外れされてしまうから

2 年配の人たちと似ているようなやり方ではおもしろくないから

3 昔からみんなそう言うのを聞いて育てられたから

4 それを言わないとタイミングがくずれてしまうから

問題12　次のAとBの文章を読んで、後の問いに対する答えとして最もよいものを、1・2・3・4から一つ選びなさい。

相談者

　妻の料理の量が多すぎて、困っています。私は身長167センチですが、体重はとうとう80キロを越えてしまいました。結婚する前は65キロでしたが、もう笑うしかありません。

　太るのは年をとって、新陳代謝が減ったこともあるでしょうから、一概に妻のせいだけとは言えないのです。よく夫婦ケンカはするのですが、だいたいの原因は料理の量のことです。妻が作ってくれる料理を無理に食べすぎて(そうしないと妻が怒るから)お腹を壊してしまいます。それで食事を見ただけで、私がため息をつくと、次は妻がキレるというパターンです。そこで、おかずは1品でいい、と言いつづけても、今日も「焼き魚」「味噌汁」「ゆで卵1個」「野菜サラダ」「かぼちゃの煮物」でした。これでも前より減ったほうです。以前は二倍ぐらい多かったですが、最近は私が文句を言ったおかげなのか、ちょっというか、とにかく減りました。もう何度も「減らしてよ！」と言っても無駄です。で、冷静に「なんで減らさないの？」と聞いても、返事は返ってきません。ケンカの後、仲直りして、その次の食事が大盛りカレーだったりします。どうしても妻の料理が減りません。どうすればいいのでしょうか？

回答者：A

　奥様は、自分のほうが食べる事が大好きで、食べたいんじゃないのでしょうか。だから旦那さんに「作らなくていいよ」と言われると自分も食べられないし、また「食べるな」と言われているようで不満がたまる…、というパターンかもしれません。もし奥様の体型が気にならないのであれば、「僕はもう十分食べたけど、あなたはもっと食べて」と言ってみてはいかがでしょうか。そうでなければ「僕はよく食う人が大好きだよ」って言ってみたり…。奥様にとっては作ったものを全部食べてもらうと気持ちがいいでしょう。

　この場合はこのままで健康を害する恐れがあるので、とにかく味をほめてください。味をほめてほめてほめまくる！でも、そんなに食べないように、というパターンを試してみて下さい。

どっちにしろ、奥様は、人の話を聞かないという感じですもんね。夫が「多い」って言ったら普通気をつけますけどね。なにか、ほかに不満があるのかでしょうか……。

回答者 : B

幸せな悩みと言うか…。

キレイに残し、自分でラップをかけて冷蔵庫にしまい、「ごめん、おいしいけど本当にお腹がいっぱいなんだ。これは明日食べるから、明日はごはんだけ炊いてくれたらいいよ。たまには何もしないでゆっくりしてよ」と言えばどうですかね。多すぎるだの食べたくないだのとマイナスの言い方ばかりしてたら、余計に奥様は意固地になるような気がするのですが…。多分自分が料理を頑張っていて、自信もあるからこそたくさん作るのでしょうね。まずはほめて感謝してあげて、その上で「これは明日の楽しみにしとくからね」と上手に言って残したらいいんではないですかね。いい奥様だと思いますよ。あなたの態度と言い方一つで流れは変わると思います。

68 相談者が相談を求めていることはどんなことか。

1 あまりおいしくない料理をたくさん作るから病気になること

2 たくさんのお金をかけて料理を作ったりご飯を炊いたりすること

3 体の栄養のバランスを全然考えずに料理を作ること

4 一度に食べられないくらいの料理を作ってくれること

69 相談者の相談に対するA、Bの回答について正しいのはどれか。

1 Aは男性に自分の経験からのアドバイスを、Bは相談者の言い方の問題点について意見を述べている。

2 Aは奥様の立場からの意見を、Bは相談者の立場からの意見を述べている。

3 AもBも奥様の問題点を指摘しながらも、相談者の問題点についても意見を述べている。

4 AもBも男性のした行為を責めながら、具体的な対応について意見を述べている。

問題13　次の文章を読んで、後の問いに対する答えとして最もよいものを、1・2・3・4から一つ選びなさい。

　ある調査で、保護者の学歴が子どもの進路に影響を及ぼしている傾向がはっきり出ています。これは、日本の社会では、保護者の学歴が収入に影響し、仕事時間に追われる傾向があります。だから、学歴が低いほど、短期的な人生設計に追い込まれやすく、長期的な人生設計に基づく学習への意欲や進路への動機を子どもたちがつかみにくい環境になっているのです。その結果として、保護者の学歴が低いほど「進学資金を準備しない」「娯楽的ものの買い与えをする」割合が高いという傾向に現れています。生活のしんどい子どもほど携帯や流行っている物を持っているということになります。つまり親が買い与えているということです。

　普通に考えると、経済的にしんどいならそういう嗜好品に影響が来るように思いますが、実は、逆の結果になっているのです。学校現場では、なおさらそういう傾向がよく見えます。学校では、携帯を持っている子どもは、しんどい子や経済的にゆとりのある子さまざまですが、時と場所を考えた使い方を知らないというか、授業中など使ってはならない時に使うのは、しんどい子のほうが多いような気がします。ですから、ますます経済的にしんどい子ほど携帯を持っているようにも写ります。このことは、何が影響しているのでしょうか？

　「学習をする文化」、「我慢する文化」、「見通しを持って将来を考える文化」などがそのしんどい家庭から奪われ、目先の楽しさや娯楽に飛びつくとどうなるのかを教える余裕のない環境のために起こっているのではないでしょうか。では、それらを奪っているものは…親を仕事にしばりつけているものは…そこに差別や格差社会による人権侵害があるのかもしれません。また、同じ調査で、文化背景、生活背景とテストの点との相関も現れています。文化階層、学歴などによって、学力に影響が出ているのです。文化階層が高いとされている子どもたち（「家族と博物館に行ったことがある」等の質問に「はい」と答える子どもたち）、保護者が大学卒の子どもたちが一定の目標点（この調査では70点）をクリアーしている割合が高いのです。

　目指すべき平等とは「結果の平等」ではなく、「機会の平等」であると言われることがあります。その「機会の平等」とは、自分がなりたいという願いがあれば、そこで差別されないということなのです。しかし、「願いの平等」（願いが出せる環境整備）がなければ、機会の平等はありえないのです。「機会の平等」以前のその機会を享受したいという願いを出せないところ（例えば、家庭に勉強する文化がなかったり、周りに大学生がいないため「大学に行きたい」という希望が出ない環境など）に実は差別があるのです。

70 調査によると、保護者の学歴が低いほどその子どもはどうなるか。

1 親の無関心で、勉強もしないし、学校の友だちとも遊ぼうとしない。

2 生活が辛いあまり、進学も娯楽も早めにあきらめる傾向がある。

3 子どもが進学しようとしても親がやらせてくれないから大変である。

4 勉強はあまりしないで、遊びに関するものにたくさんの興味を持つ。

71 筆者は、保護者の学歴が低い子どもに起こることをどう思っているか。

1 親が子どもの教育を、長い目で見ないで、目の当たりのことばかり考えている。

2 親の学歴が低いのも問題だが、子ども自体も勉強に興味がないのも問題である。

3 家庭の教育はどうであれ、学校側が子どもに対してちゃんとした教育をすべきである。

4 余裕のない生活環境から育てられた子どもでも社会で成功する傾向はけっこうある。

72 筆者がここで言う「差別」とは何か。

1 子どもの時からいろんなことをして、自分に合うものを探すべきなのにそういう環境がまだ整備していないこと

2 子どもに、機会の平等があることを最初から知らせずに、ただ親の教育方法に従うようにすること。

3 子どもが自分の夢や願いを表したり実現させたりしたくても、その夢さえ言えないところにいること

4 平等にはいろんなものがあるが、保護者の学歴が低い子どもだけにその平等を与えていないこと

問題14　右のページは、「アスタカサービス」という「清掃会社」の「求人広告」である。下の問いに対する答えとして最もよいもの、1・2・3・4から一つ選びなさい。

73　この会社で働ける人はだれか。

1

サチコ
希望時給 : 900円以上
勤務日数 : 週に三日できる
希望勤務時間 :
平日-8:00 ～ 11:00
週末-09:00 ～ 12:00

2

ミウラ
希望時給 : 1200円以上
勤務日数 : 週末だけできる
希望勤務時間 :
週末-10:00 ～ 15:00

3

ノグチ
希望時給 : 800円以上
勤務日数 : 平日ならいつでもできる
希望勤務時間 :
平日-12:00 ～ 17:00

4

エナ
希望時給 : 1200円以上
勤務日数 : 週末だけはできない
希望勤務時間 :
平日-9:00 ～ 17:00

74　この会社には、どう応募するか。

1　面接の前に履歴書を送る。

2　会社から連絡が来たらすぐ仕事をはじめる。

3　履歴書と写真を会社に送る。

4　応募するというボタンを押してから連絡を待つ。

アスタカサービス

【清掃スタッフ】
＜未経験歓迎＞空いた時間を上手に使って、充実のワーキングライフを送りませんか？

きれいに保たれた空間は清々しいもの。時には、建物の管理人さんや住民の方から「ありがとう」と声を掛けられることも。やりがいがいつも身近に感じられるお仕事です。体を動かして気持ちよく働きませんか？

仕事内容
オフィスビルの清掃
［1］日常清掃（トイレ清掃有）
　☆築１年の新しくきれいな物件なので、作業はとても便利です。
　　毎月、皆勤手当ても別途支給します！
［2］窓ガラス・床清掃
　本社に集合後、各物件へ向かいます。
　１ヶ月の行動予定で勤務場所は事前にわかるので、直行・直帰もOK。
　機械操作がありますが、一つひとつ丁寧にお教えしますので安心です。
　スキルにあわせて仕事はお任せするので、徐々に慣れていけば心配はいりません。
　週１日もOKなので、土曜ワーク希望の方や、学校と両立したい学生さんにも最適です！

給与
［1］時給1000円　　　　［2］日給8000円～

勤務時間・曜日
［1］月～金
　(a)8:00 ～ 11:00（実働３時間）
　(b)8:00 ～ 15:30（実働６時間）
　(c)13:00 ～ 16:00（実働３時間）
　※土曜は10:00 ～ 15:00（実働４時間）※月曜は7:00 ～
［2］9:00 ～ 17:00（実働７時間）※週１日～OK！勤務日数相談

資格
高卒の方ならどなたでも！性別は問いませんが、年齢は65才まで。

応募方法
この画面の右下にある「応募する」ボタンをご利用下さい。
こちらより折り返しご連絡をさせて頂きます。
お電話でのご応募もお待ちしております。

問題《もんだい》1

問題《もんだい》1では、まず質問《しつもん》を聞《き》いてください。それから話《はなし》を聞《き》いて、問題用紙《もんだいようし》の1から4の中《なか》から、最《もっと》もよいものを一《ひと》つ選《えら》んでください。

1番《ばん》

1 先輩《せんぱい》の体験談《たいけんだん》から学《まな》ぶ

2 面接《めんせつ》に役立《やくだ》つ知識《ちしき》

3 面接対策《めんせつたいさく》と実践《じっせん》

4 何《なに》も聞《き》かない

2番《ばん》

1 FAX番号《ばんごう》がないもの

2 会社《かいしゃ》のロゴマークがないもの

3 FAX番号《ばんごう》がある横書《よこが》きのもの

4 縦書《たてが》きと横書《よこが》きが混《ま》ざっているもの

3番《ばん》

1 別《べつ》の番号《ばんごう》に電話《でんわ》する

2 電話《でんわ》を切《き》らずに待《ま》つ

3 新潟《にいがた》サービスセンターに行《い》く

4 メッセージを残《のこ》す

4番《ばん》

1　女《おんな》の人《ひと》が今日《きょう》行《い》く

2　女《おんな》の人《ひと》が明日《あした》行《い》く

3　男《おとこ》の人《ひと》が今日《きょう》行《い》く

4　男《おとこ》の人《ひと》が明日《あした》行《い》く

5番《ばん》

1　女《おんな》の子《こ》のお姉《ねえ》さんを家《いえ》まで迎《むか》えに行《い》く

2　女《おんな》の子《こ》のお姉《ねえ》さんからの電話《でんわ》を待《ま》つ

3　女《おんな》の子《こ》のお姉《ねえ》さんが空港《くうこう》まで来《き》てほしい

4　女《おんな》の子《こ》のお姉《ねえ》さんとの約束《やくそく》を取《と》り消《け》す

問題《もんだい》2

問題《もんだい》２では、まず質問《しつもん》を聞《き》いてください。そのあと、問題用紙《もんだいようし》のせんたくしを読《よ》んでください。読《よ》む時間《じかん》があります。それから話《はなし》を聞《き》いて、問題用紙《もんだいようし》の１から４の中《なか》から、最《もっと》もよいものを一《ひと》つ選《えら》んでください。

1番《ばん》

1　夜遅《よるおそ》くまで遊《あそ》ぶこと

2　言葉遣《ことばづ》い

3　食事習慣《しょくじしゅうかん》

4　朝寝坊《あさねぼう》すること

2番《ばん》

1　傘《かさ》

2　お金《かね》

3　鍵《かぎ》

4　パスポート

3番《ばん》

1　彼《かれ》の乗《の》った電車《でんしゃ》はひどく込《こ》んでいた

2　彼《かれ》は電車《でんしゃ》に乗《の》り遅《おく》れた

3　彼《かれ》は携帯電話《けいたいでんわ》を持《も》って出《で》かけなかった

4　彼《かれ》は携帯電話《けいたいでんわ》は使《つか》えなかった

4番《ばん》

1　席《せき》がなかったから

2　指定席《していせき》ではなかったから

3　席《せき》を誰《だれ》かに譲歩《じょうほ》したから

4　席《せき》を見《み》つけることができなかったから

5番《ばん》

1　野菜《やさい》

2　刺身《さしみ》や豆腐《とうふ》

3　肉《にく》

4　ご飯《はん》やラーメン

6番《ばん》

1　腰回《こしまわ》りが太《ふと》りやすいから

2　健康上《けんこうじょう》の問題《もんだい》が80%多《おお》くなるから

3　食《た》べる物《もの》を気《き》にしすぎるから

4　心臓病《しんぞうびょう》になりやすいから

問題《もんだい》３

問題《もんだい》３では、問題用紙《もんだいようし》に何《なに》もいんさつされていません。この問題《もんだい》は、全体《ぜんたい》としてどんな内容《ないよう》かを聞《き》く問題《もんだい》です。話《はなし》の前《まえ》に質問《しつもん》はありません。まず話《はなし》を聞《き》いてください。それから、質問《しつもん》とせんたくしを聞《き》いて、１から４の中《なか》から、最《もっと》もよいものを一《ひと》つ選《えら》んでください。

— メ　モ —

問題《もんだい》4

問題《もんだい》4では、問題用《もんだいよう》紙《し》に何《なに》もいんさつされていません。まず話《はなし》を聞《き》いてください。それから、それに対《たい》する返事《へんじ》を聞《き》いて、1から3の中《なか》から、正《ただ》しい答《こた》えをを一《ひと》つ選《えら》んでください。

— メ モ —

問題《もんだい》5

問題《もんだい》5では長《なが》めの話《はなし》を聞《き》きます。この問《もん》題には練習《れんしゅう》はありません。メモをとってもかまいません。

1番《ばん》　2番《ばん》

問題用紙《もんだいようし》に何《なに》もいんさつされていません。まず話《はなし》を聞《き》いてください。それから、質問《しつもん》とせんたくしを聞《き》いて、1から4の中《なか》から、最《もっと》もよいものを一《ひと》つ選《えら》んでください。

3番《ばん》

まず話《はなし》を聞《き》いてください。それから、二《ふた》つの質問《しつもん》を聞《き》いて、それぞれ問題用紙《もんだいようし》の1から4の中《なか》から、最《もっと》もよいものを一《ひと》つ選《えら》んでください。

質問《しつもん》1

1　平日《へいじつ》の昼《ひる》、ATM でお金《かね》をおろす
2　平日《へいじつ》の営業《えいぎょう》時《じ》間外《かんがい》、ATM でお金《かね》をおろす
3　週末《しゅうまつ》の昼《ひる》、ATM でお金《かね》をおろす
4　週末《しゅうまつ》の営業《えいぎょう》時《じ》間外《かんがい》、ATM でお金《かね》をおろす

質問《しつもん》2

1　平日《へいじつ》の昼《ひる》、ATM でお金《かね》をおろす
2　平日《へいじつ》の営業《えいぎょう》時《じ》間外《かんがい》、ATM でお金《かね》をおろす
3　週末《しゅうまつ》の昼《ひる》、ATM でお金《かね》をおろす
4　週末《しゅうまつ》の営業《えいぎょう》時《じ》間外《かんがい》、ATM でお金《かね》をおろす

MEMO

THE 많이 풀어보는 모의고사 2회

<table>
<tr><th>유 형</th><th>배 점</th><th>시험시간</th></tr>
<tr><td>언어지식
(문자 · 어휘 · 문법)</td><td>60점</td><td rowspan="2">105분</td></tr>
<tr><td>독해</td><td>60점</td></tr>
<tr><td>청 해</td><td>60점</td><td>50분</td></tr>
</table>

問題 1 　________の言葉の読み方として最もよいものを、1・2・3・4から一つ選びなさい。

1 　東京は活気あふれる都会だ。

1　がっき　　2　かっき　　3　かつき　　4　かつぎ

2 　最近のテレビの映像はすごくいい。

1　えいぞう　　2　えいじょう　　3　えいそう　　4　えいしょう

3 　壊れたドアを修繕した。

1　しゅせん　　2　しゅぜん　　3　しゅうぜん　　4　しゅうせん

4 　労働者は社会変革を求めて世論をかき立てた。

1　へんかく　　2　へんけき　　3　へんがく　　4　へんかわ

5 　最近株が急上昇している。

1　うえのぼり　　2　うわのぼり　　3　じょうしょう　　4　じょうじょう

問題２　＿＿＿＿の言葉を漢字で書くとき、最もよいものを１・２・３・４から一つ選びなさい。

6　彼のせいかくはどうもおかしい。

1　性格　　2　姓格　　3　性隔　　4　姓隔

7　きんむ時間はどれぐらいですか。

1　謹貿　　2　勤貿　　3　謹務　　4　勤務

8　大学でのせんこうは何でしたか。

1　展功　　2　展攻　　3　専功　　4　専攻

9　ちょうきかんの旅行は大変だ。

1　長期聞　　2　長期間　　3　長期門　　4　長期問

10　しょうこ不足で彼は裁判にならなかった。

1　増拠　　2　増処　　3　証拠　　4　証処

問題3 (　　　　)に入れるのに最もよいものを、1・2・3・4から一つ選びなさい。

11 私の意見はあなたと(　　　　)反対だ。

1 正　　2 定　　3 完　　4 生

12 来月から(　　　　)内閣が発足する。

1 辛　　2 美　　3 未　　4 新

13 東京タワーは(　　　　)世界において有名です。

1 全　　2 総　　3 旧　　4 親

14 内閣の(　　　　)辞職で政局は一変した。

1 部　　2 敢　　3 総　　4 否

15 コンサート会場は(　　　　)満員だった。

1 溢　　2 過　　3 超　　4 張

問題4 （　　　　）に入れるのに最もよいものを、1・2・3・4から一つ選びなさい。

16 患者の収容は（　　　　）状態にある。

1 包装　2 装飾　3 飽和　4 修飾

17 二つの銀行は（　　　　）して大きくなった。

1 合格　2 格差　3 会合　4 合併

18 この機械のギア（　　　　）は複雑だ。

1 捜索　2 作用　3 操作　4 調査

19 関東地方に異常（　　　　）注意報が出ている。

1 現象　2 乾燥　3 感情　4 献上

20 当社は事務用機器を（　　　　）いる。

1 からかって　2 あつかって　3 さだめて　4 したがって

21 山が霧の中に（　　　　）見える。

1 こっそり　2 がっかり　3 そっくり　4 ぼんやり

22 またバスに傘を忘れるとは、息子は（　　　　）。

1 そそっかしい　2 なつかしい　3 そうぞうしい　4 おそろしい

問題 5　＿＿＿＿の言葉に意味が最も近いものを、1・2・3・4から一つ選びなさい。

23　天国の様子を描いた絵の展示会が開いた。

1　光景　　2　形式　　3　体制　　4　状態

24　試合を目の前にしてやや緊張していた。

1　だいぶ　　2　やたらに　　3　ますます　　4　少々

25　彼は経験不足をおぎなうために一生懸命に働いた。

1　トレーニングする　　2　カバーする

3　ハイキングするに　　4　コレクションする

26　今度のプロジェクトはとても私一人では手にあまる。

1　今度のプロジェクトを一人でやるのははずかしい。

2　今度のプロジェクトを一人でやるのは無理だ。

3　今度のプロジェクトをみんなでやってもいい。

4　今度のプロジェクトは一人で何とかできそうだ。

27　お腹がすいてたまらない。

1　死にそうだ　　2　たくさん食べた

3　寝てしまった　　4　がまんした

問題6　次の言葉の使い方として最もよいものを、1・2・3・4から一つ選びなさい。

28　除外

1　危ない目に除外した。

2　警官は事故現場に除外した。

3　この問題は除外したほうがいい。

4　係の除外で客は宴会場に入った。

29　かかげる

1　安全運転という交通安全週間の標語がかかげていた。

2　近くにゲームセンターができて周囲の環境がかかげた。

3　年内に絵を完成しようとかかげている。

4　左右をよく見て道をかかげなさい。

30　たまたま

1　それはたまたまうわさだから、気にしないほうがいいよ。

2　今日中にファックス、たまたま、メールで送ってください。

3　昨日はたまたま父と同じバスで帰った。

4　今までのないたまたま見事な演技でした。

31　みっともない

1　工事の音がみっともなくてよく眠れなかった。

2　みっともないことで大学に進学しない生徒もいる。

3　みっともなく一人でやってみて、できなかったら聞いてみます。

4　こんなみっともない姿は、だれにも見られたくない。

32 チャンス

1 大会を目の前にしてチャンスをしている。

2 自動車にチャンスを入れて帰ってきた。

3 いいチャンスだったのに逃してしまった。

4 チャンスをしないと無効となります。

問題7　次の文の（　　　　）に入れるのに最もよいものを、1・2・3・4から一つ選びなさい。

33 子供は帰った（　　　　）、かばんを放り出して遊びに行った。

1　まま　　2　あげく　　3　なり　　4　かと思うと

34 私の真心（　　　　）作ったものです。

1　をこめて　　2　をもとで　　3　をそって　　4　をいたって

35 （　　　　）彼らしいやり方だ。

1　実は　　2　おそらく　　3　まさか　　4　いかにも

36 歌は下手なのに上司に（　　　　）。

1　歌った　　2　歌おうとした　　3　歌わされた　　4　歌わせた

37 自動音声でご案内後、担当者に（　　　　）。

1　おつなぎになります　　2　おつなぎします

3　おつなぎにします　　4　おつなぎにいたします

38 重そうですね。私にも荷物を（　　　　）ください。

1　運んで　　2　運ばれて

3　運ばされて　　4　運ばせて

39 どんなことをしてもインフレは（　　　　）。

1　抑えなければならない　　　2　抑えてしまうだろう

3　抑えても仕方ない　　　4　抑えるにきまっている

40 父は入院しなければならないかもしれない。その場合には今度の休みに旅行には（　　　　）。

1　行けなくてはいけない　　　2　行けなくなるだろう

3　行けなくなってもよくない　　　4　行けなくなってしまった

41 私は彼にわずかではあるが、（　　　　）援助を与えた。

1　私のできたままの　　　2　私のできたとおりの

3　私のできる限られたの　　　4　私のできる限りの

42 その問題に関して私の持っている本は、（　　　　）お貸しします。

1　多いながらもどれでも　　　2　多いながらもどれか

3　少ないながらもどれでも　　　4　少ないながらもどれか

43 あなたが（　　　　）、最善を尽くさなければならない。

1　どこにいては　　　2　どこにいようとも

3　どこにいるとしては　　　4　どこにいようとは

44 それにしても意外だったのは、誰からも会社が危機だいう言葉が（　　　　）。

1　普通に飛び出してきた　　　2　普通に飛び出してきたことだ

3　そんなに大事ではない　　　4　そんなに大事だ

問題8　次の文の　＿★＿　に入る最もよいものを、1・2・3・4から一つ選びなさい。

（問題例）　寝る ＿＿＿＿ ＿＿＿＿ ＿＿★＿＿ ＿＿＿＿ 習慣になっていた。

1　前に　　2　彼の　　3　ひと風呂　　4　浴びるのが

（解答の仕方）

1.　正しい文はこうです。

寝る ＿＿＿＿ ＿＿＿＿ ＿＿★＿＿ ＿＿＿＿ 習慣になっていた。
1　前に　　3　ひと風呂　　2　浴びるのが　　4　彼の

2.　＿★＿　に入る番号を解答用紙にマークします。

（解答用紙）

（例）	①　②　●　④

45　＿＿＿＿ ＿＿＿＿ ＿＿★＿＿ ＿＿＿＿呼ばれる。

1　天体は　　2　回転する　　3　惑星と　　4　太陽の周りを

46　あなたがなぜ昨日仕事に＿＿＿＿ ＿＿＿＿ ＿＿★＿＿ ＿＿＿＿どうぞ聞かせてください。

1　理由を　　2　姿を　　3　ちゃんとした　　4　見せなかったか

47　私たちが立っていた＿＿＿＿ ＿＿＿＿ ＿＿★＿＿ ＿＿＿＿爆発した。

1　所から　　2　何かが　　3　数メート　　4　離れた場所で

48 日本の秋は＿＿＿＿ ＿＿＿＿ ＿★＿ ＿＿＿＿季節だ。

1　やってきて　　2　多くの　　3　すばらしい　　4　外国人観光客も

49 彼との話は10時に＿＿＿＿ ＿＿＿＿ ＿★＿ ＿＿＿＿ほしいと言った。

1　終えたが　　2　もう少し　　3　いて　　4　彼は私に

問題９　次の文章を読んで、文章全体の内容を考えて [50] から [54] の中に入る最もよいものを、１・２・３・４から一つ選びなさい。

テニスの試合で聞く『ラブ』は愛のことではなく、得点の「０(ゼロ)」のこと。なぜ、テニスでは「０」を『ラブ』と言うのでしょうか。テニスは、古く11世紀頃にフランスの修道院で行われていた手でボールを打ち返す競技が起源だといわれています。そこで、「０」を『ラブ』というのもフランス語で卵を意味する「l'oeuf(ロェフ)」ということばが由来だといわれています。卵の形は「０」[50]。これが後にイギリスに渡り『ラブ』に聞き間違えたという説です。またオランダ語で「名誉」を意味する「lof(ロフ)」が『ラブ』に変化したという説があります。中世ヨーロッパでは、テニスなどのゲームを見ながら賭け事をしていました。そんなとき、現金の代わりに「名誉をかける」と言うこともあったようで、名誉はお金と違って“目に見えない”“形がない”。そこで、“[51]”という意味で「０」につながったという説です。

ところで、気になるのはもう一つ。テニスでは得点が「０－15－30－40－ゲーム(60)」と数えていきます。不思議ですよね。これは、中世ヨーロッパでの60進法に基づくといわれます。１時間が60分なのもこの考え方からきているそうです。[52]、当時の文字盤は15分ごとに区切られていて、テニスのポイントを数えるとき、文字盤を利用したという説。また、当時の修道院での生活習慣が[53-a]分刻みだったためにそれにならったという説。そして、当時の貨幣の単位が[53-b]一単位だったので、賭け事でポイントごとに、15のコインを賭けたためという説もあります。でもなぜ「30」の次は「40」なのでしょうか。本当ならば「45」。しかし、「フォーティーファイブ」じゃ長すぎる。そこで、短くなって「フォーティー」になったという説が！？[54]からテニスを考えるのも面白いですね。

50

1 からきていますよね　　2 と言えるかもしれませんね

3 に似ていますよね　　4 だそうですよね

51

1 何もない　　2 いっぱいだ

3 無制限だ　　4 いろんなことがある

52

1 しかし　　2 というと

3 まさか　　4 例えば

53

1 a-15 ／ b-15

2 a-30 ／ b-30

3 a-15 ／ b-30

4 a-30 ／ b-15

54

1 ことば　　2 時計

3 英語　　4 フランス語

問題 10　次の文章を読んで、後の問いに対する答えとして最もよいものを、1・2・3・4から一つ選びなさい。

(1)

「猫の手も借りたい」は忙しいことを意味しますが、猫がまったく役に立たない動物であることをも意味します。「猫を統率する、猫に集団行動をさせる」は不可能なことの例として用いられますが、猫には服従心がないことを表します。またネコババは悪行を隠して知らん顔をするという意味です。忠犬という言葉はあっても忠猫という言葉はありません。「犬は三日飼えば三年恩を忘れぬ」に対し、「猫は三年飼っても三日で恩を忘れる」と言います。猫を悪く言う言葉はいくつも思いつきますが、猫を評価する言葉は思いつきません。ネズミを獲るという役割があった時代は去り、猫に実用的な価値はほとんどないと思います。にもかかわらず多くの人が猫を飼っているのはそれなりの魅力があるからでしょう。

55　筆者の、「猫」に対する印象はどうか。

1　猫に関する言葉が多くあることを見ると、人間と馴れ馴れしい動物である。

2　飼い主に対する恩返しなどを知らないことから人間と親しみにくい動物である。

3　猫は、犬に関することわざより多いから昔から人間と一緒にいた動物である。

4　猫のもともとの役割が弱まっているから、今は猫をペットとして飼っている人がいない。

(2)

私の父は毎日朝、犬の散歩やウォーキングをして夜９時には就寝する真面目な人です。私とはまるっきり正反対の生活です。そんな生活を続けていた父ですが、50歳を過ぎたあたりから胃が悪くなったり、腰が痛くなったりと体の色々な場所を痛めて病院通いしています。大好きなゴルフもできなくなり、いつの間にか長年勤めていた会社も早期退職して、家でひそやかに競馬を楽しんでいる毎日です。お酒を飲むこともなかったので飲み仲間もいず、彼の人生を否定するつもりはありませんが、姿が少し寂しいように感じられます。

お酒を愛してがばがば飲んでも百歳まで何事もなく生きられるかもしれないし、お酒を飲まなくても病気になる時はあるってことです。ただもしお酒を飲んで生きる人生とお酒を飲まずに生きる人生が同じ寿命で同じような健康状態ならば、間違いなくお酒のある人生って楽しいだろうなと感じます。

56 お酒についてどう言っているか。

1 人生の唯一の楽しみがお酒であることはあんまりよくないことであろう。

2 父の例から考えてみると、やっぱり健康のためには飲まないほうがいい。

3 健康に別状がなかったらお酒が飲める人生がもっと楽しいだろう。

4 お酒は人生でなくてはならないものだからなるべく飲んだほうがいい。

(3)

学力調査から明らかになったのは、子供たちの基礎学力の低下、子供たちの家庭学習離れといったことだけではありません。「学力の二極化」と言われるように、できる層とできない層の格差が広がっている現状に加えて、学力と家庭環境の相関が非常に強まっていたのです。テストの20点、30点台のグループを見たとき、その家庭状況はとても複雑でした。そのため、子供たちの基本的な生活習慣が乱れていて、夜寝る時間が遅いとか、朝ご飯を食べてこないとかが当たり前の状況でした。さらには、保護者の教師に対する不満とか不安感情が相対的に強く、こういった子たちは、学校生活も、授業に対する取り組みも不十分であったということです。

57 学力調査から分かったことは何か。

1 学力と家庭教育はあまり関係ないことだが、テストの点では影響が大きかった。

2 試験の点数が悪くても、家庭や学校における生活が真面目な子が多かった。

3 家庭教育がきちんとされている子供の親は学校に対する不満が多かった。

4 テストの点数が低いほど学力の低下や学校生活における問題が多かった。

(4)

年末年始休暇中に、海外旅行の予定がある人も多いのではないでしょうか。多いに楽しみたいところですが、現地時間と体内時間の差で、日中に眠気やだるさ、不眠、胃腸障害、肩こり、腰痛などいわゆる時差ボケになってしまう人もいるでしょう。旅行日数が短い時こそ早めに時差ボケを解消して、思いっきり海外旅行を楽しみたいですね。睡眠時差ボケを解消するには良質な睡眠が欠かせません。深く眠れると目覚めはすっきりしますよね。この睡眠をコントロールするのに様々な方法がありますが、誰でも簡単に取り入れられるのが入浴です。私たちの体には体温が下がるときに眠気を感じ、スムーズに体温を下げながら入眠すると、深い良質な睡眠が得られるようにできています。お風呂から出ると自ずと熱を放散して緩やかに体温が下がり、自然に眠りにつきます。入浴することでよく眠れるのは、こういったメカニズムが働いているからなんです。

58 海外旅行で、お風呂がいいのはなぜか。

1 旅行で疲れた心と体を、お風呂に入ることを通してリラックスできるから

2 時差ぼけを防ぐだけでなく、現地の習慣が学べるいいチャンスにもなるから

3 現地の環境でするお風呂は、現地の時間に体がすぐに反応できるようにするから

4 お風呂に入った後は、自然な体温の調節によって簡単に眠りにつくことができるから

問題 11　次の文章を読んで、後の問いに対する答えとして最もよいものを、1・2・3・4から一つ選びなさい。

(1)

お金がなければ今の世の中何もできません。まともに人と付き合うこともできなければ、将来を豊かにするための教育を受けることもできないのです。貧乏な家庭に生まれてしまった子供は、子供自身も貧乏になってしまう可能性が高いでしょう。これは想像で記載しているのではなく、統計的なデーターに沿っております。もし貧乏な家庭に生まれても大多数の人がお金持ちになれるのであれば、ピラミッド経済は崩壊していくでしょう。お金持ちはとても少数派なのです。

一部のお金持ちが富を独占しているせいで格差社会が広まっているという見方も存在します。資本主義社会は格差社会になりやすい政治体制なのです。能力がある者は富をたくさんつかむことができます。それは良いことなのですが、お金のない人たちが無能というわけではありません。一生懸命働いているのにもかかわらず貧困環境から抜け出せない人も多くいらっしゃるのです。

お金が格差を生んでいると考えることもできるでしょう。お金のない環境ではまともに育つことも難しくなってしまいます。「お金がない環境を味わったおかげで成長できた」という人もいらっしゃいます。いちがいには言えないのですが、逆境をバネにして生きていける人も存在します。しかし多くの方は環境に負けてしまうことでしょう。貧乏な家庭に生まれてしまった子供は、お金持ちの家に生まれた子供と比べて二倍近く精神病にかかりやすいそうです。

59 一段落で筆者が言っているのはどれか。

1 貧乏な家庭で生まれてもお金持ちになる可能性が高い。

2 貧乏な家庭で生まれれば貧乏になる可能性が高い。

3 豊かな家庭で生まれても優秀な教育が受けられない。

4 豊かな家庭で生まれればいつもお金持ちでいられる。

60 筆者は「能力」と「無能」についてどう言っているか。

1 貧乏な家庭に生まれる子供はだいたい無能である。

2 無能でもお金持ちになれる可能性はある。

3 能力がないから貧乏になるのである。

4 能力があってもお金持ちになれないこともある。

61 筆者が一番言いたいのは何か。

1 貧乏な家庭に生まれた子供にも優秀な教育が受けられるように制度を作るべきである。

2 貧富の差で差別を受けるような社会にならないようにみんなが努力すべきである。

3 貧乏な家庭に生まれても能力さえあれば金持ちになれる環境作りが必要である。

4 お金持ちは貧乏な家庭に生まれた子供のためにもっとお金を寄付すべきである。

(2)

何か物事を始めるときは人に頼りきってはいけません。一人でも物事に取り組めるように事前の準備を欠かさないのが重要となります。他人と組んでビジネスに参加するのも方法の一つとなります。それは悪い選択肢ではありません。実際に友達と起業を志して成功を収めたケースも存在します。しかし「一人だと怖いから誰かを誘おう」という考えは大抵の場合破綻します(注)。最終的に行動するのは一人です。

他人は実益がないと動いてくれない場合が多く、実益がなくなってしまったときに人は離れてしまうでしょう。たまに「実益にこだわらないで他人のために働く」と公言する人もいらっしゃいますが、こういうのはえてして続かないケースが多いので期待しないでおきましょう。やはり他人は実益がなければ動かないことが多いのです。

他人を頼ることは悪いことではありませんが、他人に頼りすぎてしまうのは問題となります。他人に頼って自分の弱さをカバーすることはできません。自分の弱さを隠すために他人を頼るのは、自分の弱さをますます増長させることにつながるのです。 一人で努力することのできない人間は他人と組んでも失敗することが多いのです。最終的な決断や行動は自分自身です。他人に頼りすぎるのではなく、自分自身を頼って生きていきましょう。自分自身が頼れないという場合は自分を変革していかなければいけません。

(注) 破綻《はたん》する : 物事がうまく行かない

62 物事を始めるとき、どうすべきだと言っているか。

1 自分ができることと、知り合いができることをきちんと分けてやれば特に問題はない。

2 自分一人で問題の解決ができないなら誰かと一緒にやるのが一番いい方法だ。

3 知り合いと一緒にしてもいいが、一人では怖いからといって一緒にしてはいけない。

4 仕事によって一人でやってもいいことと、知り合いとやってもいいことと分けた方がいい。

63 普通、他人が仕事にのぞむ姿勢はどうか。

1 自分のためにならなければ仕事をしようとしない傾向がある。

2 相手が適当な報酬をくれればいつでも一生懸命仕事をする。

3 場合によって違うが、だいたいの場合は一生懸命仕事をする。

4 いつももうけになるかどうかを判断してから仕事をするようになる。

64 筆者が言いたい結論は何か。

1 自分の判断で決めないとすべてのことは失敗してしまいます。

2 他人の忠告が役に立つ場合もあることを肝に銘じましょう。

3 自分にできないことがあったら、人の助けを求めましょう。

4 自分自身のことを信じて、自分の判断で物事を行いましょう。

(3)

何らかのコンプレックスを持っているために、恋愛に対して積極的になれない、という人も多いでしょう。しかし、コンプレックスは、はっきりと自覚していれば、悪いことではありません。むしろ、人間として正常な心理状態といえます。いい部分も悪い部分もひっくるめて(注1)、それがひとつの人格なのです。

「欠点があること」よりも問題なのは、「欠点を認めないこと」です。自分の欠点を認めようとしない人は、

(1) 他人の欠点も許すことができません。

(2) いつも不機嫌で、近寄りがたい人という印象を与えてしまいます。

(3) 自分の欠点を隠すことに精一杯で、成長がありません。

人間であれば、誰でも欠点を持っています。各々、その種類が違うというだけのことです。皆、互いに許し、許され合っているのです。「欠点があるから恋愛ができない」のだとしたら、世の中の誰ひとりとして恋愛などできないでしょう。

悪意のない欠点であれば、無理に直そうとする必要はありません。自分を否定しようとすると、かえって自己嫌悪が強まり、ますます自信をなくしてしまうという悪循環におちいる可能性があります。素直に欠点を自覚しさえすれば、それでよいのです。笑い飛ばすことができれば、もっと理想的です。

「他人は、それほど自分のことなど気にかけてもいないのだ」と、気楽に考えましょう。取り繕い(注2)、飾った姿の自分を誰かに愛してもらったとしても、何の意味もありません。今度は、幻滅されることへの不安に怯えてしまいます。何より、あるがままの自分を受け入れることです。自分を好きになれば、欠点など知らないうちに直ってしまうか、まったく気にならなくなるか、いずれにしても、自然によい方向に向かうことでしょう。

(注１) ひっくるめる : 一つにまとめる

(注２) 取《と》り繕《つくろ》う : ごまかす

65 コンプレックスについてどう言っているか。

1 誰でもコンプレックスを持っているが、人に迷惑をかけるようなことはしないほうがいい。

2 人は誰でも持っているもので、お互いにそれを認め、許し合うことで成長できる。

3 ある程度は自分のコンプレックスを隠そうとする努力が必要なときがある。

4 コンプレックスがないというのがもっとおかしいから自分のコンプレックスを隠すことはない。

66 欠点についてどう言っているか。

1 欠点が欠点を生むような悪循環におちいらないように努力したほうがいい。

2 他人の欠点と比べ合って自分がどれくらい悪いかを自覚すべきである。

3 人に迷惑をかけないような欠点であっても直さなければならないのだ。

4 悪気がなければそれでいいが、自分がそれを認めることも大事である。

67 筆者は、欠点にどう向かうべきだと言っているか。

1 人の目を気にしないで、今の自分のことが好きになれるように努力する。

2 自分の欠点に対する毎日の反省がなければならないのである。

3 無理やりに直そうとするといろんな問題が生じるから気をつけたほうがいい。

4 欠点を直さないと、いつも不安感と人からのからかいに耐えられなくなる。

問題12　次のAとBの文章を読んで、後の問いに対する答えとして最もよいものを、1・2・3・4から一つ選びなさい。

A

　ダイエットを順調に進めていくと、体重が減らなくなる期間があります。ダイエット中の「停滞期」です。ダイエットを始めて１ヶ月ぐらいで訪れます。今までと同じように、食事制限をしても体重が思ったとおりに減りません。スタイルも思っていた変化も出ません。この停滞期中にダイエットを断念してしまう人が多いと聞きます。私も断念したことがあります。これは当然のことなのです。体は通常、脂肪などをエネルギーに変え、燃焼します。ダイエットのエクササイズを行うと効果が出ますよね。でも停滞期は個人差がありますが、10日～２週間ほどで脱出します。むしろ停滞期が訪れたということは、体が反応したことなので、今行っている「ダイエット法」は間違っていない！ということなのです。また停滞期はダイエット中に何度か顔を出します。そのたびに「うまくいっている！」と思ってもいいことでしょう。私も食事制限というダイエットをしながら、「停滞期」もありましたが、今はそれを乗り越えて自分の思ったとおりの体重になりました。

B

　ダイエットの基本は取るカロリーより消費カロリーの方が多いということが大前提になります。脂肪１キロを燃焼させるのに必要なカロリーは7000kcalと言われています。ウォーキング１時間半で300kcal（体重や歩くペースで変動する）を消費しますので、23時間くらいウォーキングをすると脂肪が１kg燃えることになります。ご飯１杯大盛りくらいのカロリーと、ウォーキング１時間半の消費カロリーが同じくらいと考えると、運動をしたほうがいいのか、食事制限をしたほうがいいのか、といったところでしょうか。出来るならどちらもやったほうが効果的なのは言うまでもありません。

私の場合、朝起きてから、ご飯を食べる前に、30分ぐらいのウォーキングをします。軽いお散歩みたいなものです。運動したからといって朝ご飯をたくさん食べたりはしません。朝は少し、昼は多め、夕食は少しというパターンで食事をしています。

68 ＡとＢの文で共通している話題は何か。

1 ダイエットの長所と短所

2 自分が経験したダイエット法

3 ダイエットのいろんな問題点

4 ダイエットを効果的にやる方法

69 「ダイエット」について、Ａの筆者とＢの筆者はどのような意見を述べているか。

1 Ａはダイエットが体に影響することについて、Ｂはダイエットには運動が一番いいことについて述べている。

2 Ａはダイエットのいいことについて、Ｂはダイエットにかかる費用について述べている。

3 Ａはダイエットで失敗しやすいことについて、Ｂはダイエットと運動を比べながら述べている。

4 Ａはダイエットが思った通りにならない時の解決法を、Ｂは具体的な例をあげて述べている。

問題13　次の文章を読んで、後の問いに対する答えとして最もよいものを、１・２・３・４から一つ選びなさい。

テレビをつけていると、勝手に情報が流れます。気になる情報もありますが、実際、どうでもいい情報が大半です。朝からニュースを見ていると、殺人事件の話や事故で人が死んだニュースも流れます。聞きたくなくても、テレビをつけていると、聞かざるをえません。そんな暗い話を朝から聞いていると、元気がなくなります。また番組の間に挟まれるコマーシャルによって、商品の宣伝が流れます。頻繁に目にする商品は、視聴者の購買意欲をかき立てます。コンビニやデパートで目にしたときに「これ、テレビで見たことあるな」と思い、手に取りやすくなります。気づけば、籠の中に入れ、レジで清算しています。時間のみならず、そうしてお金まで消えます。

「ニュースで流れていたから」

「テレビで見た商品だから」

「芸能人が薦めていたから」

私たちは、いつの間にか洗脳されている生活を送っています。しかし、テレビを見ている人は「勉強になるから」「時代につくため」という理由でテレビを見続けます。でも、そういう言う人の話に限って「～らしい」という他人に流された意見しかありません。自分で考えていないのです。テレビや広告で見た情報を、自分の意見のように受け売りしているだけです。

「この商品、いいらしいよ」

「この商品、おすすめらしいよ」

自分の頭で考えて、経験して、判断した言葉ではありません。

ほとんどの人は、寂しいからテレビをつけています。テレビをオフにすれば、生活は驚くほど静かになります。悲しい、寂しい、つまらないと感じる人もいるでしょう。でも、本当は「本来のあなた」です。寂しくなったから、テレビをつけて、ごまかすのではありません。寂しい自分ときちんと向き合い、なぜ寂しく感じるのか考えて、解決することです。テレビがなくても楽しくなるような人生を、普段から心がけることです。テレビを消せば、本来の自分を取り戻すことができます。

正直に自分と向き合うからこそ、自分らしい人生が楽めるようになります。

マスメディアによって情報に踊らされ、自分の考えや判断を見失う生活になっていないでしょうか。テレビをオフにしたとき、本来のあなたが取り戻せます。いきなり、テレビをオフにするのは難しいかもしれませんね。では、せめて、1週間に1日でもかまいません。

「テレビオフの日」を作ってみてはいかがでしょうか。

慣れてきたら、だんだんオフの日を増やしていけばいいのです。テレビを消すと、自分の頭で考える機会が必ず増えます。不要な買い物、無駄な時間を送ることがなくなり、自分で経験して、自分の頭で考える機会が増えるのです。

70 筆者の話によると、テレビで情報を得る人の特徴は何か。

1 自分の考えとテレビから得た情報を合わせた意見を持っている。

2 その情報が絶対的なものだと思っていろんな人にすすめたりする。

3 きちんとした自分の意見がなく、他の所から得た情報だけを言っている。

4 テレビで得た全ての情報をきちんと調べずにただいいとばかり思っているらしい。

71 テレビを消せばどうなるか。

1 自分の寂しさや悲しさの原因が見つけられてうれしくなる。

2 未来の自分を見つけることができ、人生が楽しくなる。

3 テレビから得られなかった新しいものを見つけることができる。

4 もともと自分が持っていた姿が見えてもっと楽しくなる。

73 本来の自分を取り戻すことができたらどうなるか。

1 今まで自分が無駄なことばかりしていたことが分かるようになる。

2 日常で起きる物事の判断を自分の意志でできるようになる。

3 新たな経験ができなくても楽しい人生が送ることができるようになる。

4 他人からの助けがなくても自分で問題を解決する力ができるようになる。

次のページに問題14が続きます。

問題14　右のページは、「温泉の料金改定」である。下の問いに対する答えとして最もよいもの、1・2・3・4から一つ選びなさい。

73　次の家族がブルーライフの温泉を利用する場合、料金はどうなるか。

祖父 : 吉本次郎(78才)
父 : 一郎(55才)
母 : ミチ子(52才)
息子 : カズオ(中学生)
娘 : エナ(7才)

1　2,700円

2　2,500円

3　2,430円

4　2,250円

74　5人家族が、4人用のコテージを木曜日と金曜日、二日借りようとしている。また、ストーブは1日だけ借りることにしたら料金はどうなるか。

1　26,000円

2　27,000円

3　30,000円

4　32,000円

ブルーライフ温泉の料金改定のお知らせ

投稿日：2014年3月24日

お客様各位
いつもブルーライフをご利用いただき誠にありがとうございます。
このたび当施設は、消費税率の変更に伴い、４月１日より各料金を下記のとおり改定させていただきます。
お客様にはご負担をおかけいたしますが、更なる品質・サービスの向上に努めてまいる所存でございますので、ご理解いただきますようよろしくお願いします。
新しい料金についての不明点等につきまして、直接お問い合わせいただきますようお願い申し上げます。
お問い合わせ　TEL：0883-55-3777
今後とも変わらぬご愛顧をお願い申し上げます。

入浴料金

大人(中学生から～)	600円
子供 ３才～	300円
お年寄り（65才以上）	400円
回数券　23回	10,000円
回数券　11回	5,000円

※４人家族以上は、家族全員の料金から10%割引となります。

コテージ料金

	平日	週末（金・土）／祝日の前日	日曜日
４人用	12,000円	14,000円	8,000円
６人用	18,000円	21,000円	12,000円
追加料金 １人(１日)	1,500円		
ストーブ １日	1,000円		
連泊割引	無		

問題《もんだい》1

問題《もんだい》1では、まず質問《しつもん》を聞《き》いてください。それから話《はなし》を聞《き》いて、問題用紙《もんだいようし》の1から4の中《なか》から、最《もっと》もよいものを一《ひと》つ選《えら》んでください。

1番《ばん》

1　荷物《にもつ》を金曜日《きんようび》に取《と》りに行《い》く

2　荷物《にもつ》を預《あず》かっておく

3　明日《あした》家《いえ》で配達《はいたつ》を待《ま》つ

4　荷物《にもつ》を業者《ぎょうしゃ》に返《かえ》す

2番《ばん》

1　吉本《よしもと》エナさんと事務所《じむしょ》で会《あ》う

2　吉本《よしもと》エナさんの電話《でんわ》を待《ま》つ

3　事務所《じむしょ》から吉本《よしもと》エナさんに電話《でんわ》する

4　事務所《じむしょ》で別《べつ》の会議《かいぎ》に出《で》る

3番《ばん》

1　イタリアへ旅行《りょこう》する

2　大学《だいがく》に行《い》くために貯金《ちょきん》する

3　事業《じぎょう》を一緒《いっしょ》に始《はじ》める

4　外国《がいこく》で勉強《べんきょう》する

4番《ばん》

1　直前《ちょくぜん》の交差点《こうさて》まで戻《もど》る

2　地図《ちず》を店《みせ》で買《か》う

3　次《つぎ》の信号《しんごう》まで行《い》く

4　誰《だれ》かに助《たす》けを求《もと》める

5番《ばん》

1　ビジネス

2　美術《びじゅつ》

3　経済学《けいざいがく》

4　マーケティング

問題《もんだい》2

問題《もんだい》2では、まず質問《しつもん》を聞《き》いてください。そのあと、問題用紙《もんだいようし》のせんたくしを読《よ》んでください。読《よ》む時間《じかん》があります。それから話《はなし》を聞《き》いて、問題用紙《もんだいようし》の1から4の中《なか》から、最《もっと》もよいものを一《ひと》つ選《えら》んでください。

1番《ばん》

1　男《おとこ》の人《ひと》が３０分遅《ぷんおく》れた

2　女《おんな》の人《ひと》が３０分遅《ぷんおく》れた

3　二人《ふたり》は違《ちが》う場所《ばしょ》で待《ま》っていた

4　二人《ふたり》は会《あ》う約束《やくそく》を変更《へんこう》した

2番《ばん》

1　遅《おく》れたことに困《こま》っていた

2　よい席《せき》に喜《よろこ》んだ

3　悪《わる》いサービスに腹《はら》を立《た》てた

4　時間《じかん》どおりで着いて喜《よろこ》んだ

3番《ばん》

1　幸運《こううん》をもたらす名前《なまえ》だから

2　「宇宙《うちゅう》」という意味《いみ》だから

3　ロマンチックな響《ひび》きがあるから

4　将来《しょうらい》のことを考《かんが》えたから

4番《ばん》

1　バスが来《こ》なかったから

2　バスが遅《おく》れてきたから

3　バスが彼《かれ》に吐《は》き気《け》を催《もよお》させたから

4　バスが混雑《こんざつ》しすぎたから

5番《ばん》

1　ドイツ語《ご》を勉強《べんきょう》している

2　貿易展示会《ぼうえきてんじかい》を企画《きかく》している

3　実業家《じつぎょうか》と貿易《ぼうえき》をしている

4　国際機関《こくさいきかん》で働《はたら》いている

6番《ばん》

1　１日《にち》に２回《かい》

2　１週間《しゅうかん》に２回《かい》

3　朝《あさ》だけ

4　寝《ね》る前《まえ》だけ

問題《もんだい》3

問題《もんだい》３では、問題用紙《もんだいようし》に何《なに》もいんさつされていません。この問題《もんだい》は、全体《ぜんたい》としてどんな内容《ないよう》かを聞《き》く問題《もんだい》です。話《はなし》の前《まえ》に質問《しつもん》はありません。まず話《はなし》を聞《き》いてください。それから、質問《しつもん》とせんたくしを聞《き》いて、１から４の中《なか》から、最《もっと》もよいものを一《ひと》つ選《えら》んでください。

— メ モ —

問題《もんだい》4

問題《もんだい》４では、問題用紙《もんだいようし》に何《なに》もいんさつされていません。まず話《はなし》を聞《き》いてください。それから、それに対《たい》する返事《へんじ》を聞《き》いて、１から３の中《なか》から、正《ただ》しい答《こた》えをを一《ひと》つ選《えら》んでください。

— メ　モ —

問題《もんだい》5

問題《もんだい》5では長《なが》めの話《はなし》を聞《き》きます。この問《もん》題には練習《れんしゅう》はありません。メモをとってもかまいません。

1番《ばん》　2番《ばん》

問題用紙《もんだいようし》に何《なに》もいんさつされていません。まず話《はなし》を聞《き》いてください。それから、質問《しつもん》とせんたくしを聞《き》いて、1から4の中《なか》から、最《もっと》もよいものを一《ひと》つ選《えら》んでください。

3番《ばん》

まず話《はなし》を聞《き》いてください。それから、二《ふた》つの質問《しつもん》を聞《き》いて、それぞれ問題用紙《もんだいようし》の1から4の中《なか》から、最《もっと》もよいものを一《ひと》つ選《えら》んでください。

質問《しつもん》1

1　火曜日《かようび》

2　水曜日《すいようび》

3　木曜日《もくようび》

4　金曜日《きんようび》

質問《しつもん》2

1　火曜日《かようび》

2　水曜日《すいようび》

3　木曜日《もくようび》

4　金曜日《きんようび》

THE 많이 풀어보는 모의고사 3회

유 형	배 점	시험시간
언어지식 (문자 · 어휘 · 문법)	60점	105분
독해	60점	
청 해	60점	50분

N2 · 3회 언어지식 (문자 · 어휘 · 문법)

問題 1 ＿＿＿の言葉の読み方として最もよいものを、1・2・3・4から一つ選びなさい。

1 手荷物は自分で携帯してください。

1 けいだい　　2 きょうだい　　3 けいたい　　4 きょうたい

2 東洋美術は西洋とは違う。

1 とうよう　　2 どうよう　　3 とよう　　4 どよう

3 山を背景にして写真を撮った。

1 ばいけい　　2 はいけい　　3 ばいきょう　　4 はいきょう

4 彼は道路を清掃していた。

1 そうじ　　2 そうせい　　3 せいそう　　4 せいぞう

5 貧困は犯罪の主な要因である。

1 びんこん　　2 びんいん　　3 ひんいん　　4 ひんこん

問題2 ＿＿＿＿の言葉を漢字で書くとき、最もよいものを1・2・3・4から一つ選びなさい。

6 かんきょう問題についてみんな議論した。

1 換鏡　　2 換境　　3 環鏡　　4 環境

7 このひょうしには彼の名前はなかった。

1 表示　　2 表指　　3 表紙　　4 表視

8 誰にもじじょうはある。

1 事情　　2 事清　　3 事請　　4 事静

9 彼はしほう試験に合格した。

1 伺法　　2 司法　　3 社法　　4 査法

10 友だちはペンしゅうじが得意だ。

1 終字　　2 集字　　3 習字　　4 週字

問題3　(　　　　)に入れるのに最もよいものを、１・２・３・４から一つ選びなさい。

11　(　　　　)案件について意見がある方はいないですか。

1　指　　2　方　　3　向　　4　当

12　あらゆる作用にはそれと同等で(　　　　)作用がある。

1　逆　　2　反　　3　福　　4　制

13　彼は私たちを(　　　　)公式に訪問した。

1　非　　2　無　　3　不　　4　反

14　文章を作るときは、修飾語や(　　　　)修飾語の使い方に気をつけることが大切です。

1　費　　2　被　　3　服　　4　複

15　論文から(　　　　)必要な単語を削除した。

1　不　　2　否　　3　正　　4　定

問題4 （　　　　）に入れるのに最もよいものを、1・2・3・4から一つ選びなさい。

16 大統領はテレビを通じて国民に（　　　　）した。

1 公演　　2 演技　　3 演説　　4 概略

17 学生時代は割引（　　　　）で旅行できた。

1 家賃　　2 運賃　　3 賃金　　4 給料

18 彼女は無料で老人ホームに（　　　　）した。

1 奉仕　　2 事情　　3 委託　　4 辞職

19 彼は（　　　　）のある行動をする。

1 分類　　2 分散　　3 分別　　4 気分

20 磁石は鉄を（　　　　）。

1 引き受ける　　2 引き上げる　　3 引き付ける　　4 引き起こす

21 10月になって朝晩は（　　　　）すずしくなった。

1 めっきり　　2 ばったり　　3 ぴったり　　4 たっぷり

22 子供の（　　　　）食習慣を直すため努力している。

1 するどい　　2 だらしない　　3 もったいない　　4 おさない

問題 5　＿＿＿＿の言葉に意味が最も近いものを、1・2・3・4から一つ選びなさい。

23　この本は歴史的な意味がある。

1　事情　　2　意義　　3　観念　　4　現象

24　ただちに、その計画を実行しなければならない。

1　わりに　　2　ひとりでに　　3　すぐに　　4　ようするに

25　みんなにお菓子をくばった。

1　こしらえた　　2　くたびれた　　3　さしあげた　　4　わけあたえた

26　焼きたてのパンはやわらかい。

1　焼いてからかなり経った

2　焼いたばかりの

3　焼きかけの

4　焼きすぎた

27　彼は日本語も出来れば英語も出来る。

1　日本語は出来ないが、英語は出来る

2　日本語も出来ないし、英語も出来ない

3　日本語は出来るが、英語は分からない

4　日本語も出来るし、英語も出来る

問題6　次の言葉の使い方として最もよいものを、1・2・3・4から一つ選びなさい。

28　敬称

1　飛行機の敬称を作った。

2　先生は生徒に敬称を付けて呼んだ。

3　みんなと一緒に密林を敬称した。

4　子供の両親と敬称して決めよう。

29　とりあつかう

1　輸入してはいけないものをとりあつかって課徴金を払った。

2　あの山にとりあつかうには夏でも冬の装備が要る。

3　彼らは友情の仮面をかぶって彼にとりあつかった。

4　問題の解答をようやくとりあつかった。

30　せめて

1　せめて休みをとって旅行に来たんだから、仕事のことを考えるのはやめよう。

2　うちの親は私のやることにせめて文句をつける。

3　今から行ってもせめて遅刻だから、行かないことにする。

4　100点がとれなくても、せめて80点はとりたい。

31　たいくつ

1　早く手術をしないと、命がたいくつだ。

2　昨日はとてもたいくつな一日だった。

3　人生について、子供とたいくつに話をしていますか。

4　たいくつな冗談ですから気にしないでください。

32 スピード

1 新制度はいよいよ来年からスピードされる。

2 この道路はスピード違反の運転手が多いらしい。

3 現場から逃げた男のスピードはまだわかっていない。

4 小野さんに先日のことをスピードした。

問題7　次の文の（　　　　　）に入れるのに最もよいものを、1・2・3・4から一つ選びなさい。

33　逃避留学した（　　　　　）、苦労するばかりで何も得られないだろう。

1　ところに　　2　ところで　　3　ばかりに　　4　ばかりで

34　自分の住所（　　　　　）、漢字で書けない若者が多い。

1　ですら　　2　のあげく　　3　から　　4　からに

35　私にとってここがいちばん（　　　　　）場所です。

1　くつろがれる　　2　くつろげれる　　3　くつろげる　　4　くつろがせる

36　運動の苦手な方も（　　　　　）一度体験してみてください。

1　いよいよ　　2　運よく　　3　ぜひ　　4　きっと

37　もうすぐ取引先の方が（　　　　　）。

1　ご覧になります　　2　お見えになります

3　お目にかかります　　4　お目にかけます

38　処方せんはこれほどはっきりしている。（　　　　　）。

1　後は実施するだけだ　　2　後は調査するだけだ

3　その前に実施するだけだ　　4　その前に調査するだけだ

39 働き盛りの男性が心臓発作で倒れたりする例は珍しくないのに、(　　　　)。

1　女性でも同じ傾向である　　　2　女性ではあまり聞かない

3　女性でもよくあることである　　　4　女性ではそれほどたくさんある

40 最終報告を(　　　　)、今いる所にいなければならない。

1　受けていたまでは　　　2　受けているまでは

3　受けるまでは　　　4　受けたまでは

41 マレーシアには言語戦争があるが、それは様々な人種が一緒に(　　　　)。

1　住まないためである　　　2　住んでいるためである

3　住まないためだった　　　4　住んだためである

42 私はただそのかわいらしい子犬の写真を(　　　　)。

1　撮るのではなかった　　　2　撮るつもりはまったくなかった

3　撮りたかっただけなのです　　　4　撮りたがっていただけなのです

43 病院の食事以外のものをお食べになりたい時は、医師によく(　　　　)。

1　聞いてもよかったです　　　2　聞いてもよさそうです

3　聞いてはいけません　　　4　聞いてからにしてください

44 誰だって面倒なことからは(　　　　)。

1　逃れてしまった　　　2　逃れるかな

3　逃れたい　　　4　逃れるかもしれない

問題8　次の文の＿★＿に入る最もよいものを、1・2・3・4から一つ選びなさい。

（問題例）　寝る ＿＿＿ ＿＿＿ ＿★＿ ＿＿＿ 習慣になっていた。

1　前に　　2　彼の　　3　ひと風呂　　4　浴びるのが

（解答の仕方）

1.　正しい文はこうです。

寝る ＿＿＿ ＿＿＿ ＿★＿ ＿＿＿ 習慣になっていた。 1　前に　3　ひと風呂　2　浴びるのが　4　彼の

2.　＿★＿に入る番号を解答用紙にマークします。

（解答用紙）

（例）	①　②　●　④

45　この子は ＿＿＿ ＿＿＿ ＿★＿ ＿＿＿ 赤ん坊である。

1　ある　　2　受ける　　3　予防接種を　　4　必要の

46　その小説は、＿＿＿ ＿＿＿ ＿★＿ ＿＿＿ではない。

1　どんなに　　2　子ども向き　　3　にせよ　　4　おもしろい

47　どこにいても、私たちが ＿＿＿ ＿＿＿ ＿★＿ ＿＿＿ください。

1　考えていることを　　2　あなたの

3　忘れないで　　4　ことを

48 こう ＿＿＿＿ ＿＿＿＿ ＿★＿ ＿＿＿＿その島を発見したのです。

1 彼は　　2 ふうに　　3 いう　　4 して

49 あなたが ＿＿＿＿ ＿＿＿＿ ＿★＿ ＿＿＿＿わかりません。

1 どうして　　2 したのか

3 私には　　4 そのようなことを

問題９　次の文章を読んで、文章全体の内容を考えて 50 から 54 の中に入る最もよいものを、１・２・３・４から一つ選びなさい。

「私は、メールを‘書く’と言うのですが、メールを‘打つ’と言う人もいます。どちらがいいのですか？」そこで、街頭で、どちらを普段使いますか？と聞いてみたところ、大半の方から『メールを‘打つ’』という答えが返ってきました。『メールを‘書く’』と言う人は少数のようです。でも、同じことを **50** 、言い方が分かれるのは面白いですね。感覚、捉え方の違いと言えるのではないでしょうか？まず、‘メールを打つ’ですが、これは、**51-a** や **51-b** を重視した言い方のようです。「パソコンを打つ」「ワープロを打つ」と同じ感覚で、キーボードを押す・操作するということが念頭にあり、直接表現すると、『メールを‘打つ’』と言うのですね。

一方、‘メールを書く’ですが、これは、「文章を作る」「推敲(注) する」という思いが強くあると、動作については **52** 、『メールを書く』という言い方になるようです。例えば‘ブログを書く’と言いますよね。これと似ているのではないでしょうか？「書く」というと、「筆記用具を持って紙などに記す」というイメージを持つ方が多いと思いますが、「書く」には、「著作する」という意味もあります。**53** 、「文を吟味し練ってメールを作っている」という気持ちが強いと、‘メールを書く’と言うのかもしれません。パソコンや携帯電話の普及で、ペンなどを持たなくても‘書く’ということばを使う機会が増えてきました。ことばは、**54** は変わらずに、意味や使われ方が広がることがあります。‘書く’ということばはその一つの例かもしれませんね。

(注) 推敲《すいこう》: 文章を十分に吟味して練りなおすこと

50

1 指すから　　2 指しては

3 指すのに　　4 指したしては

51

1 a-文章 ／ b-内容

2 a-機械 ／ b-材料

3 a-方法 ／ b-手段

4 a-動作 ／ b-行動

52

1 いろんな考えがあって

2 メールを打つと同じく

3 あまり関心がいかずに

4 全ての興味を持って

53

1 ですから　　2 ところが

3 まして　　4 だからといって

54

1 発音　　2 書き方

3 読み方　　4 言い方

問題 10　次の文章を読んで、後の問いに対する答えとして最もよいものを、1・2・3・4から一つ選びなさい。

(1)

公共の場で、他人の存在を無視し、まるで自分の部屋にいるかのように振る舞っていることが、周囲の人たちにとっては不愉快なのです。電車の中で化粧をすることが、「他人に迷惑をかけているわけではない」というのなら、電車の中で裸になることだって許されるということになってしまいます。目に見える実害を与えなくても、他人に不快感を与えることは、やはり迷惑なのです。電車の中で携帯電話で大声でくだらない話をする人や、MP３を鳴らす人たちも、「自分だけの世界」にこもり、関係のない他人のことなど存在しないも同然だと思っているのです。他人の気持ちを配慮できない人に、人を愛することはできません。つまり、人間関係で自分だけを考える人は、他人の気持ちが配慮できない人ではないでしょうか。

55　筆者が一番言いたいのは何か。

1　公共の場はみんなが利用するところだから、公衆マナーをきちんと守ってほしいものである。

2　世の中は自分一人で生きていくところではないから他人に対する思いやりが必要である。

3　人間関係は基本的なマナーを守ることから始まるので、家庭教育にもっと気をつけよう。

4　自分だけの世界はどこにもないことを知った上で、社会生活をするのが望ましいのである。

(2)

「自分に自信がもてない」という人は、他人からの評価という「結果」ばかりを気にしすぎています。仕事でも恋愛でも、「なぜ、自分はそうしたいのか」という本質を見失ってはいけません。人は誰でも、自分の生きがいのために仕事をしているのであり、自分が恋愛をしたいからしているのであり、生きたいから生きているのです。自分の人生を楽しんでいれば、他人の評価などたいして気にはならないはずです。

あなたが、会社の部下の誰かに重要な仕事を任せなければならない状況を想像してみてください。いくら頭がよくても、「いやいやながらやっている」という態度をとる人に、重要な仕事を任せる気にはならないでしょう。はっきり言って、「嫌ならやめろ」と言いたくなります。能力があるかどうかという以前に、少なくとも、「やる気のある人」をあなたは選ぶのではないでしょうか。

56 文によると、どんな人に仕事が任せられるか。

1 任せられた仕事を自分のことのように一生懸命する人

2 意欲を持って楽しみながら仕事をする人

3 その仕事の内容を十分に分かった上でする人

4 能力があっても、謙虚に仕事をする人

(3)

ある日、私が電車に乗っていたとき、駅に着いてもいないのに、走行中に突然停車しました。「停止信号が出たため」という車掌アナウンスがあっただけで、原因はわかりません。1分たち、2分たち、乗客たちはいらいらとざわめき始めました。車掌に大声で詰め寄る人もいました。やがて、電気系統のトラブルのため、しばらく停止するというアナウンスが流れました。原因がわかると、ざわついていた乗客たちも静かになりました。

原因がわかったところで、走行の再開が早くなるわけではなく、待たされる時間は同じであるのに、乗客たちの怒りや不安はおさまったのです。このように人間は、「わけのわからないもの」に恐怖を感じます。でも、原因がわかっても、現実やまわりの環境が変わるわけではありません。少なくとも、原因がはっきりすれば、「わけのわからない不安」はなくなり、自分を見つめ直すきっかけになります。

57 人々が恐怖感を感じるのはいつか。

1 理由の分からない出来事が起きたとき

2 周りの人々が恐怖感を感じているとき

3 今の自分の問題が何かを知らないとき

4 時間が経っても問題が解決できないとき

(4)

「自分が自分でないような感覚」を訴える人は、少なからずいます。人の輪の中に入って話をしていても、「楽しそうに見せなければならない」という義務感が先に立ち、上っ面な笑顔を見せるだけでは、心から楽しめないです。「人生の目標を持たなければ」という意識はあるが、自分が何がやりたいのか、何が楽しいと思うのかさえわからず、ただ焦るばかりで、何も行動を起こせないです。自分が嬉しさ、楽しさを感じる前に、「どういう感情、思考を抱くことを他人から要求されているか」を読み取ってしまい、それに合わせてしまうのです。しかし、それは自分の勝手な思い込みで、本当は、誰もそんなことは要求していないのです。

58 筆者は、自分自身はどうあるべきだと言っているか。

1 人の目は気にしないで、自分なりの目標を持って生きていくべきだ。

2 自分の人生で何が一番嬉しくて楽しいことかを分かるべきだ。

3 自分の行動が他人の目からはどう見えるかを気にしながら生きるべきだ。

4 人生で何が一番大事なことかを知った上で行動するべきだ。

問題 11　次の文章を読んで、後の問いに対する答えとして最もよいものを、1・2・3・4から一つ選びなさい。

（1）

先日、私が電車に乗っていると、隣の席に若いカップルが座りました。女性が、「私、いつも、朝ごはん食べてないの」と話すと、男性は、「ダメだよ、しっかり食べなくちゃ」。「でも、ダイエット中だから」という彼女に、彼は、しつこく、「ダメだよ、ダメだよ」を繰り返すばかり。彼女はついに、「わかったよ、うるさいなあ」と、ふくれてしまいました。彼が、「体によくないから、しっかり食べた方がいいと思うよ」と、彼女を気遣う言い方をすれば、彼女からも、「ありがとう」という言葉が返ってきただろうに、と残念に思いました。彼は、彼女を心配していったことなのでしょうが、その気持ちがまったく伝わらないどころか、逆に彼女の気分を害してしまいました。

私たちは、人を批判するつもりはないのに、つい無意識に批判的な言葉を使ってしまうことがあります。

「ダメ」「どうしてあなたは～」……。

子供のころ、親や先生にいわれて、あんなに嫌だった言葉を、知らず知らずのうちに自分でも使ってしまっていませんか。批判的な言葉を使い続けていると、相手から、「何となく、この人とは話をしたくないな」と思われてしまいます。悪意はないのに、うとまれて（注）しまうなんて、まったくムカつくことです。

「～してはダメだ」というより、「こうした方がいいと思うよ」

「どうして～してくれないの」というより、「こうしてくれると嬉しいな」

言い方を変えると、印象は大きく変わります。

日本語では普通、主語を省略しますが、主語を補って考えると分かりやすいと思います。「あなた」を主語にすると、相手を批判する内容となってしまいがちです。「私」を主語にして、相手を直接批判するのではなく、自分の考え、気持ちを伝えるようにしましょう。いい意味で、「自分中心」に考えるのです。習慣づければ、難しいことではありません。

（注）うとむ：いやだと思う

59 電車の男女の話で分かることは何か。

1 同じ意味でも相手の気持ちを考えて表現したほうがいい。

2 若い人たちの心理状態は大人はまったく分からないだろう。

3 恋人同士でもいつも言葉遣いに気をつけたほうがいい。

4 女性の心を知らない男性は、言葉遣いから勉強したほうがいい。

60 「まったくムカつく」とあるが、それはどうしてか。

1 自分が言った言葉で相手が傷ついて、自分の話を聞こうとしないから

2 相手のあやまりに対していくら批判的に言ってもそれを直そうとしないから

3 相手をほめるつもりで言った言葉が、かえってしかるような言い方になったから

4 自分は悪い意味で言ったつもりではないのに、相手に誤解されてしまったから

61 筆者の結論に基づいて、文を作るとどうなるか。

1 自分のことをどう思うかによってあなたと付き合えるでしょう。

2 自分はあなたの考えがとても気に入っています。

3 私はいつもストレートで言う傾向があって人に嫌われる。

4 私のことが好きならいつでも直接言ってください。

(2)

他人に対して、期待をしてはいけません。そう言うと、何だか冷たいことのように思われそうですが、そうではありません。親友や恋人を信頼し、尊敬し、感謝するのはよいのですが、期待をするのはよくありません。他人に期待するとは、「自分に何らかの利益をもたらしてくれることを当然のように要求する」ことです。親友なら、恋人なら、こうしてくれて当然である、そういう考え方が、結局は自分を苦しめます。信頼していた恋人に裏切られた時、人は大きなショックを受けます。しかし、そういう時こそ思い出してください。あなたは、なぜその人と付き合っていたのですか。誰かに強制されたわけではありません。見栄や義理のためでもありません。もしそうなら、そもそもそれは本当の愛ではなかったのですから、真剣に悩む必要もありません。自分が付き合いたいから、付き合っていたのです。自分の頭で判断し、付き合う価値があると見込んだから付き合ったのです。

他人に期待をしてはいけません。それは決して、人間不信や悲観主義にもとづく考えではありません。他人に何かを要求することの方が、よっぽどみにくく、あさましい考え方です。「私のこと好きなら、もっと気を遣ってよ」「オレのこと好きなら、言うとおりにしてくれ」そのような言葉を吐いたことはありませんか。「自分のことを好きなら～」という條件付きで相手に何かを要求するのであれば、嫌われればそれで終わりです。しかし、そういう人にかぎって、嫌われれば今度は相手を恨むのです。いずれにしろ、他人というものを「利用価値があるか、どうか」という見方しかしていないのです。もし、あなたが愛する人に裏切られて傷ついているなら、自分に言い聞かせてください。「私は、自分が愛したかったから、あの人を愛したのだ」と。

幸せを感じている人は、まわりのすべての人から理解されているわけではありません。「他人は自分を理解してくれなくて当然、してくれた人には心から感謝しなければならない」と考えているだけです。不幸な人とは、「他人は自分を理解してくれて当然、してくれない人には怒りを感じる」と考えている人です。「当然」か「不幸」かしかないのですから、いつまでたっても幸せになれるはずがありません。

62 人との付き合いについてどう言っているか。

1 相手を、素直な心で付き合うべきだし、何かの期待や要求はよくない。

2 相手に対する最初の心を考えて、いつまでも信頼感を持つべきである。

3 相手に裏切られても、自分のあやまりでそうなったと思ったほうがいい。

4 相手の心と事情をよく分かった上で、付き合ったほうが後のためにいい。

63 条件付きで、人と付き合う人はどんな人なのか。

1 人間不信や悲観主義しか持ってない人

2 物事を否定的に考えようとしている人

3 自分の幸せがどんなものかをよく知っている人

4 真心を込めた付き合いをしていない人

64 筆者は、「当然」と「不幸」についてどう述べているか。

1 当然なことをしてくれない人は不幸になるしかないという考え方はよくない。

2 自己中心的な考えを持って人付き合いをしている人の心をたとえている。

3 いつも自分を卑下し、不幸になるのが当然だと思っていることを述べている。

4 幸せばかりを追求するあまり、人の不幸が当然だということを述べている。

(3)

何事も小さなことからコツコツと続けていくのが重要になります。あせりすぎてしまうとその分無理が生じてしまいますし、その日一日の許容量を理解して努力する必要があるのです。資産を蓄えるのもその一つとなるでしょう。資産を効率的に増やしていくためには、一日経つごとに資産が増えていくように行動しなくてはいけません。一考すると難しいことのように思われますが、そんなことはありません。資産を蓄えていくのは誰にでもできることであり、節制を心がければ多くの資産を蓄えることは可能なのです。

なぜ格差から脱出するために資産構成が必要となるのか？それは資産からお金を生み出すという点が大きいでしょう。資産を上手に活用することができれば多くのお金を手に入れることが可能です。資産運用には専門的な知識が必要となります。資産運用をおこなっていくうちに専門知識を身につけることも可能です。この専門知識はお金に換えられないかもしれませんが、一生涯役立つ知識として活用していくことができるでしょう。

格差社会の底辺にいる人は金融資産をほとんど保有しておりません。逆に格差社会の上の方にいらっしゃる人たちは多くの金融資産を保有しております。金融資産の有無が収入の格差を生み出すのです。収入を拡大したいと考えている人は今のうちから金融資産の確保に努めていきましょう。自分で資産を生み出すのも重要となります。

65 資産を蓄えるためにどうしたらいいか。

1 資産の大事さについて毎日考えてみる。

2 もうけになるような仕事を毎日探してみる。

3 ぜいたくをしないで、少しでも毎日貯金する。

4 毎日少しでも資産を増やそうと努力する。

66 本文によると、資産構成が必要なのはなぜか。

1 資産がないと一生涯生きていけないから

2 お金がお金を生み出すということから

3 専門的な知識を身につけられるから

4 資本主義でお金はなくてはならないから

67 金持ちとそうでない人の差は何だと言っているか。

1 金融資産をどれくらい持っているかによって差が生じる。

2 金融資産を誰が活用するかによって差が生じる。

3 金融資産を持っているか持っていないかによって差が生じる。

4 金融資産をどのように活用できるかによって差が生じる。

問題12　次のAとBの文章を読んで、後の問いに対する答えとして最もよいものを、1・2・3・4から一つ選びなさい。

A

　あなたは受験の朝、さわやかに目を覚まします。おいしく朝ごはんを食べて、元気に家を出ます。バスに乗り、電車に乗り、受験会場に着きます。できるだけ具体的にイメージしましょう。受験会場に着いたあなたは、試験問題に取り組みます。頭はさえわたり、今まで勉強してきたことがスラスラと書けます。こうしてあなたは実力を発揮し、深い達成感を持って受験会場を後にします。これが、メンタルリハーサルです。スポーツ選手なども使う方法です。もちろん受験勉強は一生懸命しなくてはなりません。そして入試当日に必要はことは、実力を十分に発揮するということです。必要以上の不安や緊張は、困りますね。そんな雑念を取り払い、気持ちを落ち着ける方法が、メンタルリハーサルです。何度でも、心の予行練習をやってみましょう。

B

　さあ、入試の朝がやってきました。前の日は早めに寝るでしょうが、人によってはすぐに眠れない人もいるでしょう。でも大丈夫。入試当日の朝、目が覚めたら、心の中で言いましょう。
「よし、ぐっすり眠れたぞ」
　実際の睡眠時間なんてどうでも良いでしょう。タイムマシンで前の晩には戻れません。「よく眠れた」「良い目覚めだ」と自分で思えば良いのです。心理学の研究によると、起床時に「よく眠れた」と思うことによって、実際に睡眠の良い効果が現れることがわかっています。
　さて、受験の朝は特別なことはしない方が良いでしょう。いつものあなたの実力が出せればよいのですから、いつもの朝ごはんと、いつもの朝の支度です。それが、心身の快調につながります。ただし、家族が玄関まで送ってくれるとか、ひと声やさしい声をかけてくれるとか、手作りのお弁当を持たせてくれるとか、そういう特別なことは、もちろんＯＫです。

68 ＡとＢの文で共通している話題は何か。

1 受験の朝に受験生と家族がすべきこと

2 受験シーズン到来

3 気持ちを落ち着ける方法を学ぼう！

4 受験の心理学

69 「受験」について、Ａの筆者とＢの筆者はどのような意見を述べているか。

1 Ａは受験生の心構えを、Ｂは受験の当日にやるべきことについて述べている。

2 Ａは受験生の勉強のやり方を、Ｂは受験の当日の睡眠時間について述べている。

3 ＡもＢも筆者の経験に基づいて主観的に述べている。

4 ＡもＢも客観的な立場で、受験生がしてはいけないことについて述べている。

問題13　次の文章を読んで、後の問いに対する答えとして最もよいものを、1・2・3・4から一つ選びなさい。

短時間のうちに２つ以上の時間帯（タイムゾーン）を移動すると、人間の睡眠サイクルは乱れてしまいます。体内時計は出発地の時間なのに、到着した場所で目に飛び込んでくる景色はまったく違う時間なので、脳が混乱して現地時間に瞬時に適応することができなくなります。このような状態を「時差ぼけ」といいます（英語では、ジェットラグといいます）。医学的には時間帯域変化症候群と呼ばれ、簡単に言うと急性の睡眠障害のひとつです。また、肺、胃、肝臓などの人間の臓器には、それぞれ独自の時計があることがわかっています。臓器がそれぞれ持っている体内時計が乱されて、バイオリズムが不安定となり睡眠のペースが乱れてしまいます。到着地での昼間の活動レベルが低下するだけでなく、食欲不振や胃腸の不調などさまざまな症状が出ます。

現地ではまず夜に眠れなくなります。下手をすると朝まで完全に一睡もできないこともあります。なんとか眠れた場合でもサイクルが乱れているため、レム睡眠が少なくなり、朝まで連続してぐっすり熟睡することができません。翌日に仕事があっても昼間の集中力が上がらず、会議の効率は下がって文章を書く作業などもいっこうに進みません。また、食欲がなくなったり便秘や胃痛に悩まされることになる場合もあります。飛行機で横断するタイムゾーンの数が多ければ多いほど時差ぼけはひどくなります。

太陽は東から西へ動きます。太陽の動きと同じように東から西へ向かって飛ぶときは、時差ぼけは比較的軽い程度で済みます。しかし太陽の動きに逆らって、東向きに飛んだときは、時差ぼけの症状が非常に重くなり、回復にかかる時間も長くなります。実は人間の体内時計は約25時間周期で動いているので、東へ向かって一日のサイクルが24時間よりも短くなると、それに体が順応するのが生理的に難しいからです。たとえば日本から時差が７時間のロサンゼルス（アメリカ西海岸）へ行った場合は、現地の時間に完全に順応するためには約10日かかるといわれています。逆方向に同じくらいの距離を移動した場合は、約７日間で順応できます。西方向（ヨーロッパ方面）に旅行した際は、現地に着いてからは比較的ラクですが、日本に帰るときは「東向き」の移動になるために、帰国後はひどい時差ぼけに悩まされることが少なくありません。ちなみに、南北に移動する場合(日本からオーストラリア・ニュージーランドなど)は、時間帯をまたぐことがないため、時差ぼけは発生しません。

子どもは大人と比べると上手に時差に順応することができますが、年齢とともに順応性が下がってきて、時差ぼけの症状はひどくなります。普段から運動をしている健康な人、規則正しい生活をしている人、よく眠れている人は時差ぼけになりにくいようです。性格的には、明るく積極的で社交的な人は、内気で消極的な人と比較すると時差ぼけになりにくいというデータもあります。また、人間はおもしろいもので、仕事で緊張して行く場合と比べて、気楽に遊びで行く場合のほうが比較的時差ぼけの程度は軽くなります。

70 時差ぼけ」で起きる現象はどれか。

1 食欲があっても現地の食物が口に合わなくなって何も食べられない。
2 昼間に起きていてもぼーとしている状態なので能率が上がらない。
3 体が思うように動かなくても、体内の臓器は安定感を維持している。
4 夜はあまり眠れなくても昼間に熟睡できるから仕事に障害はない。

71 次の中で、「時差ぼけ」が一番軽いときはいつか。

1 日本からロサンゼルスへ旅行に行くとき
2 ロサンゼルスから日本へ帰るとき
3 日本からニュージーランドへ旅行に行くとき
4 オーストラリアからロサンゼルスに行くとき

72 「時差ぼけ」が一番重くなる場合はどれか。

1 消極的な人が仕事で東へ向かって飛行機に乗るとき
2 積極的な人が遊びで東へ向かって飛行機に乗るとき
3 内気な人が遊びで西へ向かって飛行機に乗るとき
4 明るい人が仕事で西へ向かって飛行機に乗るとき

問題14　右のページは、「管理会社からのお知らせ」である。下の問いに対する答えとして最もよいものを、1・2・3・4から一つ選びなさい。

73　管理会社からのお知らせではないのはどれか。

1　風が強い時は、ベランダにある物は中に入れる。

2　雨漏りを防ぐため、窓は閉めておいたほうがいい。

3　川があふれる時は救命活動を優先するべきである。

4　大雨の恐れがある場合は家の近くに駐車する。

74　台風の被害がもっとも多い時間帯に住民はどうするべきか。

1　すぐ職員を呼んで壊れたところを修理してもらう。

2　管理会社からのお知らせ通りに行動する。

3　まえもって公共機関に避難したほうがいい。

4　室内でラジオを聞きながら対策を考える。

管理会社からのお知らせ
台風８号事前対策のお願い

2016. 7. 8

大型で非常に強い台風８号が 2016年７月９日午後から翌日７月10日午前中に福岡県に最も接近する予定です。
入居者の皆様におきましても台風の事前対策として以下の注意事項をご確認をお願い申し上げます。

① ベランダに置いてある荷物は整理して室内に入れる。
⇒ 暴風の影響で物が飛んで隔壁板やガラス破損の原因となるため。

② シャッターがある場合は必ず閉める。
⇒ 暴風の影響で物が飛んできてガラス破損の原因となるため。

③ 外出の際は外部に面する全ての窓関係を閉める。
⇒ 隙間より雨が室内に降り込み、階下漏水などの原因となります。

④ 大雨を伴う場合、機械式駐車場等は浸水する前に車を高台に移動させる。

⑤ 近くに河川がある場合は河川が氾濫し、床上・床下浸水などの被害になる可能性もあります。
人命優先で速やかに避難して下さい。

台風が直撃している時間帯は専門の工事スタッフも被害多発などで即時に対応できかねる場合もございますのでご理解、ご協力のほど、よろしくお願い申し上げます。

会社からのお知らせにしたがって行動をなされば被害は最小限に防げます。

問題《もんだい》1

問題《もんだい》１では、まず質問《しつもん》を聞《き》いてください。それから話《はなし》を聞《き》いて、問題用紙《もんだいようし》の１から４の中《なか》から、最《もっと》もよいものを一《ひと》つ選《えら》んでください。

1番《ばん》

1　他《ほか》のレストランに電話《でんわ》する

2　明日《あした》この店《みせ》に来《く》る

3　夕食《ゆうしょく》をこのレストランで８時《じ》に食《た》べる

4　テーブルの予約《よやく》を別《べつ》の日《ひ》にする

2番《ばん》

1　電車《でんしゃ》でビーチまで行《い》く

2　午前中《ごぜんちゅう》にレストランへ車《くるま》で行《い》く

3　イタリア料理《りょうり》を一緒《いっしょ》に作《つく》る

4　夜遅《よるおそ》くビーチまで行《い》く

3番《ばん》

1　ラジオのコンサートに応募《おうぼ》して

2　バンドのホームページを見《み》て

3　何枚《なんまい》か CD を売《う》って

4　友《とも》だちに頼《たの》んで

4番《ばん》

1　4階《かい》

2　5階《かい》

3　6階《かい》

4　7階《かい》

5番《ばん》

1　500枚《まい》1セット

2　500枚《まい》3セット

3　500枚《まい》5セット

4　500枚《まい》10セット

問題《もんだい》2

問題《もんだい》２では、まず質問《しつもん》を聞《き》いてください。そのあと、問題用紙《もんだいようし》のせんたくしを読《よ》んでください。読《よ》む時間《じかん》があります。それから話《はなし》を聞《き》いて、問題用紙《もんだいようし》の１から４の中《なか》から、最《もっと》もよいものを一《ひと》つ選《えら》んでください。

1番《ばん》

1　ドイツ語《ご》の勉強《べんきょう》を行《い》く前《まえ》にすることによって

2　辞書《じしょ》を持《も》っていくことによって

3　通訳《つうやく》を雇《やと》うことによって

4　親切《しんせつ》なドイツ人《じん》によって

2番《ばん》

1　目《め》が悪《わる》いから

2　ときどきパソコンを使《つか》うから

3　パソコンで目《め》が疲《つか》れるから

4　パソコンでゲームをするから

3番《ばん》

1　ポイントがほしいとき

2　インターネットで買《か》い物《もの》するとき

3　値段《ねだん》が安《やす》いものを買《か》うとき

4　現金《げんきん》を使《つか》いたくないとき

4番《ばん》

1　駅《えき》から近《ちか》いから

2　部屋《へや》が広《ひろ》いから

3　一階《いっかい》にあるから

4　近《ちか》くにアパートがすくないから

5番《ばん》

1　掃除《そうじ》に「義務感《ぎむかん》」と「ストレス」を感《かん》じている人《ひと》

2　掃除《そうじ》に「義務感《ぎむかん》を感《かん》じている感《かん》

3　掃除《そうじ》に「ストレス」を感《かん》じている感《かん》

4　掃除《そうじ》に「義務感《ぎむかん》」と「ストレス」を感《かん》じない感《かん》

6番《ばん》

1　日本語《にほんご》を外国《がいこく》人に教《おし》えている

2　ある日本《にほん》企業《きぎょう》の教師《きょうし》である

3　英語《えいご》をある大学《だいがく》で教《おし》えている

4　企業《きぎょう》の幹部《かんぶ》である

問題《もんだい》3

問題《もんだい》3では、問題用紙《もんだいようし》に何《なに》もいんさつされていません。この問題《もんだい》は、全体《ぜんたい》としてどんな内容《ないよう》かを聞《き》く問題《もんだい》です。話《はなし》の前《まえ》に質問《しつもん》はありません。まず話《はなし》を聞《き》いてください。それから、質問《しつもん》とせんたくしを聞《き》いて、1から4の中《なか》から、最《もっと》もよいものを一《ひと》つ選《えら》んでください。

— メ モ —

問題《もんだい》4

問題《もんだい》4では、問題用紙《もんだいようし》に何《なに》もいんさつされていません。まず話《はなし》を聞《き》いてください。それから、それに対《たい》する返事《へんじ》を聞《き》いて、1から3の中《なか》から、正《ただ》しい答《こた》えをを一《ひと》つ選《えら》んでください。

— メ モ —

問題《もんだい》5

問題《もんだい》5では長《なが》めの話《はなし》を聞《き》きます。この問《もん》題には練習《れんしゅう》はありません。メモをとってもかまいません。

1番《ばん》　2番《ばん》

問題用紙《もんだいようし》に何《なに》もいんさつされていません。まず話《はなし》を聞《き》いてください。それから、質問《しつもん》とせんたくしを聞《き》いて、１から４の中《なか》から、最《もっと》もよいものを一《ひと》つ選《えら》んでください。

3番《ばん》

まず話《はなし》を聞《き》いてください。それから、二《ふた》つの質問《しつもん》を聞《き》いて、それぞれ問題用紙《もんだいようし》の１から４の中《なか》から、最《もっと》もよいものを一《ひと》つ選《えら》んでください。

質問《しつもん》1

1　ふわふわのパーマをかけるだけ

2　ふわふわのパーマをかけて前髪《まえがみ》を切《き》る

3　パーマはかけないで前髪《まえがみ》を少《すこ》し切《き》る

4　パーマはかけないで前髪《まえがみ》をたくさん切《き》る

質問《しつもん》2

1　ふわふわのパーマをかけるだけ

2　ふわふわのパーマをかけて前髪《まえがみ》を切《き》る

3　パーマはかけないで前髪《まえがみ》を少《すこ》し切《き》る

4　パーマはかけないで前髪《まえがみ》をたくさん切《き》る

THE 많이 풀어보는 모의고사 4회

<table>
<tr><th>유 형</th><th>배 점</th><th>시험시간</th></tr>
<tr><td>언어지식
(문자 · 어휘 · 문법)</td><td>60점</td><td rowspan="2">105분</td></tr>
<tr><td>독해</td><td>60점</td></tr>
<tr><td>청 해</td><td>60점</td><td>50분</td></tr>
</table>

問題 1 ＿＿＿の言葉の読み方として最もよいものを、1・2・3・4から一つ選びなさい。

1 首脳会談は来月行われる。

1 しゅのう　　2 しゅうのう　　3 しゅない　　4 しゅうない

2 我が校では入学志願者を募集している。

1 ぼうしゅ　　2 ほしゅ　　3 ぼしゅう　　4 ほうしゅう

3 改訂増補して出版した。

1 かいせい　　2 かいぜい　　3 かいてい　　4 かいじょう

4 殺人犯は正体を現わした。

1 せいだい　　2 しょうだい　　3 せいたい　　4 しょうたい

5 専門的知識を養成している。

1 ようせい　　2 ようしょう　　3 ようぜい　　4 ようじょう

問題2　＿＿＿＿の言葉を漢字で書くとき、最もよいものを1・2・3・4から一つ選びなさい。

6　都市生活というかだいで作文を書いた。

1　加題　　2　課題　　3　果題　　4　科題

7　彼は癌研究しさつのため渡米した。

1　視擦　　2　視際　　3　視祭　　4　視察

8　試験を控えて机のはいれつを変えた。

1　配列　　2　配例　　3　培列　　4　倍例

9　あの大統領は国民のふくしに貢献した。

1　福指　　2　副祉　　3　福師　　4　福祉

10　ここは立入きんしです。

1　歴支　　2　禁支　　3　歴止　　4　禁止

問題3 (　　　　)に入れるのに最もよいものを、1・2・3・4から一つ選びなさい。

11 多くの犯罪が(　　　　)解決のままで残っている。

1 非　　2 完　　3 未　　4 通

12 彼は教師として(　　　　)資格である。

1 満　　2 要　　3 無　　4 充

13 歴史に残る(　　　　)演技であった。

1 素　　2 名　　3 晴　　4 良

14 私は一日(　　　　)にお風呂に入ります。

1 おき　　2 ごと　　3 さい　　4 どき

15 私は仕事(　　　　)多くの人に会う。

1 観　　2 折　　3 柄　　4 係

問題4　（　　　　）に入れるのに最もよいものを、１・２・３・４から一つ選びなさい。

16　みんなの（　　　　）な笑い声が聞こえた。

1　余計　　2　勝手　　3　面倒　　4　陽気

17　私がまとめて払っておくから後でみんなで（　　　　）しよう。

1　整理　　2　調整　　3　算数　　4　精算

18　彼は（　　　　）な人で、秘密をもらすようなことはなかった。

1　信頼　　2　重要　　3　慎重　　4　尊重

19　来月運転免許証を（　　　　）しなければならない。

1　変更　　2　更新　　3　振興　　4　興奮

20　今回の（　　　　）で彼は九州へ転勤になった。

1　移動　　2　労働　　3　異動　　4　動揺

21　両国は信頼関係を（　　　　）。

1　しばった　　2　たくわえた　　3　きずいた　　4　うらんだ

22　（　　　　）寒さが厳しくなってきた。

1　はきはき　　2　たびたび　　3　たまたま　　4　ますます

問題５　＿＿＿＿の言葉に意味が最も近いものを、１・２・３・４から一つ選びなさい。

23　犯罪の発生を未然に防止するために努力している。

1　普段に　　2　一瞬に　　3　余計に　　4　事前に

24　ついにその本を読み終わった。

1　たえず　　2　ほぼ　　3　ようやく　　4　はたして

25　二つの説明はずれている。

1　そなえて　　2　くいちがって　　3　ためらって　　4　うちけして

26　お金さえあれば何でも出来るとは大間違いだ。

1　お金がなくても何でも出来る。

2　お金があれば何でもできると思うのは正しい。

3　お金があっても幸せになれる。

4　お金で出来ないことはないと思うのは間違いだ。

27　会社のものと相談した上で、返事します。

1　会社の人と相談せずに

2　会社の人に聞いてみてから

3　会社の人に話す前に

4　会社の人をのぞいてから

問題6　次の言葉の使い方として最もよいものを、1・2・3・4から一つ選びなさい。

28 抗議

1　野党は政府の原案に抗議した。

2　その選手はみごとに抗議した。

3　従業員の抗議転換が必要だ。

4　これは信頼すべき資料による抗議だ。

29 ふりむく

1　かばんを盗んだ人は彼ではないかとふりむいている。

2　この薬は水でふりむいて飲んでください。

3　声をかけられてふりむくと、林先生が立っていた。

4　気象条件が悪くて、飛行機は出発した空港へふりむいた。

30 がっかり

1　毎日休まず練習したのに予選で落ちてしまってがっかりした。

2　あの二人はどう見てもがっかりだ。

3　子供はいつもがっかりなことばかり言って親を困らせる。

4　先生の一言は、彼の頭をがっかりするのに役立った。

31 奇妙

1　市民は政府に奇妙をうったえた。

2　友だちの奇妙な発想にみんな驚いた。

3　中山氏の言ったことは奇妙性に欠ける。

4　昨日と比べると、今日は川の水の色が奇妙に違っている。

32 あかり

1 山田さんの家はうちのあかりだ。

2 彼の部屋はゴミあかりだ。

3 この地域のあかりは一年中穏やかだ。

4 暗いからあかりをつけてください。

問題7　次の文の（　　　　）に入れるのに最もよいものを、1・2・3・4から一つ選びなさい。

33　子供の泣き声がうるさくて（　　　　）。

1　やりようがない　2　かなわない　3　かまわない　4　およばない

34　インターネットは私たちの生活の中には、なくてはならない重要なものとなり（　　　　）。

1　つつある　2　きらいがある　3　かけている　4　ながらにある

35　昨年の津波では、この島も（　　　　）ひどい被害を受けた。

1　ただ　2　ろくに　3　まさに　4　ずいぶん

36　先生は今日黒いスーツを（　　　　）。

1　お召しにです　2　お召しになっています

3　お着になっています　4　お着になられています

37　ここに荷物を（　　　　）。

1　預けれれますか　2　預けさせられますか

3　預けれますか　4　預けられますか

38　私の知る限り、彼ほど食べることについて時間とお金とエネルギーを費やしている（　　　　）。

1　人間はいない　2　人間は多い

3　人間は少なくない　4　人間は少なかった

39 はっきりしているのは、最も必要とされる分野の医師が（　　　　）。

1　足りないということだ　　2　足りないそうだ
3　足りなさそうだ　　4　足りないのではないか

40 企業というのは、社会の公器であるはずだ。経営者は（　　　　）。

1　その自覚があるものだろう　　2　その自覚をもってほしい
3　その自覚がもってもいい　　4　その自覚をもってほしがる

41 彼らが彼に何を言っても、木村は決心を（　　　　）。

1　変えるかもしれない　　2　変えたままになっていた
3　変えるようになった　　4　変えようとしなかった

42 彼女は彼を裏切ることが私にはわかる、まさに（　　　　）。

1　そういうタイプの女でしょうか　　2　そういうタイプの女なのか
3　そういうタイプの女だ　　4　そういうタイプの女でない

43 判定基準が適切でないと、病気の兆候を見逃したり、逆に過剰な医療につながったりする（　　　　）。

1　おそれはあるまい　　2　おそれがある
3　おそれはあるのだろうか　　4　おそれがあるのではない

44 需要に対して供給が追いつかないときに、その分野の専門家の待遇を（　　　　）。

1　よくすることも一つの方法だ
2　よくすることが唯一の方法だ
3　よくする余地などはまったくない
4　よくする方法を探してはだめだ

問題8　次の文の＿＿★＿＿に入る最もよいものを、1・2・3・4から一つ選びなさい。

（問題例）　寝る ＿＿＿＿ ＿＿＿＿ ＿＿★＿＿ ＿＿＿＿ 習慣になっていた。

1　前に　　2　彼の　　3　ひと風呂　　4　浴びるのが

（解答の仕方）

1.　正しい文はこうです。

寝る ＿＿＿＿ ＿＿＿＿ ＿＿★＿＿ ＿＿＿＿ 習慣になっていた。
1　前に　　3　ひと風呂　　2　浴びるのが　　4　彼の

2.　＿＿★＿＿に入る番号を解答用紙にマークします。

（解答用紙）

（例）	① ② ● ④

45　その会社は＿＿＿＿ ＿＿＿＿ ＿＿★＿＿ ＿＿＿＿値上げした。

1　タクシー料金を　2　諸物価の　3　口実にして　4　値上げを

46　会社を＿＿＿＿ ＿＿＿＿ ＿＿★＿＿ ＿＿＿＿を消さなくてはならない。

1　人は　2　最後に出る　3　明かり　4　誰でも

47　あなたたちの＿＿＿＿ ＿＿＿＿ ＿＿★＿＿ ＿＿＿＿解いた人が賞をもらえる。

1　どちらでも　2　最初に　3　うち　4　パズルを

48 ＿＿＿＿ ＿＿＿＿ ＿＿★＿＿ ＿＿＿＿終わりがある。

1　ある　　　2　また

3　どんなことも　　　4　始まりの

49 彼女は＿＿＿＿ ＿＿＿＿ ＿＿★＿＿ ＿＿＿＿ではない。

1　見事な　　2　以前の　　3　体操選手　　4　ような

問題9　次の文章を読んで、文章全体の内容を考えて 50 から 54 の中に入る最もよいものを、1・2・3・4から一つ選びなさい。

有名人の記者会見で「結婚させていただきます」と言うのを耳にしたことがありますか？視聴者の方から「結婚します」で良いのではないでしょうかという質問を受けました。『させていただく』という表現自体は間違いではありません。へりくだった謙虚な気持ちを表すので、さまざまな場面で使われますね。ただ、『させていただく』は、本来、相手の許しをもらって何かを行う場合、 50 何か恩恵を受けるという気持ちが伴うときに使う表現です。相手の親に対して「結婚させていただきます」は違和感ありませんが、大勢を相手に「結婚させていただきます」というのには違和感があるのでしょう。また、「読まさせていただく」「帰らさせていただく」というのは『 51 』といわれ間違った表現です。五段活用とサ変の動詞には「さ」が必要なく、「読ませていただく」「帰らせていただく」というのが正しい表現なのです。それ以外の動詞は『~ させていただく』となるのですが、動詞の後ろに“よう”をつけてみると 52 という人もいます。「食べる」は“ 53-a ”と言えるので、『 53-b 』と「さ」が必要な動詞。「来る」も“来よう”といえるので『来させていただく』に変化します。

一方『飲む』は“飲よう”とは言えません。“飲もう”ですよね。こちらは『飲ませていただく』となるのですね。ただ、両方の表現がある場合もあります。「見る」は“見よう”といえるので『見させてください』と変化しますが、「見せる」という動詞もあり、これは『見せてください』と変化します。 54 『させて』と言う表現は使い方が難しい！

50

1 それによって　　2 それだけでなく

3 それどころか　　4 そういえば

51

1 昔の日本語　　2 さ入れ言葉　　3 謙譲語　　4 尊敬語

52

1 見分けさせる　　2 見分ける

3 見分けられる　　4 見分けさせられる

53

1 a-食べろ ／ b-食べらせていただく

2 a-食べろ ／ b-食べさせていただく

3 a-食べよう ／ b-食べらせていただく

4 a-食べよう ／ b-食べさせていただく

54

1 こんなに　　2 このように

3 このところ　　4 これといって

問題 10　次の文章を読んで、後の問いに対する答えとして最もよいものを、1・2・3・4 から一つ選びなさい。

(1)

　科学では、台風や地震、雷などについて、「なぜ、そのような現象が起こるのか」ということは解明されています。しかし、この「なぜ」とは、「WHY」ではなく、「HOW（どのようにして）」ということであるにすぎません。台風や地震が起こるメカニズムは分かっても、そもそも、なぜ神（自然）が、台風や地震という現象をこの世界に創り出したのか、それに何の意味があるのか、ということまでは、科学では説明できません。私たちにできるのはせいぜい、経験と知識を使って自然災害を予測し、できるかぎりの備えをすることだけです。ガンに侵された人は、「なぜ（WHY）自分がこんな目に」と運命を呪う前に、医者に外科的手術で腫瘍を摘出してもらわなければなりません。私たちは、さまざまな現象がどのようにして（HOW）起こるかというメカニズムを解明し、対処するしかないのです。

55　ここで言う科学の限界は何か。

1　台風や地震、雷が起こることを予測してもそれを防ぐことができない。

2　いつもの自然現象をどうやって解明するかを研究しても分からない。

3　神や自然の役割が何かは分かっても、それがどうして起こるかは分からない。

4　自然現象の原因は分かってもそれがどうして起こるかを解明することはできない。

(2)

腹が立って不愉快な思いをしたとき、人間は、本能的に、「これは自分のせいではない」という言い訳を見つけようとしてしまいます。しかし、本当に自分の責任の範囲外のことであるなら、それほど腹は立たないものです。「自分の力でどうしようもないことは、いくら考えても仕方がない」とあきらめられます。自分の心の持ち方の問題であるのに、その責任を何とかして転嫁しようとするとき、矛盾にさいなまれて(注)、そんな自分に腹が立ち、気が晴れないのです。自分をごまかそうとするより、すべてを自分の問題として考えることの方が実は、はるかに気が楽なことなのです。腹が立ったときはそのエネルギーを、勇気を出して自分にぶつけ、自分を成長させるために使ってみてください。

(注)さいなまれる：悩み苦しめられる

56 文によると、腹が立ったときは、どうすればいいか。

1 人のせいにして、言い訳を探すより自分のせいだと受け入れたほうが気楽になる。

2 怒りの原因を自分だけでなく、人からも探そうと努力したほうがおさまりやすい。

3 腹が立ったときは我慢しないで、思いきって怒ったほうが体のためにもいいだろう。

4 腹が立っても、自分を成長させるためには我慢したほうがいいだろう。

(3)

駅のホームに着いたとき、目の前で電車が発車してしまったとしても、悔しがることはありません。何も損などしていないのです。「これで、本を読む時間が増えた」「駅のまわりの景色をのんびり眺めてみよう」「次の電車を待っている間に、懐かしい友人に再会したり、新たな出会いがあったりするかもしれない」と思えばよいのです。むしろ、その方がわくわくして、心が躍りませんか。

生活のテンポを落としてみれば、心に余裕ができます。時間に関することにかぎらず、「自分の勝手な思い込み」を見直すきっかけになります。自分の思い通りにならずに腹が立ったときは、まず、自分の考えを疑ってみてください。そして、自分に問いかけてください。「思い通りにならなかったといって、いったい、自分はどれだけ損をしたというのだろうか」と。本当に腹を立てるべきことなど、めったにないはずです。

57 筆者は、腹が立ったとき、どうすればいいと言っているか。

1　自分の一方的な考えが相手に傷つけてないかを考えてほしい。

2　腹が立ったらもっと心に余裕を持って相手を理解しようとする。

3　相手のせいにしないで自分に間違いがないかを、まず考えてほしい。

4　自分の性格が人に迷惑をかけていないかを考えてほしい。

(4)

相手を100パーセント信頼する」という、一見「美しい」心の裏には、万が一にもその信頼が裏切られるなどということは、あってはならない。相手は、私の信頼に絶対にこたえるべきだ」と押しつけるものがあります。しかし、相手も人間なのですから、魔がさして(注)、私利私欲にかられ、人を裏切ることもあるかもしれません。誰でも一度は、他人を傷つけた経験を持っているはずです。他人の過ちを許せないなどと言う権利のある「完璧な人間」は、この世にひとりとして存在しません。「信頼は98パーセントにとどめておきなさい」というのは、かりに相手が過ちを犯したとしても、「それを許す気持ち」のために残りの2パーセントはとっておきなさい、ということです。たとえ裏切られても後悔しない、という覚悟を持ってこそ、本当に「相手を信頼している」と言えるのです。

(注) 魔《ま》がさす：一瞬判断や行動を誤る

58 「相手を本当に信頼する」というのはどういうことか。

1 相手の裏切りは自分のせいだと思って反省すること

2 相手の裏切りにがっかりしないで、許せる気持ちを持つこと

3 世の中には様々な人がいることを自分で納得すること

4 人の裏切りにいちいち反応しないで自分の道を歩くこと

問題11　次の文章を読んで、後の問いに対する答えとして最もよいものを、1・2・3・4から一つ選びなさい。

(1)

　他人が喜ぶことをしてあげるのは、よいことです。ただし、その動機が肝心です。「自分が好かれたいから」という理由なら、やめた方がよいでしょう。結局、自分も相手も苦しめることになります。それは、自分の無意識のうちに、相手の心を巧妙に操作しようとしているということなのです。自分の思い通りにならなかったときには、逆に恨みに変わってしまいます。他人からの愛情が得られないといって苦しんでいる人は、自分に問いかけてみてください。なぜ、自分には、他人に愛を要求する権利があるというのか、と。あなたが相手に何かを「してあげた」からですか。また、相手が一度でもあなたを愛したなら、永久に愛し続けなければならないという義務が発生するのですか。愛を要求する権利など、誰にもないのです。私たちに許されているのは、自分を愛してくれた人に感謝することだけです。

　子供が自分になついてくれないからといって、虐待する親がいます。もの心もついていない幼い子供にまで「自分を愛してくれること」を要求する親というのは、子供より精神が幼稚なのでしょう。ふつう、親は、子供が成長していくのを見ることそのものが幸せなのです。子供が親に何か恩返しをしてくれることを期待して子供を育てているのではありません。「子供が幸せである」というだけで、それが同時に親にとっての幸せなのです。

　愛するとは、相手のご機嫌をうかがうことではありません。「好かれたいから」という理由で人に何かをしてあげるのでは、ただの奴隷です。そんな人は、いつまでたっても人を愛することはできず、人から愛されることもないでしょう。他人に愛を要求すればするほど、その利己的な態度ゆえに敬遠され、結局、「どうせ自分は愛される値打ちのない人間なのだ」と自信を失うことになってしまいます。他人が喜ぶことをしてあげるのは、単に「他人の幸せが嬉しいから」という理由でなければなりません。「だから、私を好きになってほしい」と、よけいなことを考えるから、苦しいのです。他人を幸せにすれば、自然に、その幸せは自分に返ってくるものなのです。

59 筆者は「してあげる」ということついて、どう思っているか。

1 「してあげる」ことについて負担を感じると、永遠な愛ができなくなってしまう。

2 他人を愛するためにはなくてはならないのが「してあげる」ということである。

3 自分が相手のことが好きでやることだから、何らかの條件があってはいけない。

4 自分の思い通りに「してあげる」と相手が誰であっても喜ぶに決まっている。

60 親の子供に対する愛はどうあるべきだと言っているか。

1 子供の恩返しを期待しながら、もっとたくさんの愛を与えるべきだ。

2 子供の幸せが親の幸せだと思って、條件なしに愛してあげるべきだ。

3 親にとっての幸せが何かを考えて、子供の行動にいちいち文句をつけるべきだ。

4 子供はまだ何も分からない存在なので、親は子供に世の中の厳しさを教えるべ きだ。

61 筆者は、人が「苦しむ」理由についてどう言っているか。

1 自分の幸せが他人の幸せになることを全然分かっていないから

2 自分が苦しい理由を、他人の苦しみや幸せから見つけようとするから

3 他人の幸せが自分の幸せよりもっと大きいことを感じた瞬間に苦しみが始まるから

4 他人が自分のことを愛してくれることを期待する上で、他人に何かをしてあげるから

(2)

午後の眠くなってくる時間に昼寝や仮眠を取ることは、頭をすっきりリフレッシュさせるのにも非常に有効で、集中力がアップします。では昼寝や仮眠はどのくらいの長さが良いでしょうか。５分や10分では、なかなかリフレッシュできません。いちおう仕事中ですから、１時間も２時間も寝るわけにはいきません。昼寝や仮眠の長さは、15~20分がベストです。30分以上眠ってしまうと、副交感神経系にスイッチが切り替わり、昼寝を通り越して熟睡になってしまいます。一度熟睡に入ってしまうとスッキリ起きることは難しくなり、無理に起こされると非常に不愉快な寝不足感を味わうことになります。

熟睡を防ぐためのワザとして、昼寝の前にコーヒーや紅茶を飲むという方法があります。コーヒーや紅茶に含まれるカフェインの効果が出てくるのは、飲んでから約30分後です。ですから昼寝に入るまでにカフェインを取り入れておくと、起きなければいけない頃には効いてきて、スッキリと起きることができます。10分ほどコーヒーや紅茶を飲んでリラックスし、残り15~20分程度を仮眠にあてる、というのが理想的です。また、昼寝や仮眠は午後３時までに終わらせてください。３時を過ぎてから昼寝をすると、夜になってから眠気を感じなくなってしまうからです。

昼寝を上手に活用すると、判断力を高めたり、作業効率がアップしたり、血圧が安定するなど多くの面で生活や仕事の質が高まります。午後に軽く昼寝をとれる環境にある人は、昼寝を毎日の習慣にしましょう。昼寝をしたりしなかったりすると体が混乱して、大切な夜の睡眠のリズムまで崩してしまうからです。週末に寝だめをするよりも、毎日少しでも継続的に昼寝の習慣をつけたほうが、健康にとってずっとプラスです。

習慣的に昼寝をしている人は、そうでない人に比べてアルツハイマー病の発症率が著しく低いという調査結果もあります。

62 昼寝や仮眠について正しいのはどれか。

1 少しの昼寝や仮眠は仕事の効率にもいいのでやっていいものだ。

2 なるべく昼寝や仮眠をたくさんとったほうがリフレッシュできる。

3 昼寝や仮眠が熟睡につながっても仕事には別状がない。

4 昼寝や仮眠から無理に起こされても仕事の効率はあがる。

63 本文によると、昼寝をするとき、一番いい方法は何か。

1 昼寝から起きた30分後に、カフェインが入った飲み物を飲む。

2 昼寝をする30分前に、カフェインが入った飲み物を飲む。

3 コーヒーや紅茶を飲んでからすぐ昼寝をする。

4 昼寝から起きた後、すぐコーヒーや紅茶を飲む。

64 本文の結論は何か。

1 週末に寝だめをすることは体に悪いからなるべく避けたほうがいい。

2 病気の発症率を低くするためには、習慣的な昼寝をしたほうがいい。

3 毎日少しでも昼寝をしたほうが健康にもいいし、仕事の効率にもいい。

4 人の体の状態によって昼寝の時間を適切に調節したほうがいい。

(3)

資産を購入することは大切です。しかし自分で資産を作り上げるという方法も存在するのです。少し斜め上な発想かもしれませんが、自分で資産を作り上げることができれば特殊技術として定着させることが可能になります。ではどのような物が資産になるのでしょうか？

基本的に買い手がいる商品を生み出すことができればすべて資産になります。陶芸を通じて新しい湯のみを生み出し、それが売れるのであれば立派な資産となるのです。しかしまったく売れないのであれば資産にはなりません。資産の基準は買い手が付くかどうかにあります。買い手の付く物を生み出すことのできる人は「自ら資産を作り上げることができる人」ととらえることができるでしょう。

絵でも文章でもかまいません。一流の技術を保持している方はたくさんの人に評価される絵を描くことができるのです。文章も同じです。読みやすくわかりやすい文章を書くことができ、内容も面白い小説を作り上げることができる人は小説という資産を手にすることができます。この資産が評価されれば大きな富を得ることもできるのです。自分で資産を生み出すことは不可能ではありません。

腕に自信のある人は自分の力で資産を作り出していくのがいいでしょう。資産を買うという方法も存在しますが、お金がないと資産を購入することはできません。お金をかけずに資産を増やしていくには自分で作り上げていくしかないのです。

65 資産について正しいのはどれか。

1 商品を生み出せば誰でも資産を得ることができる。

2 自分だけの技術があれば買い手がいなくても資産になる。

3 全然売れない物でも資産になる可能性はある。

4 買うこともできるし、自分で作り上げることもできる。

66 本文によると、どんな人が富をたくさん得ることができるか。

1 人に評価される物が作られなくても最善を尽くしている人

2 面白い小説を書くために毎日の練習や訓練を欠かさない人

3 自分なりの技術を持って、よく売れるようなものを生み出せる人

4 お金になれるような技術は、分野にかまわず身につけている人

67 筆者が言おうとしているのはどれか。

1 資産を得ることに努力しないと後で大変なことになる。

2 資産はお金で買うか、自分で作り出すか二つがある。

3 資産を得る方法はいろいろあるから自分に合うものを見つけよう。

4 お金がなくても資産を作り上げることは誰でもできる。

問題12　次のＡとＢの文章を読んで、後の問いに対する答えとして最もよいものを、１・２・３・４から一つ選びなさい。

相談者

出来れば女性の方、アドバイス下さい。

今日、あまりの忙しさにいらいらしてしまって、書類を早く出せと何回も言ってくる事務の女の子に「分かってるんだよっ！」とつい怒鳴ってしまいました…。1時間で頼むなんて言われて、必死になって作っている時言われたので、カッとなってしまいました。はっとして謝ったけど、事務員さんも、はぁ？って感じの顔してたから、何か気まずい(注)ですね…。

家に帰ってきて、何だか自己嫌悪に襲われてます。明日、ちゃんと謝ったほうがいいでしょうか。そうでなかったら、そのままにしておけば、時間が解決してくれるでしょうか。

回答者：A

仕事のできない上司の下で、いつも書類整理やコピーばかりさせられてる方の身にもなってください。何度頼んでも聞き流されて、本当に苦労するんです。それなのに、事務のくせに…とか、言われて本当に頭にきます。会社では女性の立場も待遇もいつまで経っても低く、それでも我慢して働いているのに、自分だけ頑張ってると思っている、あなたのような身勝手な人のせいでもっと疲れるんです。あなたのような人は女性の敵ですね。

回答者：B

　会社ではなるべく怒鳴りあうような雰囲気は避けたほうがいいのではないでしょうか。いくらカッとなったからと言っても、事務の人は事務の人で事情があるだろうし…。それに、その時の感情に任せて怒鳴ってばかりいるような人は周りの人からも信頼されにくくなるし、そのせいでもっと仕事がやりづらくなります。女性を敵に回さない方がいいですよ。彼女の好きなお菓子か何か差し入れでもしてもう一度謝った方がいいのではないでしょうか。

（注）気《き》まずい：相手と心があわずに、落ち着かない

69 相談者が相談を求めていることはどんなことか。

1　事務の人に催促されたときの対応について
2　事務の女性社員と仕事でもめることが多いので、どうしたらいいか
3　事務の人へ怒ってしまった自分への嫌悪感の忘れ方
4　事務の人との関係を上手く保つためにやるべき事

70 相談者の相談に対するA、Bの回答について正しいのはどれか。

1　Aは男性に批判的な立場で、同僚との人間関係の難しさについて意見を述べている。
2　Bは冷静に男性の行為を責め、上手く女性社員と付き合っていくための意見を述べている。
3　AもBも男性のした行為を責めながらも、会社で人間関係を円満に保つための意見を述べている。
4　AもBも経験から職場の人間関係の難しさと、それに対する具体的な対応について意見を述べている。

問題13　次の文章を読んで、後の問いに対する答えとして最もよいものを、１・２・３・４から一つ選びなさい。

人間は、文字通り、人と人の間にあってこそ意味のある存在ですから、他人からの評価というものは、重要です。他人の目があるから恥ずかしくない生き方をしようと、プラスに考えられればよいのですが、自分に自信のない人は、いつも他人にどう見られているかばかりを気にして、他人からの評価が自分の価値のすべてであるかのように思い込んでしまいがちです。他人の評価に一喜一憂(注1)して、神経をすり減らしていては、きりがありません。人にバカにされたからといって、あなたの人間としての価値が下がるわけではないのです。逆に、あなたが誰かのことをバカにしたからといって、その人の価値を下げることができるでしょうか。そんなことは、不可能です。それと同じことです。自分の値打ちは、自分で決めればよいのです。

人を愛し、愛されるためには、心が健全でなくてはなりません。自分に自信がなければ、他人を尊重することはできません。

「自信を持てることの何ひとつない人間は、どうすればいいのか」という反論があるかもしれません。しかし、自信を持つということに、特別な根拠などいらないのです。

「自分は、この世の中でたったひとりの、かけがえのない(注2)存在である。だから、自分は、生きているというだけで値打ちがある。いや、生まれただけで値打ちがあるのだ」という理由でいいのです。むしろ、「学歴が高い」「容姿が美しい」「金持ちである」などの、條件つきの自信などというものは、はかなく、空しいものです。逆にいえば、「それを失えば、自分は価値がない」ということになってしまいます。無條件に、自分は価値のある人間だと思うこと、それは、誰にでも可能なことです。

「どうせ自分なんて、何の値打ちもない」と、自分を卑下する(注3)人は、本当は、愛されたい、認められたいと願望が人一倍強い人です。自分が他人から否定されることを怖れすぎるあまり、先に自己否定することにより、牽制(注4)してしまっているのです。

厳しい言い方ですが、自信のない人というのは、控えめに見えて、実は、自分のことしか頭にない、傲慢(注5)な人です。

「他人が変わらなければ、自分も変われない」と思っているから、そこで成長がとまってしまうのです。まず、心のとらわれをはっきりと自覚し、そこから解放されなくてはいけません。自信を持てば持つほど、他人を思いやる気持ちが生まれ、謙虚になれます。

「自分が大切」だからこそ、他人も同様に「自分が大切」だと考えていることを認めてあげられる、それが健全な人間関係というものです。

（注１）一喜一憂《いっきいちゆう》：状況の変化に応じて、喜んだり心配したりすること

（注２）かけがえのない：このうえなく大切な

（注３）卑下《ひげ》する：いやしめて見下すこと

（注４）牽制《けんせい》：相手の注意を自分の方に引きつけて自由に行動できないようにすること

（注５）傲慢《ごうまん》：人を見くだすこと

70　人が、他人の目ばかりを気にすると、とうなると言っているか。

1　自分への評価は、他人がするものだと思って行動したりする。

2　他人に自分をよく見せるために、他人をほめてばかりいる。

3　他人の目を気にするあまり、すべてのことを人に任せている。

4　いつも他人に自分の感情を隠して言ったり行動したりする。

71　筆者は、人間の存在をどう言っているか。

1　人間は、条件つきで価値のある人間とない人間に分けられる。

2　人間は自信を持てばこそ、人間としての価値が認められる。

3　人間として生まれただけに、十分に価値のある存在である。

4　人間はどう生きていくかによってその価値が評価される。

72 筆者は人間関係はどうすべきだと述べているか。

1 いつも現実から逃げようとすると他人は自分を認めようとしないから注意したほうがいい。

2 自分だけでなく他人も大切な存在だと認めて、他人を尊重する気持ちを持ってほしい。

3 人間関係に自信を持って人に接すれば、他人も自分を気持ちよく仲間入りしてくれる。

4 自分のことより他人のことにもっと神経を使って行動すれば自分を認めてくれるだろう。

1회
2회
3회
4회
5회
6회

次のページに問題14が続きます。

問題14　右のページは、「ジュエリー鎌倉」という「本社」からの「お知らせ」である。下の問いに対する答えとして最もよいもの、１・２・３・４から一つ選びなさい。

73　各店の休日について正しいのはどれか。

1　舞鶴店の休日 : 3月13日～ 16日

2　舞鶴店の臨時休日 : 2月25日

3　舞鶴店・福知山店 : 1月2日

4　福知山イオン店 : 1月1日

74　舞鶴店について正しいのはどれか。

1　12月31日は10時から19時まで営業する。

2　年末年始のためのバーゲンセールはないらしい。

3　3月13日～ 16日の4日間定期バーゲンセールをする。

4　8月3日までは全ての商品が特別価格になっている。

お知らせ

ピアスフェア　舞鶴店

3月13日(金) ～ 16日(月) の4日間限定でピアスフェア開催中(舞鶴店のみ)
リーズナブルなピアスも多数取り揃えておりますので、是非この機会にご来店くださいませ。
ご来店心よりお待ちしております。

舞鶴店臨時休業のお知らせ

臨時休業のお知らせ (舞鶴店)
2/23(月)東舞鶴店にてご招待イベントのため休業させていただきます。
2/25(水) より平常通り営業致しますのでよろしく申し上げます。
尚、御用の方は、会場までお越しいただくか、ご連絡下さいませ。
連絡先　東舞鶴店　　0773-62-1146

決算売りつくしセール

7月25日 お知らせ舞鶴店
ジュエリー鎌倉　舞鶴店　決算売りつくしセール開催中！！！ 8月3日(日) までの期間限定
店頭品が特別価格になっています。ご来店お待ちしております。

年末・年始のお知らせ

舞鶴店・福知山店
12月30日(月) まで通常通り　営業10時から19時まで
12月31日(火) から1月3日(金) まで休業させていただきます
1月4日(土) より平常営業いたします。

福知山イオン店

年末・年始とも休まず営業いたします。元旦より営業いたします。

問題《もんだい》1

問題《もんだい》1では、まず質問《しつもん》を聞《き》いてください。それから話《はなし》を聞《き》いて、問題用紙《もんだいようし》の1から4の中《なか》から、最《もっと》もよいものを一《ひと》つ選《えら》んでください。

1番《ばん》

1　女《おんな》の人《ひと》がすき焼《や》きを作《つく》る

2　男《おとこ》の人《ひと》がオムレツを作《つく》る

3　女《おんな》の人《ひと》が簡単《かんたん》なものを作《つく》る

4　レストランで食《た》べる

2番《ばん》

1 女《おんな》の人《ひと》を迎《むか》えに行《い》く

2 うちで女《おんな》の人《ひと》を待《ま》つ

3 女《おんな》の人《ひと》と盆踊《ぼんおど》りを踊《おど》る

4 日《に》本《ほん》語《ご》学校《がっこう》で女《おんな》の人《ひと》を待《ま》つ

3番《ばん》

1 ニュースを読《よ》む

2 電話《でんわ》をかける

3 要請《ようせい》を受《う》ける

4 クラシック番組《ばんぐみ》を流《なが》す

4番《ばん》

1　係《かかり》の人《ひと》に本《ほん》を渡《わた》してもらう

2　他《ほか》の人《ひと》に本《ほん》を借《か》りる

3　二週間後《にしゅうかんご》に、また本《ほん》を探《さが》す

4　図書館《としょかん》からのメールを待《ま》つ

5番《ばん》

1　タクシー

2　電車《でんしゃ》

3　バス

4　徒歩《とほ》

問題《もんだい》2

問題《もんだい》2では、まず質問《しつもん》を聞《き》いてください。そのあと、問題用紙《もんだいようし》のせんたくしを読《よ》んでください。読《よ》む時間《じかん》があります。それから話《はなし》を聞《き》いて、問題用紙《もんだいようし》の1から4の中《なか》から、最《もっと》もよいものを一《ひと》つ選《えら》んでください。

1番《ばん》

1 一方通行《いっぽうつうこう》だから

2 補修中《ほしゅうちゅう》だから

3 事故《じこ》があったから

4 交通量《こうつうりょう》が多《おお》いから

2番《ばん》

1　働《ばたら》き過《す》ぎだから

2　飲《の》み過《す》ぎだから

3　運動《うんどう》不足《ぶそく》だから

4　母《はは》を訪《おとず》れる必要《ひつよう》があるから

3番《ばん》

1　節約《せつやく》したいから

2　自分《じぶん》で作《つく》れるとうれしいから

3　料理《りょうり》の練習《れんしゅう》をしたいから

4　親《おや》が作《つく》ってくれるから

4番《ばん》

1 商品《しょうひん》を注文《ちゅうもん》したかったから

2 商品《しょうひん》が届《とど》いたか確認《かくにん》したかったから

3 商品《しょうひん》が足《た》りないことを伝《つた》えたかったから

4 商品《しょうひん》が届《とど》かなくて困《こま》っているから

5番《ばん》

1 母親《ははおや》のアドバイスを受《う》け入《い》れた

2 医者《いしゃ》に行《い》った

3 長時間《ちょうじかん》働《はたら》くのをやめた

4 外国旅行《がいこくりょこう》を始《はじ》めた

6番《ばん》

1　世界中《せかいじゅう》のすべての単語《たんご》

2　有名《ゆうめい》な辞書《じしょ》の単語《たんご》

3　12世紀《せいき》以降《いこう》の英語《えいご》の単語《たんご》

4　12世紀以前《いぜん》の古《ふる》い英語《えいご》の単語《たんご》

問題《もんだい》3

問題《もんだい》3では、問題用紙《もんだいようし》に何《なに》もいんさつされていません。この問題《もんだい》は、全体《ぜんたい》としてどんな内容《ないよう》かを聞《き》く問題《もんだい》です。話《はなし》の前《まえ》に質問《しつもん》はありません。まず話《はなし》を聞《き》いてください。それから、質問《しつもん》とせんたくしを聞《き》いて、1から4の中《なか》から、最《もっと》もよいものを一《ひと》つ選《えら》んでください。

— メ モ —

問題《もんだい》4

問題《もんだい》4では、問題用紙《もんだいようし》に何《なに》もいんさつされていません。まず話《はなし》を聞《き》いてください。それから、それに対《たい》する返事《へんじ》を聞《き》いて、1から3の中《なか》から、正《ただ》しい答《こた》えをを一《ひと》つ選《えら》んでください。

— メ モ —

問題《もんだい》5

問題《もんだい》5では長《なが》めの話《はなし》を聞《き》きます。この問《もん》題には練習《れんしゅう》はありません。メモをとってもかまいません。

1番《ばん》　2番《ばん》

問題用《もんだいよう》紙《し》に何《なに》もいんさつされていません。まず話《はなし》を聞《き》いてください。それから、質問《しつもん》とせんたくしを聞《き》いて、１から４の中《なか》から、最《もっと》もよいものを一《ひと》つ選《えら》んでください。

3番《ばん》

まず話《はなし》を聞《き》いてください。それから、二《ふた》つの質問《しつもん》を聞《き》いて、それぞれ問題用紙《もんだいようし》の1から4の中《なか》から、最《もっと》もよいものを一《ひと》つ選《えら》んでください。

質問《しつもん》1

1　通訳《つうやく》の資格《しかく》

2　コンピューター関連《かんれん》の資格《しかく》

3　簿記《ぼき》

4　運転免許《うんてんめんきょ》

質問《しつもん》2

1　通訳《つうやく》の資格《しかく》

2　コンピューター関連《かんれん》の資格《しかく》

3　簿記《ぼき》

4　運転免許《うんてんめんきょ》

THE 많이 풀어보는 모의고사 5회

유 형	배 점	시험시간
언어지식 (문자 · 어휘 · 문법)	60점	105분
독해	60점	
청 해	60점	50분

問題1 ＿＿＿＿の言葉の読み方として最もよいものを、1・2・3・4から一つ選びなさい。

1 音楽関係の業界で顔が広いから、プロデューサーに紹介してあげましょうか。

1 きょうかい　2 ぎょうかい　3 こうかい　4 ごうかい

2 緩やかにこのまま株価は上がるでしょうか。

1 しゅか　2 ちゅうか　3 じゅうか　4 かぶか

3 彼の指導力に少し問題がある。

1 しどうりょく　2 しどうりき　3 しとうりょく　4 しとうりき

4 その問答はすべての人を驚かせた。

1 もんとう　2 もんどう　3 むんとう　4 ぶんどう

5 彼は他のメンバーと交代するかもしれない。

1 こうたい　2 こうだい　3 きょうたい　4 きょうだい

問題２　＿＿＿＿の言葉を漢字で書くとき、最もよいものを１・２・３・４から一つ選びなさい。

6 その会社は従業員のたいぐうがよい。

1 待隅　　2 待遇　　3 持遇　　4 待偶

7 かくしん的な考えが国を発展させる。

1 鞄新　　2 靴新　　3 革新　　4 奕新

8 幸せになることは国民のけんりである。

1 勧利　　2 権利　　3 観利　　4 推利

9 このゆびわの細工はとてもすばらしい。

1 指輸　　2 指論　　3 指倫　　4 指輪

10 強盗に死刑せんこくが出された。

1 善告　　2 線告　　3 先告　　4 宣告

問題3 （　　　　）に入れるのに最もよいものを、1・2・3・4から一つ選びなさい。

11 中国で食べた日本（　　　　）のラーメンは日本の味が出なかった。

1 的　　2 風　　3 気　　4 感

12 信念に基づいて行うことは正当（　　　　）できるだろう。

1 式　　2 性　　3 化　　4 法

13 （　　　　）本意ながらお断りします。

1 未　　2 否　　3 無　　4 不

14 ロシアは世界（　　　　）の大きい国である。

1 最　　2 位　　3 高　　4 一

15 日本製薬協会が治験に係わる（　　　　）験者を募集した。

1 被　　2 受　　3 反　　4 複

問題4　（　　　　）に入れるのに最もよいものを、1・2・3・4から一つ選びなさい。

16　この紙で（　　　　）してください。

1　舗装　　2　膨張　　3　衣装　　4　包装

17　（　　　　）金は一千万円ぐらいだった。

1　獲得　　2　補償　　3　獲物　　4　所得

18　（　　　　）は午後３時に出ます。

1　夕刊　　2　夕立　　3　刊行　　4　創出

19　事件の（　　　　）は19世紀のヨーロッパであった。

1　夜景　　2　背景　　3　景色　　4　捜査

20　時刻は今12時を（　　　　）いる。

1　かして　　2　ほして　　3　さして　　4　たして

21　シカは（　　　　）な動物だ。

1　おくびょう　　2　ゆたか　　3　ほがらか　　4　てきかく

22　最近日本語の学校は（　　　　）減少しつつある。

1　おもに　　2　じょじょに　　3　そろそろ　　4　いきいき

問題 5 ＿＿＿＿の言葉に意味が最も近いものを、１・２・３・４から一つ選びなさい。

23 介抱してくれた彼女に感謝している。

1 面倒　　2 お世話　　3 看護　　4 援助

24 山田さんが書いた小説はシリーズでいくつか刊行されています。

1 出版　　2 購読　　3 販売　　4 出世

25 例のお客さんとまたけんかしてしまった。

1 はじめてきた　　2 こわい

3 例外的な　　4 いつもの

26 彼女はおかしな格好で現れた。

1 うつくしい　　2 変な

3 うらやましい　　4 すてきな

27 この街には問屋街が形成されている。

1 あらわれて　　2 えがかれて　　3 いかされて　　4 つくられて

問題6　次の言葉の使い方として最もよいものを、1・2・3・4から一つ選びなさい。

28 測定

1　測定はちゃんと守ってください。

2　今度は新聞に測定を出すつもりだ。

3　測定せずにおちついて話しなさい。

4　測定出来ないくらいの雨が降った。

29 シック

1　彼女のシックなドレスにみんな目を奪われた。

2　湖のシックには月の光が映っていた。

3　発明家はだいたい想像力がシックな人が多い。

4　この国の国民である限りは国の法律にシックされる。

30 架空

1　このロボットは架空科学の中でないと造られないだろう。

2　架空の中では、空気の抵抗がないため、水は常温でも沸騰する。

3　日本の架空では、風が南北にうねりながら西から東へ吹いている。

4　小説の中の主人公は架空の人物である。

31 阻止

1　犬の放し飼いは法律により阻止されている。

2　学歴がきみの昇進の阻止になっている。

3　交通事故阻止に努力している。

4　警察は街頭デモを阻止しようとした。

32 こころみる

1 その本は我々の好奇心をこころみた。

2 彼はその仕事に全力をこころみた。

3 彼はその機械が動くかどうかもう一度こころみた。

4 今月の売上目標を５千箱とこころみた。

問題7　次の文の（　　　　）に入れるのに最もよいものを、1・2・3・4から一つ選びなさい。

33　疲れていたので目をつぶるか（　　　　）かのうちに眠りに落ちた。

1　つぶった　　2　つぶる　　3　つぶらない　　4　つぶって

34　申し訳ありません。私には（　　　　）ので、店長を呼んでまいります。

1　存じ上げます　　2　存じません

3　お分かりになりません　　4　分かりかねます

35　あの店は（　　　　）なので、あそこで食事しましょう。

1　高そうもない　　2　高そうにない

3　高いではなさそう　　4　高くなさそう

36　先生のお宅を訪ねてみた。（　　　　）、あいにく留守だった。

1　まさか　　2　それで　　3　そして　　4　すると

37　友達はクラブ活動（　　　　）凝っている。

1　に　　2　を　　3　が　　4　と

38　木村さんがお帰りになるまで、ここで（　　　　）いただいてもお差し支えございませんか。

1　待って　　2　待たさせて　　3　待たれて　　4　待たせて

39 ばれるとまずいから知っていても知らないと（　　　　）。

1　言わざるを得ない　　2　言いようがない
3　言うに決まっている　　4　言いかねる

40 景気がよくなったから、物価ももう少し下がるの（　　　　）。

1　が悪いことになってしまう　　2　ではよくならないでしょう
3　が予想できなくなった　　4　ではないかと考えた

41 あなたが言っている（　　　　）、彼はそこにいなかったことになる。

1　ことだと　　2　ことからすれば
3　ことだから　　4　ことから

42 こんな低い山で道に迷うことは（　　　　）。

1　あり得ないと思う　　2　あり得るだろう
3　あってもよさそうである　　4　あってはならないだろうか

43 窓ガラスが破れていることからして、泥棒はここ（　　　　）。

1　でも入られるだろう　　2　から入ったに違いない
3　でも入られてはいけない　　4　から入ってはいけない

44 よく知らないくせに、新入社員は何（　　　　）。

1　か説明したい　　2　でも説明したい
3　か説明したがる　　4　でも説明したがる

問題8　次の文の＿＿★＿＿に入る最もよいものを、1・2・3・4から一つ選びなさい。

（問題例）　寝る ＿＿＿＿ ＿＿＿＿ ＿＿★＿＿ ＿＿＿＿ 習慣になっていた。

1　前に　　2　彼の　　3　ひと風呂　　4　浴びるのが

（解答の仕方）

1.　正しい文はこうです。

寝る ＿＿＿＿ ＿＿＿＿ ＿＿★＿＿ ＿＿＿＿ 習慣になっていた。
1　前に　　3　ひと風呂　　2　浴びるのが　　4　彼の

2.　＿＿★＿＿に入る番号を解答用紙にマークします。

（解答用紙）　|（例）| ①　②　●　④ |

45　病院に ＿＿＿＿ ＿＿＿＿ ＿＿★＿＿ ＿＿＿＿家に帰りたくなった。

1　1週間　　2　のうちに

3　いないか　　4　いるか

46　私の知る ＿＿＿＿ ＿＿＿＿ ＿＿★＿＿ ＿＿＿＿で最も才能豊かなピアニストだ。

1　世界　　2　限り　　3　では　　4　彼は

47 私たちが自ら省エネをする ＿＿＿＿ ＿＿＿＿ ＿＿★＿＿ ＿＿＿＿役立つ。

1 ことが　　　2 守るのに
3 空気を　　　4 汚染から

48 彼女は ＿＿＿＿ ＿＿＿＿ ＿＿★＿＿ ＿＿＿＿とても嫌っている。

1 彼を　　　2 どころか　　　3 ある　　　4 好きで

49 進歩した ＿＿＿＿ ＿＿＿＿ ＿＿★＿＿ ＿＿＿＿点が多い。

1 不十分な　　　2 には　　　3 この研究　　　4 とはいえ

問題９　次の文章を読んで、文章全体の内容を考えて 50 から 54 の中に入る最もよいものを、１・２・３・４から一つ選びなさい。

漢字には中国から伝わったものと、日本で 50 作られたものがあります。日本で作られた漢字。例えば、礼儀作法を身につけさせることをいう『躾（しつけ）』がそうです。もともと「しつけ」ということばは「仕付」と書き、何かを仕立てたり、組み立てたりして動じないものにすることをいいます。室町時代になると、武家社会で礼儀作法が重んじられるようになり、身につけるということでこちらも「しつけ」と呼ぶようになりました。武家の礼儀作法は、心で相手を大切に思い、その思いから自然なふるまいをすることが大切だそうです。それは、51-a を 51-b ふるまうことにつながって、【身＋美】で『躾』という漢字を作り出したのです。『峠』 52 日本で作られた漢字です。『峠』は山の坂道を登りつめた最も高いところで、山道の上りと下りの境のために【山＋上＋下】を組み合わせました。 53 「とうげ」ということばは『手向け (注1)』が変化したといわれています。古く峠は国と国の境にあり、災いがその土地に入ってくるのを防ぐのと、旅の安全を祈るのと、その場所にいる道祖神(注2) に、旅人たちが『手向け』をしたのが由来ということです。町内会によると、昔、町名整理で「椌木通（ごうらきどおり）」の地名が消えそうになった時代もあったそうですが、この名前、そしてこの漢字に愛着がある町の人たちの願いで残していこうとなったそうです。漢字や言葉の成り立ちには、さまざまな思いが 54 のですね。

(注1) 手《た》向《む》け : 神や死者に物を供えること

(注2) 道祖神(どうそうじん・さえのかみ) : 病気などを防ぐ神

50

1 単純に　　2 独自に

3 留学して　　4 勉強して

51

1 a-心 ／ b-美しく

2 a-心 ／ b-正しく

3 a-身 ／ b-美しく

4 a-身 ／ b-正しく

52

1 も　　2 では

3 は　　4 まで

53

1 やはり　　2 ところで

3 また　　4 ところが

54

1 込められてほしい

2 込められるかもしれない

3 込められてもいい

4 込められている

問題 10　次の文章を読んで、後の問いに対する答えとして最もよいものを、1・2・3・4から一つ選びなさい。

(1)

子供が「ケーキがほしい」と言ったとき、親は、断るならば、子供が納得するように理由を説明しなければなりません。ただ頭ごなしに (注)「ダメ！そんなわがまま言う子は嫌いだよ！」と叱られれば、子供は、自分の存在を軽く扱われたように感じてしまいます。子供は、本当はケーキがほしかったわけではないのかもしれません。「ケーキが食べたい」という要求を、親がどのように受け止めてくれるかを試したのかもしれません。「甘いものばかり食べると、体によくないのよ。お母さんが、もっと栄養のある、おいしい料理を作ってあげるから」「ほしいと思ったものが、何でも手に入るわけではないのよ。お父さんが汗水流して働いて稼いだお金だから、大切に使おうね」などと説明すれば、子供は、ケーキが食べられなくても、自分の要求を親がちゃんと聞き入れて対処してくれたことに満足し、自分の感情を抑えることができるようになります。

(注) 頭《あたま》ごなしに : 一方的に

55　子供の無理な要求にどう対処するべきか。

1　最初からはっきり断ったほうが子供の教育のためにいい。

2　子供に、納得いけるような理由をきちんと説明する。

3　とりあえず、それを要求する理由を子供から聞くようにする。

4　お父さんと相談してから子供の要求を聞いてあげるかどうかを決める。

(2)

　女性が好みの男性のタイプを聞かれたときに、「私のわがままを許してくれる人」と言うことがあります。そういう人は、子供のころから誰にも許してもらえず、つらい人生を送ってきたのでしょう。当人は意識していないのかもしれませんが、自分を許してくれなかった人たちに対する当てつけのようにも思われます。

　世の中に誰かひとりでも自分を真剣に受け入れてくれる人がいれば、わがままな性格にはならなかったはずです。そのさびしさをわかってほしいという強い欲求が、わがままという行動に表れています。しかし、自分のわがままを直さないかぎり、どんなに優しい恋人を見つけても幸せにはなれない、ということを認識しなければなりません。

56　ここで、「私のわがままを許してくれる人」の特徴はどれか。

1　他人に、子供の時から自分の性格に対する理解を得られなかった人

2　他人もわがままな性格なので、自分がどうしようと関係ないと思う人

3　自分の言うことは、それなりの妥当性があることをいつも主張する人

4　自分の性格に問題があることを全然知らないで、ただ無理を言う人

(3)

誰にも認めてもらえず、ずっと心を閉ざして生きてきた人が、ある優しい人との出会いによって、はじめて「自分を受け入れてもらえる喜び」を知り、幸せに自覚めるという話は、よく聞きます。それはそれで、すばらしいことです。自分に自信が持てず苦しんでいる人の多くは、そういう幸運を期待しているでしょう。しかし、もっと大きな幸せが存在します。それは、「自分がつくりあげる幸せ」です。他人に裏切られることはあっても、自分に裏切られることは絶対にありません。「自分がつくりあげる幸せ」には、揺るぎない強さがあります。生涯の大きな自信となります。自分に自信が持てないという人は、「自分の弱さ」に悩んでいるのではなく、実は、「他人が自分を正当に評価してくれない」ことで苦しんでいるのです。

57 筆者が一番言いたいことは何か。

1 他人の幸せが自分の幸せだと思って、他人のための努力を惜しまない。

2 自分を信じて、自分で幸せをつくりあげることが何より大事なことである。

3 他人から正当な評価をしてもらえるために、一生がんばらなければならない。

4 自分の弱さを他人にばれないように、自分の強さをもっと磨かなければならない。

(4)

ある心理学の本に、「人間は、明るくなければ幸せになれない」と書いてありました。こう言われると、内向的な性格の人は、反発を感じるかもしれません。しかし、人は誰でも、明るい性格に変わることができるのです。「明るい人」とは、よくしゃべる人のことではありません。耳が不自由な人は皆、暗い性格なのかというと、けっしてそんなことはありません。うるさいほどに話し好きでも、ひねくれた性格の人もいますし、もの静かでも、活き活きとした毎日を送っている人もいます。人間の明るさとは、物事のとらえ方、現実の受け止め方によるのです。人生は、思い通りにならなくて当たり前なのです。明るい人は、何もかも自分の思い通りにことが運んでいるわけではありません。明るい人にも、不運は容赦なく(注)降りかかります。しかし、明るい人は、「不運」を「不幸」とは考えないのです。

(注) 容赦《ようしゃ》なく : 非情に

58 筆者の話によると、明るい人の特徴は何か。

1 自分に不運なことが起きてもそれを幸運に変えられる力を持っている。

2 物事を肯定的に考えればすべてのことが気楽になる。

3 物事が思い通りにならなくてもそれを不幸とは思わない。

4 人の幸運を自分の幸せのように考えることができる。

問題11　次の文章を読んで、後の問いに対する答えとして最もよいものを、1・2・3・4から一つ選びなさい。

(1)

人は、与えられなかったものに執着し、劣等感を埋め合わせるために、それを過度に求めてしまいがちです。貧しかった人はお金に執着し、愛を得られなかった人は愛に執着します。それは、本当の幸せを求めているのではなく、自身の不安をごまかそうとしているにすぎません。どれだけ走っても、走っても、ゴールは見えず、精神は疲れるばかりです。人間にとって大切なことは、「位置」ではなく、「向き」なのです。「自分の人生は、こんなはずではなかった」と、自身の不運を認めることができず、逃げてばかりいる人は、永久に幸福にはなれません。不運な目にあったときには、そこから逃げようとするのではなく、まず、「こういうことも起こりえるのだ」と、自分の置かれた位置を冷静に認めなくてはなりません。

経験を積み、成長すれば、つらいことや悲しいことがなくなるわけではありません。どんなに心の豊かな人でも、悲しい目にあうことはあるし、世の中の理不尽に憤慨することもあるし、他人から裏切られることもあります。予期せぬ不運に見舞われ、どん底に突き落とされることもあるでしょう。しかし、現在の自分の位置がどこであろうとも、自分が望む自分の姿を心に描くことができていれば、迷ったり悩んだりすることはありません。どれだけ努力しても達成感を得られず、つねに自分に不満を抱いている人は、虚栄心と向上心をはき違えているのです。不運を不運としてきれいに受け入れることは、けっして幸福の妨げにはなりません。

「どれだけ高く上ったか」ではなく、「どちらの方向を向いているか」ということに意味があります。たとえどん底の状態にあっても、自分のあるべき姿が分かっている人は、幸せです。「位置」は変わらなくとも、「向き」を変えるだけで人生は大きく変わります。世界中の高級料理を食べ尽くして、どんなうまい料理にも舌が満足できなくなってしまった人と、一杯のご飯のありがたみを楽しみしめながら食べられる人と、どちらが幸せでしょうか。本当に幸せな人とは、特別な幸運に恵まれた人のことではなく、「当たり前のことに喜びを感じられる人」のことなのです。

59 人が何かに執着するとどうなるか。。

1 本当の幸せが何かを知らずに、自分の人生をごまかそうとする。

2 未来のことを考えずに、ただ現在の満足感を求めようとする。

3 人のものが自分のものよりよく見えて、もっと執着するようになる。

4 本当の幸せは知らずに、ただ自分の人生を否定ばかりする。

60 人はどうあるべきだと述べているか。

1 人生でいろんな苦しみや悲しみが起きても、努力さえすればすべては乗り越えることができる。

2 自分に大変なことがあっても、自分が行こうとする方向がちゃんとしていれば特に問題はない。

3 幸せな人生は、幸運と不運が一緒にあるものだからあきらめずに最後まで最善をつくすべきだ。

4 自分を妨げるものは、自分自身にあるから、他人からの助けを求めようとしてはいけないのである。

61 どんな人が本当の幸せを感じられるか。

1 今、自分が置かれている状況が悪くても、どの方向へ向いていけば良いかを知っている人

2 自分の人生で起きる、大きいことでも小さいことでも幸せを感じて、それが楽しめる人

3 今の自分に満足しながら未来の幸せのために一⊠ずつゆっくり進んでいる人

4 小さいことに満足せずに、自分にはもっと大きい幸せがあることを信じて生きている人

(2)

口べたな人は、いつも他人に言い負かされ、自分だけが我慢させられているように感じてしまいます。「もっとうまく話せるようになれば、他人にやり込められずにすむのに」と思っている人もいるかもしれません。しかし、人間関係は、「弁が立つ者が勝ち」というものではありません。口べたな人は、「自分の言ったことを否定されたくない」という思いが強すぎるのではないでしょうか。

はじめから「相手に自分の意見を理解させ、納得させること」を目的としてしまっては、どうしても押しつけがましくなり、関係はぎすぎすしたものになってしまいます。「相手の反応がどうであろうとも、とにかく自分の思っていることを伝える」と気楽に構えるほうが、うまく話せるものです。人と人が話し合う目的は、完全に価値観を一致させることではなく、互いがどう思っているのかを「知り合う」ことです。自分の幸せをどう実現するか、人によって「やり方」は違います。「やり方」は違っても、「思い」は理解し合うことができます。もちろん、他人の理解はえられたほうがよいに決まっていますが、他人の協力が必要なのであれば、「どちらが勝つか」という対決姿勢でのぞむのではなく、互いを活かせる道を探らなければなりません。

どうしても分かり合えない部分もありますが、分かり合えないなら分かり合えないままにやっていくしかないのです。「他人に理解してもらえなければ満足できないもの」だけに頼っていては、思い通りに生きることはできません。自分は自分のやり方で幸せを求め、他人は他人のやり方で求め、互いにそれを認め合えればそれでよいのです。

62 口べたな人の特徴は何か。

1 相手がいつも自分を無視するのは当たり前だと思っている。

2 人間関係は、どれだけうまく話せるかによって決まると思っている。

3 自分が口がうまくないからいつもやられてばかりいると思っている。

4 口べたなせいで、社会に出ても友人も恋人もできないと思っている。

63 うまく話せるには、どうすればいいか。

1 相手との会話で勝とうとしないで、理解を求めようとする姿勢が必要だ。

2 最初から自分の意見を理解させ、相手を説得させる必要がある。

3 相手の反応をよく調べてから、自分の意見を強く主張したほうがいい。

4 自分がたくさん話すより、相手の話を聞く耳を持ったほうがいい。

64 筆者の話によれば、他人と自分の意見が合わなければどうしたほうがいいか。

1 一方の意見に合わせるようにお互いに話し合うべきである。

2 仕方ないことだから互いの考え方を認めて生きるしかない。

3 世の中はいろんな人がいることを認めて、一人で生きていくしかない。

4 自分と意見が合わない人より、合う人を探して話し合うほうがいい。

(3)

戦略と戦術が重要になるのはビジネスの世界でも同じです。いくら戦術が優れていても、戦略が破綻(注) してしまっていれば物事はうまくいきません。自分に適した戦略を考えていきましょう。お金を稼ぐためにはどうしたらいいのか？これを考えるのが戦略となります。実際にお金を稼ぎだす手段をとるときは戦術になるのです。

戦略と戦術をはき違えてしまうと貧乏から脱出することは難しくなってしまうでしょう。一番大切なのは戦略です。戦略がしっかりしていればその分成功確率は高まります。飲食店をオープンさせるとして、どんなに美味しい料理が作れても人が全く通らない場所に店を構えてしまうと儲けることができなくなってしまいます。これは戦略の時点で失敗しているのです。自分の戦略が優れたものかどうか、判断するのはとても難しいといえるでしょう。というのも戦略面での失敗や成功は実際の行動によって結果が判明することが多いためであります。

行動する前から戦略面の成否を予想することは難しくなってしまいます。無理だと思っていた出来事が成功し、絶対に成功すると意気込んだ事業が失敗してしまうこともあるのです。戦略を最大限に重視していきましょう。まずは適切な自分戦略を練ることが重要になるのです。戦術は現場のノウハウとなります。戦術も重要な要素となりますが、戦術がいくら頑張っても戦略に勝てることはありません。

(注) 破《は》綻《たん》する : 物事がうまく行かない

65 次の文で、戦略はどれか。

1 物を売るために広告を出す。

2 たくさんの物を売るための工夫をする。

3 １万円以上の買い物客に景品をあげる。

4 すべてのお客様に10%引をする。

66 戦略がいいかどうかを判断する基準は何か。

1 これといった基準はないが、戦術がよければそれでいい。

2 優れた戦術があれば、戦略はいつも成功する。

3 他人の目から見ていい戦略であれば成功する。

4 戦略に基づいた戦術が成功したかどうかによる。

67 戦略と戦術について正しいのはどれか。

1 先に戦術を作って、それに合う戦略を作らなければならないのである。

2 戦略と戦術は場合によって、どっちかを選ばなければならないのである。

3 戦略は戦術の上にあるものだから、いい戦略を作ることが大事である。

4 いくらいい戦術があってもそれを実行しないと何の意味もないだろう。

問題12　次のＡとＢの文章を読んで、後の問いに対する答えとして最もよいものを、１・２・３・４から一つ選びなさい。

A

自動車運転過失致死傷罪は、2007年に作られたもので、それまでの交通死傷事故は業務上過失致死傷罪が適用となり、懲役は最高でも５年でした。危険運転致死傷罪は、自動車の危険な運転によって人を死傷させた際に適用されるもので、2001年に施行されました。当初は四輪車のみに適用されていましたが、2007年から四輪車限定ではなくなっています。危険な運転というのは、飲酒、ドラッグ使用、過度なスピード違反、暴走行為などが含まれますが、飲酒運転の人身事故で、相手を死傷させた場合、危険運転致死傷罪が適用される可能性があります。危険運転致死の場合、懲役が最高で20年となりますが、その他の罪との併合罪で、最高30年になることもあります。車の事故は、傷害罪や殺人罪と比べ、以前から刑が軽いと言われていましたが、運転者に問題がある状態で起きた事故の場合、殺人と同等の罪になります。

B

飲酒運転は法律で禁止されており、お酒を飲んで車を運転するだけで罪になります。事故を起こさなくても検問で捕まれば重い罪になります。飲酒運転に対する罰則が厳しくなったことで、飲酒運転による交通事故は減少傾向にあります。酒気帯びの0.15～0.25mgでも90日間の免許停止になり、酒気帯びの0.25mg以上や、酒酔い運転の場合は、免許取り消しになります。また、飲酒運転は、運転者だけではなく、車両提供者や同乗者にも同じような罪があります。厳しいと感じるかもしれませんが、それほど飲酒運転による交通事故が多いということです。この後、車を運転することがわかっている人にお酒を勧めてはいけませんし、お酒を飲んだ人が運転する車に乗ってもいけません。そういう時は、タクシーで帰るか運転代行に頼みましょう。

68 AとBの文で共通している話題は何か。

1 飲酒運転の罰則

2 免許取り消しになる運転について

3 自動車運転の危険性

4 車の事故の危険性

69 コラムで、A筆者とBの筆者はどのような意見を述べているか。

1 AもBも客観的な立場で自分の意見を述べている。

2 AもBも主観的な立場で自分の意見を述べている。

3 AもBも同じ資料に基づいて自分の意見を述べている。

4 AもBも自分の経験に基づいて意見を述べている。

問題13　次の文章を読んで、後の問いに対する答えとして最もよいものを、１・２・３・４から一つ選びなさい。

現代は、夢を持てない時代だと言われます。学業にも仕事にも恋愛にも無気力、「どうせ~」が口癖の若者が増えてきました。

人類は、長い歴史の中で、多くの血を流して「自由」を求めて戦ってきました。その自由を手に入れることができた現代、法律上は、身分階級もなく、誰でも平等です。何をして生きようが、まったく個人の自由なのです。しかし、「自由」という名の広大な海に放り出された人々が、どちらの方向に、何を求めて進んでいけばよいのか分からず、ふぬけのような状態になっているのは、まったく皮肉なことです。

自由というものは、権利であると同時に責任も伴うものです。その結果に対する責任は、自分で負わなくてはなりません。他人から強制された方が、責任を転嫁できるだけ楽だと言えるでしょう。自分なりの目標を決め、努力しても、それがかなえられなかった時、それは誰の責任でもなく、自分に能力がなかったからです。それを認めるのが怖くて、最初からあきらめてしまっている人が多いのでしょう。そういう人は、イエスかノーか、０か１かという、デジタル式な考え方しかできず、その中間もあるということに考えが及んでいないのです。人生は、成功か失敗か、ふたつにひとつではありません。その間に無数の点が存在するのです。

目標を持つということには、ふたつのやり方があります。ひとつは、高い最終目標をかかげ、そこに向かって一直線に努力するというやり方です。もうひとつは、特にゴールを定めなくとも、毎日、簡単に実現できる小さな目標を決めて、少しずつ達成していくというやり方です。あまりに高い山を見上げて、立ちすくみ、登るのをあきらめてしまうなんて、つまらないことです。最初からあきらめて、何もしない人は、結局、「無為(注1)な人生を送ったことに対する責任」が自分にふりかかってきます。自由に伴う責任からは、逃れられないのです。頂上が見えなくても、毎日少しずつ、一歩ずつでも歩んでいきましょう。ふと気づいて、振り返ってみれば、いつの間にかずいぶん登っていたな、と気づくことでしょう。

「現在、どれくらいの高さの地点にいるか」は、生まれもった才能や運などにより、個人差があります。それよりもっと重要なことは、「少しでも上を目指して努力しているか」ということです。

高い地点にいても、あぐらをかいて(注2)怠けている人よりは、低い地点から這い上がろう(注3)と努力している人の方が、人間として魅力があります。毎晩、寝る前に、「24時間前の自分と、今の自分とでは何が変わったか」を考えてみましょう。一日一日が、新鮮で、とても貴重なものに思えてくるはずです。

ほんのわずかなことでいいのです。簡単なことから、始めてみませんか。

（注1）無《む》為《い》：何もしないでいること

（注2）あぐらをかく：何の努力もしないこと

（注3）這《は》い上《あ》がる：苦労して悪い状態を切り抜ける

70　筆者は「自由」についてどう言っているか。。

1　現代の人々は自分がどのように自由を満喫すればいいかをちゃんと知っている。

2　自由は権利でもありながら責任もあるものだから自分の行動には責任を持つべきだ。

3　自分に与えられた自由には、デジタル式な考え方があるから注意する必要がある。

4　法律上にも個人の自由は認めているから、それをちゃんと調べて満喫するべきだ。

71　「目標を持つ」ことの二つのやり方はどれか。。

1　人より高い目標を持つことと、親から任せられた目標に向かっていくこと

2　自分の夢より高い目標に向かうことと、小さいことでも少しずつかなえていくこと

3　高い目標に向かっていくことと、小さな目標を少しでも達成していくこと

4　自由に目標を決めてそれに向かうことと、簡単な目標を決めて向かうこと

72 筆者が一番言いたいのはどれか。

1 高い夢を持つより小さい夢を持って少しずつ進んでいくほうがいい。

2 目標がない人間は生きていく価値がないから必ず目標を持つべきである。

3 いつも自分のことを反省し、今日より明日のことを考えるべきである。

4 少しでも毎日目標に向かって頑張っていくほうが何より大事である。

次のページに問題14が続きます。

問題14　右のページは、「名古屋市の資源ごみ収集のお知らせ」である。下の問いに対する答えとして最もよいものを、１・２・３・４から一つ選びなさい。

73　空き缶について正しいのはどれか。

1　スマートフォンのアプリではごみ出し日を教えてくれない。

2　空き缶の中身を出さずに捨ててもいい。

3　スプレー缶は条件を満たせば普通ごみとして捨ててもいい。

4　空き缶をつぶさなければ絶対捨てられない。

74　ペットボトルについて正しいのはどれか。

1　リサイクルマークが表示されているものは普通ごみとして捨てられる。

2　リサイクルマークが表示されているものはすべてのスーパーマーケットで回収を行っている。

3　キャップをはずさないと捨てることはできない。

4　ペットボトルについているキャップやラベルは資源ごみとして捨てられる。

資源ごみ収集（収集日：週１回）

＊空き缶・空きびん・ペットボトル・金属製の生活用品を一つにまとめ、中身の見えるごみ袋に入れて収集日の午前9時までにお出しください。

＊ごみ出しに便利なスマートフォン用ごみ分別アプリをご利用ください。

ごみ分別検索や収集日カレンダーなど便利で分かりやすい機能を搭載しています。
「ごみ出し日はいつ？」「これは何ごみ？」
そんな疑問を解決します。

空き缶

飲料水・食料品・日用品などの**金属製の空き缶で、一斗缶以下の大きさのもの**（ただし**スプレー缶・カセットボンベ**を除く。）

出し方の注意

＊中身を出して、さっと水洗いしてください。

＊できるだけつぶしてお出しください。

スプレー缶、カセットボンベは使いきり、火の気のない風通しの良い場所で**穴を開けて普通ごみ**へお出しください。

中に残ったガスを安全に排出するための「中身排出機構（残ガス排出機構）のキャップ、ボタン等」が装着されたエアゾール缶については、日本エアゾール協会のページをご覧ください。

ットボトル

しょうゆ・飲料用・酒類などの**ペットボトル**で、ラベルなどの部分にペットボトルのリサイクルマークが表示されているもの。
一部のスーパーマーケットでも、ペットボトルの回収を行っています。

出し方の注意

＊中身を出して、さっと水洗いしてください。

＊できるだけつぶしてお出しください。

＊**キャップやラベルは必ずはずして、容器包装プラスチックにお出しください。**

キャップをはずした後にペットボトルに残るリング状の部分については、簡単にはずすことができる場合は、はずして容器包装プラスチックにお出しください。

簡単にはずせない場合は、そのまま資源ごみでお出しください。

問題《もんだい》1

問題《もんだい》1では、まず質問《しつもん》を聞《き》いてください。それから話《はなし》を聞《き》いて、問題用紙《もんだいようし》の1から4の中《なか》から、最《もっと》もよいものを一《ひと》つ選《えら》んでください。

1番《ばん》

1　電話番号《でんわばんごう》の下《した》

2　携帯番号《けいたいばんごう》の下《した》

3　メールアドレスの下《した》

4　住所《じゅうしょ》の下《した》

2番《ばん》

1 館長《かんちょう》に手紙《てがみ》を書《か》く

2 女《おんな》の人《ひと》に手紙《てがみ》を見《み》せる

3 美術館《びじゅつかん》から許可《きょか》をもらう

4 雑誌社《ざっししゃ》に電話《でんわ》する

3番《ばん》

1 決《き》められたバスに乗《の》る

2 博物館《はくぶつかん》にいる

3 クラスのグループと一緒《いっしょ》にいる

4 学校《がっこう》に直《ただ》ちに帰《かえ》る

4番《ばん》

1　犬《いぬ》の気持《きも》ちがわかる本《ほん》

2　犬《いぬ》の食事《しょくじ》に関《かん》する本《ほん》

3　犬《いぬ》の飼《か》い方《かた》に関《かん》する本《ほん》

4　犬《いぬ》の病気《びょうき》に関《かん》する本《ほん》

5番《ばん》

1　4日後《よっかご》

2　月曜日《げつようび》

3　18日《にち》

4　週末《しゅうまつ》

問題《もんだい》2

問題《もんだい》2では、まず質問《しつもん》を聞《き》いてください。そのあと、問題用紙《もんだいようし》のせんたくしを読《よ》んでください。読《よ》む時間《じかん》があります。それから話《はなし》を聞《き》いて、問題用紙《もんだいようし》の1から4の中《なか》から、最《もっと》もよいものを一《ひと》つ選《えら》んでください。

1番《ばん》

1　住所《じゅうしょ》

2　年収《ねんしゅう》

3　職業《しょくぎょう》

4　家族構成《かぞくこうせい》

2番《ばん》

1　コーヒー

2　パンと卵《たまご》

3　コーヒーとパンと卵《たまご》

4　コーヒーとサラダと果物《くだもの》

3番《ばん》

1　雪《ゆき》の上《うえ》で歩《ある》くこと

2　晴《は》れた日《ひ》に、外《そと》で散歩《さんぽ》すること

3　雪《ゆき》の上《うえ》で運動《うんどう》すること

4　曇《くも》った日《ひ》に運動《うんどう》すること

4番《ばん》

1　バスより早《はや》いから

2　いい天気《てんき》だったから

3　バスが来《こ》なかったから

4　学校《がっこう》が遠《とお》くなったから

5番《ばん》

1　有名《ゆうめい》な画家《がか》の絵《え》だから

2　誰《だれ》も買《か》わなかったから

3　台所《だいどころ》にかざりたかったから

4　あとで誰《だれ》かに売《う》りたかったから

6番《ばん》

1　会社《かいしゃ》の人《ひと》が、自分《じぶん》の子どもの年《とし》を覚《おぼ》えていなかったから

2　会社《かいしゃ》の人《ひと》が、自分《じぶん》の子どもが何人《なんにん》いるか、わからなかったから

3　会社《かいしゃ》の人《ひと》の奥《おく》さんが、働《はたら》いていないから

4　会社《かいしゃ》の人《ひと》が、家族《かぞく》といる時間《じかん》がないから

問題《もんだい》３

問題《もんだい》３では、問題用紙《もんだいようし》に何《なに》もいんさつされていません。この問題《もんだい》は、全体《ぜんたい》としてどんな内容《ないよう》かを聞《き》く問題《もんだい》です。話《はなし》の前《まえ》に質問《しつもん》はありません。まず話《はなし》を聞《き》いてください。それから、質問《しつもん》とせんたくしを聞《き》いて、１から４の中《なか》から、最《もっと》もよいものを一《ひと》つ選《えら》んでください。

— メ モ —

問題《もんだい》4

問題《もんだい》4では、問題用紙《もんだいようし》に何《なに》もいんさつされていません。まず話《はなし》を聞《き》いてください。それから、それに対《たい》する返事《へんじ》を聞《き》いて、1から3の中《なか》から、正《ただ》しい答《こた》えをを一《ひと》つ選《えら》んでください。

— メ モ —

問題《もんだい》 5

問題《もんだい》 5 では長《なが》めの話《はなし》を聞《き》きます。この問《もん》題には練習《れんしゅう》はありません。メモをとってもかまいません。

1 番《ばん》　2 番《ばん》

問題用紙《もんだいようし》に何《なに》もいんさつされていません。まず話《はなし》を聞《き》いてください。それから、質問《しつもん》とせんたくしを聞《き》いて、１から４の中《なか》から、最《もっと》もよいものを一《ひと》つ選《えら》んでください。

3番《ばん》

まず話《はなし》を聞《き》いてください。それから、二《ふた》つの質問《しつもん》を聞《き》いて、それぞれ問題用紙《もんだいようし》の１から４の中《なか》から、最《もっと》もよいものを一《ひと》つ選《えら》んでください。

質問《しつもん》1

1　客《きゃく》の希望《きぼう》に合《あ》わせて家《いえ》を建《た》てる仕事《しごと》

2　客《きゃく》の好《この》みに合《あ》った家《いえ》を探《さが》す仕事《しごと》

3　安《やす》い家具《かぐ》の店《みせ》を客《きゃく》に紹介《しょうかい》する仕事《しごと》

4　客《きゃく》に合《あ》った家具《かぐ》などを提案《ていあん》する仕事《しごと》

質問《しつもん》2

1　家具《かぐ》の知識《ちしき》を学《まな》ぶことができる

2　家族《かぞく》の趣味《しゅみ》がわかるようになる

3　より快適《かいてき》に暮《く》らせるようになる

4　より早《はや》く新《あたら》しい家《いえ》に住《す》めるようになる

THE 많이 풀어보는 모의고사 6회

유 형	배 점	시험시간
언어지식 (문자 · 어휘 · 문법)	60점	105분
독해	60점	
청 해	60점	50분

問題1 ＿＿＿＿の言葉の読み方として最もよいものを、1・2・3・4から一つ選びなさい。

1 最近日本語の学校は減少しつつある。

1 けんしょ　　2 けんじょ　　3 げんしょう　　4 げんぞう

2 取り締りを強化しても少年犯罪は減らない。

1 けいか　　2 けいが　　3 きょうか　　4 きょうが

3 山の気候は変わりやすい。

1 きこう　　2 きごう　　3 ぎこう　　4 いこう

4 現在東京近郊にはたくさんの外国人が住んでいます。

1 ぎんこう　　2 ぎんきょう　　3 きんこう　　4 きんきょう

5 ドアの掲示に「外出中」と書いてある。

1 かいじ　　2 けいじ　　3 かいし　　4 けいし

問題2　＿＿＿＿の言葉を漢字で書くとき、最もよいものを1・2・3・4から一つ選びなさい。

6　起床後なるべく早く太陽の光を浴びることが、夜、速やかでかいてきな入眠をもたらします。

1　快摘　　2　快適　　3　決摘　　4　決適

7　彼女はほがらかな性格を持っている。

1　朗らか　　2　鮮らか　　3　細らか　　4　穏らか

8　日本文化を守りたいという理由で、移民をこばんでいる。

1　刻んで　　2　頼んで　　3　拒んで　　4　望んで

9　コマーシャルが彼のその車に対するこうばい欲をそそった。

1　構売　　2　購買　　3　構買　　4　購売

10　けんじは犯人を追及した。

1　験事　　2　剣事　　3　検事　　4　険事

問題 3　(　　　　)に入れるのに最もよいものを、1・2・3・4から一つ選びなさい。

11　条件が合わなかったので契約を打ち(　　　　)。

1　切った　　2　消した　　3　見た　　4　寄せた

12　(　　　　)部署の業務についてお話しします。

1　名　　2　自　　3　変　　4　各

13　これは(　　　　)日本風の木造建築でございます。

1　然　　2　枠　　3　純　　4　真

14　この本を読んで人生(　　　　)が変わった。

1　命　　2　観　　3　意　　4　事

15　彼は山奥で現実(　　　　)した生活を送っている。

1　ぬき　　2　はずれ　　3　ばなれ　　4　みたし

問題4 （　　　　）に入れるのに最もよいものを、1・2・3・4から一つ選びなさい。

16 俳優は演技で（　　　　）されるべきだ。

1 好調　　2 評価　　3 均衡　　4 配分

17 彼らは他のチームより（　　　　）していることを証明した。

1 超越　　2 超過　　3 過密　　4 優越

18 彼らは温室でイチゴを（　　　　）している。

1 栽培　　2 植物　　3 分配　　4 樹木

19 委員会は（　　　　）を改革した。

1 購読　　2 機構　　3 講習　　4 講義

20 このコンピュータの（　　　　）は多少複雑である。

1 ワクチン　　2 メール　　3 ネットワーク　　4 マウス

21 （　　　　）私は使わないからあなたにやる。

1 どうにか　　2 どうやら　　3 とりわけ　　4 どっちみち

22 システムが悪かったので改善を（　　　　）。

1 とどけた　　2 はかった　　3 ふれた　　4 こえた

問題 5 ＿＿＿＿の言葉に意味が最も近いものを、1・2・3・4から一つ選びなさい。

23 動物を保護するための協会を結成した。

1 防ぐ　　2 守る
3 妨げる　　4 養う

24 ひどい風邪のため、旅行に行く約束をキャンセルした。

1 とりかえ　　2 確認　　3 とりけし　　4 サイン

25 私はただ、あたりまえの人間の道を、あたりまえに歩いてみたいものだ。

1 いろんな　　2 普通の
3 特別な　　4 有名な

26 勉強に対する興味がますます強くなった。

1 さらに　　2 ほとんど
3 すっかり　　4 いわゆる

27 雨のためにサッカー試合はながれた。

1 どなった　　2 夜になった
3 まけた　　4 中止となった

問題6　次の言葉の使い方として最もよいものを、1・2・3・4から一つ選びなさい。

28　立入

1　ここは立入禁止です。

2　みんな試験を控えて立入している。

3　大統領の立入は５年ごとに行われる。

4　先生はこんな成績では立入が思いやられると言った。

29　うっかり

1　去年よりうっかり生産量が上がった。

2　この子は小学生としてはうっかりしている。

3　もう４月でうっかり春になった。

4　宿題をうっかりして家に置いて来てしまった。

30　なまける

1　毎日残業で非常になまけた。

2　あまり大事なことではないからなまけなくてもいいだろう。

3　勉強をなまけて母にしかられた。

4　一日中ずっと歩いたのでなまけた。

31　やたらに

1　この番組の視聴者はやたらに女性だ。

2　やたらにやってしまうと失敗してしまう。

3　私が着いた時には彼らはやたらに行ってしまった。

4　東京やたらに日本の首都は人口密度が高い。

32 ヘッドライン

1 無料ニュースのヘッドラインをダウンロードした。

2 このページを見るにはヘッドラインしてください。

3 ヘッドラインとはWebサイト内のページ構成を一覧できるようにした案内ページです。

4 私はいつも新聞のヘッドラインニュースだけ見る。

問題7　次の文の（　　　　）に入れるのに最もよいものを、1・2・3・4から一つ選びなさい。

33　あんなサービスの悪い店、もう二度といく（　　　　）。

1　まいか　　2　ものか　　3　ところか　　4　わけか

34　努力する姿勢（　　　　）あれば、きっと成功します。

1　こそ　　2　さえ　　3　すら　　4　だに

35　あわてて家を飛び出した（　　　　）だから、左右のくつが違っていた。

1　もの　　2　こと　　3　とき　　4　わけ

36　性格は（　　　　）変えられないというものではない。

1　ぜひ　　2　絶対に　　3　きっと　　4　必ず

37　この仕事は努力した（　　　　）成果が現れるので、やりがいがある。

1　ばかり　　2　ところ

3　はず　　4　だけ

38　お父さん、今晩は、七時までに（　　　　）。

1　帰って来られますか　　2　帰って来れれますか

3　帰って来させますか　　4　帰って来させられますか

39　あんなにスピードを出したら、事故（　　　　）。

1　が起きても大変だ　　2　が起きてはならない

3　を起こしかねない　　4　を起こしてしまった

40 体さえ丈夫なら、どんな苦労（　　　　）。

1　では耐えられてしまう　　2　では耐えられなくなってしまう

3　にも耐えられると思う　　4　にも耐えられないと思う

41 私は医者としてしなければならない（　　　　）。

1　ことをしたにすぎません　　2　ことをしたにかかりません

3　ことをしなかったにすぎません　　4　ことをしなかったにかかりません

42 彼は（　　　　）、サッカーの試合に出場した。

1　風邪を引いたにかぎって　　2　風邪を引いたにもかかわらず

3　風邪を引くにかぎって　　4　風邪を引くにもかかわらず

43 この動物園には像をはじめ、子供達に（　　　　）。

1　人気のある動物なのかもしれません

2　人気のある動物があってほしいですね

3　人気のある動物がたくさんいます

4　人気のある動物ですね

44 取引先に、こんな夜中に（　　　　）。

1　電話するべきではないです　　2　電話しなければなりません

3　電話するわけです　　4　電話しそうもありません

問題8　次の文の＿＿★＿＿に入る最もよいものを、1・2・3・4から一つ選びなさい。

（問題例）　寝る ＿＿＿＿ ＿＿＿＿ ＿＿★＿＿ ＿＿＿＿ 習慣になっていた。

1　前に　　2　彼の　　3　ひと風呂　　4　浴びるのが

（解答の仕方）

1.　正しい文はこうです。

寝る ＿＿＿＿ ＿＿＿＿ ＿＿★＿＿ ＿＿＿＿ 習慣になっていた。
1　前に　　3　ひと風呂　　2　浴びるのが　　4　彼の

2.　＿＿★＿＿に入る番号を解答用紙にマークします。

（解答用紙）

（例）	①　②　●　④

45　彼は来客に ＿＿＿＿ ＿＿＿＿ ＿＿★＿＿ ＿＿＿＿急いで帰宅した。

1　大変　　2　とばかりに

3　会えなく　　4　なっては

46　彼はめったに ＿＿＿＿ ＿＿＿＿ ＿＿★＿＿ ＿＿＿＿ほとんどしない。

1　しないし　　2　洗濯　　3　だって　　4　皿洗いを

47 私たちの ＿＿＿＿ ＿＿＿＿ ＿＿★＿＿ ＿＿＿＿ ちらっと見えた。

1　その塔が　　2　乗っている
3　窓から　　4　列車の

48 日本人が ＿＿＿＿ ＿＿＿＿ ＿＿★＿＿ ＿＿＿＿ 関係がある。

1　働き過ぎる　　2　理由は　　3　何らかの　　4　国民性と

49 この森の ＿＿＿＿ ＿＿＿＿ ＿＿★＿＿ ＿＿＿＿ 言い伝えがある。

1　宝物が　　2　という　　3　どこかに　　4　隠されている

問題 9　次の文章を読んで、文章全体の内容を考えて [50] から [54] の中に入る最もよいものを、1・2・3・4から一つ選びなさい。

秋の行楽シーズンを迎えて、旅先から手紙を出したり、離れて暮らす家族や友人に手紙を書いたり…。また、その手紙が届くとぬくもり (注) が感じられて嬉しいですよね。テレビ番組にも日々、皆さんから、たくさんの「お便り」が寄せられているといわれています。それでは、「[50-a]」と「[50-b]」似ている言葉ですが、どのような違いがあるのでしょうか？まず、「手紙」についてですが、諸説ある中で、ひとつには、「手紙」とは元々「手元において雑用に使う紙」のことをいっていたようです。もうひとつは、「文字を書いた紙」という [51] 使われていました。「手」には「文字」「筆跡」の意味があり、文字を書くことを「手」ともいうのです。例えば「手習い」（＝習字）という言葉もありますね。「文字を書いた紙」から徐々に「誰かに宛てて送るもの」「封書」としての「手紙」が使われるようになりました。

一方、「便り」ですが、「便り」は、元々、人を頼るという「頼り」と同じ意味の言葉でした。身や心を寄せて頼るもの・よりどころという意味でした。そして、頼りにしている相手に「自分の状況を伝えたり、相手の様子を伺うこと」の意味でも使われるようになりました。[52]、互いに書いたもので伝え合う「近況」や「様子」が「便り」になったのです。書いたもの以外にも「サクラ便り」「花便り」「風の便り」といいます。これらもその様子のことを言うのです。このように、「便り」とは、近況や情報、何らかの [53] のことなので、伝える手段は問わないのですね。手紙やメールや葉書など何でもいいのです。ですから、番組では、「お便りを紹介します」と [54]。

(注) ぬくもり：あたたかみ

50

1 a-家族の手紙 ／ b-友人の便り

2 a-普通の手紙 ／ b- テレビ番組の便り

3 a-手紙 ／ b-便り

4 a-旅先から手紙 ／ b- テレビ番組の便り

51

1 意味でも　　2 意味から

3 意味まで　　4 意味だけ

52

1 どうも　　2 つまり

3 すると　　4 だから

53

1 心　　2 季節

3 宛て先　　4 知らせ

54

1 いっているのです

2 いわれるでしょうか

3 いいそうです

4 いうかもしれません

問題 10　次の文章を読んで、後の問いに対する答えとして最もよいものを、1・2・3・4から一つ選びなさい。

(1)

　毎年、「夏休みの自由研究で困る」という親子が少なくないようです。「自由」ということで何をやればいいかわからず、かえって困るようです。でも、あまりかたく考えないで、何か一つ「これをやった」と言えるようなものがあればいいのです。やり方としてはいろいろありますが、私のイチオシは、子供が元々興味を持っていることや普段から熱中していることを、とことんやらせて深めさせてあげることです。そして、それをノートやスケッチブックにまとめるのです。なぜかというと、普段はやりたくてもとことんやれないでいることが多いからです。それに、元々子供がやりたいと思っていることなら、親がうるさく言わなくても子供は自主的に取り組むからです。

55　筆者は「夏休みの自由研究」をどうしたらいいと言っているか。

1　子供の好きなものを最後まであきらめずにやらせてあげる。

2　普段、時間がなくてできなかったことをやらせてあげる。

3　親と一緒にできることを見つけてやらせてあげる。

4　子供が自分の能力を生かせることを見つけてやらせてあげる。

(2)

私は、よく図書館に本を借りにいきますが、いつも残念に思うことは、カウンターで本を借りる手続きをする人のほとんどが無言であるということです。近所の図書館の職員さんたちは、「お待たせしました、次の方どうぞ」「はい、カードをお返しします」などと、民間サービスのように丁寧に応対してくれます。それに対して、借りる人の８割以上は、まるで機械を相手にするかのように、黙ってカードと本を差し出し、また黙って受け取って去っていくのです。ただで本を貸してもらっているのですから(間接的に税金を払っているとはいえ)、「お願いします」の一言ぐらい言えばお互いに気持ちがいいのに、と思います。

56 筆者の言いたいことは何か。

1 図書館で働く職員の言葉遣いや親切さに問題がある。

2 図書館で本を借りようとしても不便で、ほしい本が見つからない。

3 図書館は本を借りる場所で、人間関係をするところではない。

4 図書館を利用する人は、基本的なマナーを身につけてほしい。

(3)

子供は親や周りの人の価値観や話あるいは、経験によって育つものだと思います。それによりいろいろな立場があり、いろいろな思いがあることを知れば、見方の広い、つまり、豊かな人間になるものだと思います。また、自分を見つめ、自分の価値観を比べることにより、ますます豊かになるんですよね。経験って大きいと思います。経験によって見方が広がるのです。例えば、野菜を育てたことのある子は、野菜を食べる時、育てたことのない子と違う思いで食べるんでしょうね。今の社会で、直接体験はすべてできるものではありません。でも「類似体験」はできます。いろいろな立場の人の思いを聞くことでカバーできるかもしれません。自分とは違う立場の人の思いを聞くことによって自分の立場でできることを見つけることができるかもしれません。

57 ここで言う「類似体験」で、できることは何か。

1 他人の立場が自分の立場と違うことに、いつも疑うことができる。

2 みんなが持っている一般的な考えでなく、自分の考えで物事が判断できる。

3 世の中のすべての現象は、自分と他人の力によって起きられるのだ。

4 自分の立場でなく、他人の立場に立って物事を考えることができる。

(4)

「がんばる」とは、すなわち、他人のことなど考えず、自分だけが得をするために行動することです。がんばったために、本当に大切なことを見落とし、かえって不幸になってしまった人の何と多いことでしょう。がんばることは、少しもほめられたことではありません。「勝ち組、負け組」などというみにくい言葉を、いったい誰が言い始めたのでしょうか。そんな言葉に惑わされて、「がんばらなければ、取り残される」などと焦る必要はありません。勝っても負けても、幸せにはなれません。「自分はこんなにがんばっているのに、少しもいいことがない」と嘆いている人は、がんばるのをやめて、あきらめてみてください。明確な意志、目的をもって努力しているのであれば、苦労自体も喜びとなるはずです。がんばることがつらいだけなら、がんばらなくてよいのです。

58 筆者は「がんばること」についてどう言っているか。

1 自分の未来のためにはいつも努力しなければならないもの

2 人と競争しないとこの世に取り残されてしまうようなもの

3 ちゃんとした目標さえあれば別に努力しなくてもいいもの

4 自分のためのものだし、それによってつらい経験もするもの

問題 11　次の文章を読んで、後の問いに対する答えとして最もよいものを、1・2・3・4から一つ選びなさい。

(1)

誰かと話していて、絶妙なタイミングで相づちを打ってもらうと話しやすいし「ちゃんと私の話を聞いてくれているんだ」とうれしくなりますよね。でも、そんな相づちも、時と場合によってはそぐわないこともあります。

仲のいい友人同士で話しているときと、目上やあまり親しくない人と話すときには話し方を変えますよね。誰でも、タメ口を敬語にすることは意識していると思いますが、案外無頓着になりがちなのが相づちなのです。友人同士なら「うん、うん」でもかまいませんが、ちょっと気を使わなくてはいけないような相手にまで同じ調子では困ります。

最近では、人件費を安くするために社員よりもアルバイトを多く使う店が増えていますが、中にはお客さまに対する教育が十分に行き届いていないところもあり、自分のほうが下の立場だということを忘れて、お客さま相手に「うん、そうなんだよね」などと話している人もいます。その場は何事もなかったかのように流しても、お客さまの頭の中には「この店大丈夫か？」と疑問が生じていることでしょう。

きちんとした態度をとらなくてはいけないときに軽すぎるのも問題ですが、せっかく相手がざっくばらんに話しかけてくれているのに、こちらが硬い態度を崩さないというのも問題です。相手は「この人と親しくなりたい」という気持ちで話しかけてくれているのですから、いきなりタメ口にするのは難しくても、せめて調子だけは合わせるようにしたほうがいいでしょう。

よく「あの人って堅すぎるのよね」と言われてしまう人がいますが、そういう場合は、たいていこのように相手の働きかけに対して反応が堅すぎて閉口させてしまっているのです。相手が「～なんだよね」という感じで話しかけてきたなら、かたくなに「はい」や「ええ」で押し通すのではなく「そうなんだ～」「うんうん」というような軽い調子で合わせるようにしましょう。

59 相づちを打つときに、気をつけるべきことは何か。

1 親しい友人なら別に相づちを打たなくてもいい。

2 最初はいつも敬語で相づちを打つべきだ。

3 相手の気持ちを考えて相づちを打つべきだ。

4 人によって相づちを変える必要がある。

60 正しい相づちとはどういうことか。

1 タメ口は人に不快感を与えるので敬語で相づちを打った方がいい。

2 相手が何と言ってもこっちはちゃんとした態度をとるべきである。

3 相手の口調に合わせてこっちも適切に対応する必要がある。

4 自分の調子がいくらよくても、それを相手に出さない方がいい。

61 相手に自分が堅い人ではないと思わせる方法は何か。

1 相手の話をちゃんと聞いて軽く反応を示す。

2 相手がどんな話をしてもちゃんと反応をする。

3 相手にはいつも丁寧な言い方をする。

4 相手の話に口だけでなく動作とともに反応する。

(2)

「貧しいながらも楽しい我が家」という言葉が存在します。この言葉の意味はそのままとらえることができ、貧しくても十分楽しむことができるという意味でしょう。心が豊かになれば貧困に打ち勝つことも可能になるのです。しかし貧乏な家に生まれた子供は「貧しいながらも楽しい我が家」と思えるケースは少なくなってしまいます。貧しいというのは辛いことであり、まだ幼い子供に貧困の楽しさを実感させるのは大人のエゴかもしれません。楽しいと感じているのは親だけかもしれないのです。

貧乏な家に生まれてしまうと教育が制限されてしまうだけではなく、欲しい物も手に入れられない環境下で生きていかなければいけません。友達が新作のゲーム機を購入し、自分がそれを手に入れられないとしても仕方ないのです。これが格差社会の本質であり、貧乏な家に生まれた子供は我慢を重ねるしかありません。

貧乏を楽しむことのできる人はごくわずかだといえるでしょう。精神的に成熟していないと貧乏を楽しむことはできません。貧乏の辛さに耐えかねて自殺してしまうケースも多く存在するのです。これも格差社会の問題点となるでしょう。まだ精神が未成熟な子供にとって、貧しいことが楽しいと感じることはほとんどないといえるのです。貧乏を受け入れることはできますが、貧乏を暫定的にとらえるのは厳しいかもしれません。

62 貧しいながらも楽しい我が家」について筆者はどう述べているか。

1 絶対あり得ないことだから信じないほうがいい。

2 そう信じたくても信じられないのが現実である。

3 子供はそう思うが、大人はそう思っていない。

4 ただ大人の利己的な考えかもしれない。

63 子供が貧しい家庭で生まれたらどうなるか。

1 それが運命だと思われて受け入れるしかないだろう。

2 自分のやりたいことができなくなってがっかりするしかない。

3 親は自分の家が貧しいことを子供に感じさせるだろう。

4 子供の忍耐力が増えてきて、人格の形成に役立つだろう。

64 筆者は「貧乏」について何が言いたいのか。

1 格差社会の問題点であるが、それを上手に乗り越えている人々も少なくないだろう。

2 貧乏の否定的なことは多いが、わりと肯定的なこともあるから少し我慢したほうがいい。

3 だいたいの人々は貧乏を楽しむことはできないし、子供もそれを受け入れがたいだろう。

4 貧乏が社会的な問題となって、自殺したりする場合もあるが、そのまま受け入れるしかない。

(3)

人を愛すれば、自分も愛されたいと願うのは当然のことです。しかし、「相手は自分のことをどう思っているのか」ということばかり気にして、臆病になったり、卑屈になったり、嫉妬に駆られたりしては、自分が辛い思いをするばかりでなく、相手にも負担を与えてしまいます。身勝手な愛情は、思い通りにならなかったときには、憎しみ、恨みに変わります。相手の立場になって考えてみてください。

「あなたは、私のことを愛してくれますか？私を傷つけると許しませんよ」
と、取引でもするように、警戒しながら接してくる人のことを、好きになれるでしょうか。

「私はあなたのことが好きなのだから、あなたも私のことを好きになるべきです」
という押し付けがましい態度は、まったくの逆効果です。それは愛ではなく、「自分の自尊心を満たすために、他人を利用しようとしている」だけなのです。人を利用し、支配しようとすることは、愛とはまったく関係のない行動です。

あなたが他人に利用されるために生きているのではないのと同じように、他人もあなたに利用されるために生きているのではありません。他人の心を、コンピュータに命令を与えるように操作することは、不可能です。不可能なことにやっきになって、神経をすり減らしても仕方がありません。人を愛するためには、強い意志とともに、開き直りにも似た淡白さも必要です。

恩着せがましく愛を要求すれば、相手はたいてい、息苦しさを感じて、離れていきます。「あなたが私をどう思おうと構いません。ただ、私は、あなたの側にいて、あなたと話をすることが、嬉しくて仕方がないのです」という態度の方が、はるかによい印象をもたれるのではないでしょうか。素直に、無邪気なほどに、自分の好意を表現するだけでいいのです。「自分と一緒にいることを楽しんでくれる人」を嫌いになる人は、まずいないでしょう。自分にできるかぎりのことをして、後は、宝くじでも買ったつもりで、運を天に任せましょう。

65 筆者は「人を愛する」ことについてどう言っているか。

1 両思いになれるようにお互いに愛し合うべきである。

2 条件付きの愛は不幸になるので、気をつけたほうがいい。

3 相手がどう思っても自分が愛すれば別に問題はない。

4 相手が自分の愛を裏切ったら許してはいけない。

66 「不可能」とあるが、何が不可能なのか。

1 自分が好きだから相手も自分のことを好きになるのが当たり前だと思うこと

2 愛には条件がないのに、条件付きで相手の心を自分の方に引き付けること

3 相手のことを愛しているのは自分の自尊心を満たすためのことだと思うこと

4 自分のことを絶対愛してくれないような人を好きになれるようにさせること

67 どんな「愛」がいいと述べているか。

1 相手に負担をかけるような愛でも、自分が好きならかまわない。

2 相手のことをよく調べて、それに合う愛を見つけて告白すべきだ。

3 相手に自分のできることは全部やって、後は相手の反応を待つ。

4 相手の本音を知って、自分のことを愛してくれなければあきらめる。

問題12　次のAとBの文章を読んで、後の問いに対する答えとして最もよいものを、1・2・3・4から一つ選びなさい。

A

コインランドリー経営は、ほかの業種と比べてランニングコストが安価な業種だといえます。比較的小さな敷地で経営していくことが可能で、もし自分で所有している土地があったとすれば、有効な土地活用にもなります。そしてコインランドリーの大きな利点といえば、安定的な現金収入が期待できることです。利用者がお金を入れて稼働するコインランドリーでは、利用料がそのたび現金収入となります。利用しない間は電気代も待機電力だけで済むほか、水道代も利用時にしかかかりません。またランニングコストに対する利益率が高いのがコインランドリーの特徴ともいえます。コインランドリーの利用者は、近隣の集合住宅に住み、さまざまな理由から自宅で洗濯ができない環境にあると考えられます。そのため、利用者はリピーターとなる割合が高くなるのです。つまり、人気などにかかわらずその立地の周辺にコインランドリーが必要な住宅物件があれば、コンスタントな収入が期待できるのです。

B

コインランドリー経営にはデメリットも存在します。まず大きなものとしては、初期費用が高額になるという点が挙げられるでしょう。洗濯用の機器の設置はもちろん、その大きな機器を搬入する費用や取付けの費用、さらに利用者が小銭を用意していないときのための両替機、さらには無人で経営するため、店舗を監視するためのシステムなど、一番多くコストがかかるのは各種機器の導入費用といえます。また、何らかの理由で移転したいと考えた時に、機器が大型のためそこから搬出し、新たな移転場所に搬入するのも一苦労です。また、現金収入がコンスタントに期待できると言ってもその額は決して多額ではありません。売上が安定しやすい代わりに、大幅な売り上げアップを望みにくいという点もデメリットとして挙げられるでしょう。

68 ＡとＢの文で共通している話題は何か。

1　コインランドリーの場所について

2　コインランドリーの売り上げについて

3　コインランドリーの経営について

4　コインランドリーの利用者について

69 コラムで、Ａの筆者とＢの筆者はどのような意見を述べているか。

1　Ａはコインランドリーの問題点を、Ｂはコインランドリーの敷地を述べている。

2　Ａはコインランドリー経営のメリットを、Ｂはコインランドリー経営のデメリットを述べている。

3　Ａはコインランドリーのコストを、Ｂはコインランドリーの長所を述べている。

4　Ａはコインランドリーの成功のポイントを、Ｂはコインランドリーの必要性を述べている。

問題13　次の文章を読んで、後の問いに対する答えとして最もよいものを、１・２・３・４から一つ選びなさい。

英語以外が母国語の生徒には、学校で目標が二つある。英語を学ぶことと、学校の科目を習得することだ。２カ国語教育とは、教室の指導に道具として二つの言語を使用することを表す。アメリカでは少数民族の生徒に平等な教育機会を与えてこなかった慣行を改善するために、1960年代と70年代に多くの学校で２カ国語教育が採用された。

わずかな英語力を有した生徒は、水浴びをするように完全に第２外国語に浸かるとすぐに習得すると広く信じられてきた。英語の壁を克服するための特別な支援を与えられない通常の教室にクラス分けされた。この方法はよく「sink or swin法」と記述される。

英語のみ使用するこの方法が採られると、わずかな英語力を有した生徒が、歴史や数学、科学などの重要な科目で英語を母国語とする生徒から遅れをとる可能性がある。英語を母国語としない生徒の多くは、英語においても母国語においても読解力が低いまま学校から出る。このことは、彼らのテストの点数が低いことからも証明されているようだ。何世代にもわたって移民に採用されてきたこの「sink or swin法」のどこか悪かったのだろうか。

多くのアメリカ人にとって２カ国語教育は、人種のるつぼという伝統に反するだけでなく、常識にも反するように思える。２カ国語教育は、生徒が英語をすぐに習得する能力を抑制し、英語で行う本来の教育カリキュラムに進むほどには流暢にできるようにはならないと批評家は主張する。しかし、1960年代以来行われている研究によると、多言語を操る能力は知力を混乱させないといわれている。教師が生徒に第一言語でしっかりと科目を教えることで、生徒に知識を与える。その知識が、生徒が聞いたり読んだりする英語の理解を助けるのである。そして自分が理解している言語で読むことを学ぶ方が容易である。一つの言語で読めるようになると、その知識は読むために学ぶどの言語にもすぐに利用できるようになる。

批評家の中には、2カ国語を使用することにより国民としての独自性が奪われ、私たちを民族ごとに分断する恐れがあるという者もいる。2カ国語教育は、移民は英語を学ぶ必要がなく、「アメリカの流儀」に従わずにアメリカで生活できると信じ込ませている。一方、2カ国語教育の支持者は、少数民族の生徒は個人として尊重されなければならず、彼らが培ってきた文化には独自のものや価値があると主張している。彼らの言語や考えや行動、日常にありふれたものは、教育プログラムに組み入れる上で価値のあるものである。

70 本文で筆者は少数民族の生徒をどう述べているか。

1 1960年代から1970年代にアメリカにやって来た移民だと述べている。

2 先祖から伝わる母国語を使用することを禁止されている人たちだと述べている。

3 当然受けるべき公的教育の恩恵にあずかっていない人たちだと述べている。

4 アメリカ社会に順応することなく生活することが当然だと思っている人たちだと述べている。

71 本文によると、2カ国語教育を批評する者は何を主張しているのか。

1 2カ国語教育の目的は国民としての独自性を奪うことである。

2 2カ国語教育を受けている生徒は、英語だけの教育を受けている生徒よりも社会経済的な地位が低い傾向にある。

3 言語は単独の能力ではなく、能力が複雑に構成されている。

4 英語を母国語としない生徒は、母国語のサポートなしに、英語を学びながら学問のレベルを維持する。

72　２カ国語教育に関する以下の記述のうち、正しいものはどれか。

1　２カ国語教育は「sink or swin法」を含むすべての英語限定のプログラムよりも劣る。

2　２カ国語教育によって、わずかな英語力を有する生徒が、英語の能力と学科の内容の習得ができるようになる。

3　２カ国語教育は、第一外国語が英語でない生徒が英語だけで読むことを教える。

4　２カ国語教育は、国民としての独自性を育むのを手助けする。

次のページに問題14が続きます。

問題14　右のページは、「コンビニの求人広告」である。下の問いに対する答えとして最もよいものを、１・２・３・４から一つ選びなさい。

73　仕事情報として正しいのはどれか。

1　募集している業種は一つである。

2　コンビニでの仕事の経験がなくても働ける。

3　家庭主婦は仕事の内容が限られている。

4　アルバイトとパートだけ募集している。

74　応募情報として正しいのはどれか。

1　応募するには、書類を持って来社する。

2　どこの店舗も面接の日にちは決まっている。

3　休日は月８日で決まっている。

4　どんな職に応募するかによって面接地が異なる。

コンビニで働きたい方へ
★池袋の５店舗でスタッフ急募！★
都内近郊の店舗でも積極採用中

池袋エリア他、東京・埼玉・千葉・神奈川で40店舗を展開中！ファミマの中でも特に働きやすい＆環境がイイと評判の店舗で、新しいメンバーを大々的に募集します！アルバイトでも、社員希望の方もみんな大歓迎です！★社員は東京23区内中心での勤務になります。

仕事情報

◉ 仕事内容

接客・レジ・商品陳列・発注などをお願いします。
上記以外にスタッフのシフト管理や売上げ管理などマネージメント業務もお願いします。
※ どの店舗でも仕事の流れは丁寧な研修でしっかり身に付けられるので、未経験者でも安心してスタートできます。

◉ グループの売上高は１兆円!

2013年に設立した新しい会社です。大手グループ会社で安定した成長を続け、首都圏中心に40店舗のファミリーマートを展開中！人とのつながりを大切にする、安定経営の企業があなたを応援！

◉ 主婦の店長も活躍中です !!

店舗の中には、主婦と店長を上手く両立させ活躍している方も！お休みもキッチリ週２日(月/8)は確保され（相談によって多くなることもある）、残業代もしっかりと支給されます☆休みもしっかりあるから、家庭との両立も OK！

◉ まずはアルバイトから！

興味はあるけど、いきなり社員は…という方はバイト・パートから始めてみませんか？アルバイトから１ヶ月半で社員になった方も！

応募情報

面接地　：　アルバイト希望の方は各店舗、社員希望の方は本社にて面接
応募方法　：　ダウンロードした書類に、必要事項を記入の上、送信ください。お電話は各店舗までお願いします！

応募後のプロセス

追ってこちらから、面接日時などの詳細をお知らせいたします。

代表問い合わせ先

サンシャインシティ店 採用担当/ 03-5979-7040
※他、各希望店舗までお気軽にご応募下さい。応募に関するご質問も歓迎！

応募可能期間

2017/11/09（月） ～ 2017/11/16（月） 07:00AM（終了予定）

問題《もんだい》1

問題《もんだい》1では、まず質問《しつもん》を聞《き》いてください。それから話《はなし》を聞《き》いて、問題用紙《もんだいようし》の１から４の中《なか》から、最《もっと》もよいものを一《ひと》つ選《えら》んでください。

1番《ばん》

1　一番新《いちばんあたら》しい製品《せいひん》

2　少《すこ》し大《おお》きいが、軽《かる》い製品《せいひん》

3　４万円《まんえん》の製品《せいひん》

4　４万円《まんえん》の小《ちい》さい製品《せいひん》

2番《ばん》

1　女《おんな》の人《ひと》の言《い》うとおりにする

2　女《おんな》の人《ひと》と絵《え》を描《か》きに行《い》く

3　動物園《どうぶつえん》に行《い》ってから展覧会《てんらんかい》に行《い》く

4　女《おんな》の人《ひと》の友《とも》だちと展覧会《てんらんかい》に行《い》く

3番《ばん》

1　学校《がっこう》で送別《そうべつ》会をする

2　クラスメートとプレゼントを作《つく》る

3　先生《せんせい》のために手紙《てがみ》を書《か》く

4　学校《がっこう》の最後《さいご》の日《ひ》にクラスメートに何《なに》かを頼《たの》む

4番《ばん》

1　1か月前《げつまえ》の午前《ごぜん》9時《じ》から

2　1か月前《げつまえ》の午前《ごぜん》10時《じ》から

3　2か月前《げつまえ》の午前《ごぜん》9時《じ》から

4　2か月前《げつまえ》の午前《ごぜん》10時《じ》から

5番《ばん》

1　「ロ」の字型《じがた》に机《つくえ》と椅子《いす》を一《ひと》つずつ並《なら》べる

2　机《つくえ》は島型《しまがた》、椅子《いす》は海型《うみがた》に並《なら》べる

3　机《つくえ》を海型《うみがた》に並《なら》べる

4　机《つくえ》を島型《しまがた》に並《なら》べる

問題《もんだい》2

問題《もんだい》2では、まず質問《しつもん》を聞《き》いてください。そのあと、問題用紙《もんだいようし》のせんたくしを読《よ》んでください。読《よ》む時間《じかん》があります。それから話《はなし》を聞《き》いて、問題用紙《もんだいようし》の1から4の中《なか》から、最《もっと》もよいものを一《ひと》つ選《えら》んでください。

1番《ばん》

1　お金《かね》を使《つか》いたくないから

2　料理《りょうり》を勉強《べんきょう》したいから

3　外《そと》で食《た》べるご飯《はん》はおいしくないから

4　料理《りょうり》が好《す》きじゃないから

2番《ばん》

1　話《はなし》をすることができなくなったから

2　階段《かいだん》で転《ころ》んでけがをしたから

3　自転車《じてんしゃ》で転《ころ》んでけがをしたから

4　病気《びょうき》で入院《にゅういん》したから

3番《ばん》

1　彼女《かのじょ》をパーティーに誘《さそ》うため

2　DVDを借《か》りるため

3　友《とも》だちについて聞《き》いてみることがあるため

4　お酒《さけ》をみに行《い》くため

4番《ばん》

1 彼《かれ》はコメディーが好《す》きだから

2 彼《かれ》の娘《むすめ》が幼《おさな》すぎるから

3 彼《かれ》の娘娘《むすめ》が見《み》たがらないから

4 映画《えいが》が長《なが》すぎるから

5番《ばん》

1 ヨーロッパの人々《ひとびと》は肉《にく》をそれらよりも好《この》んだから

2 ヨーロッパの人々《ひとびと》はそれらが有害《ゆうがい》だと考《かんが》えたから

3 ヨーロッパの人々《ひとびと》はそれらを食《た》べるだけの余裕《よゆう》がなかったから

4 ヨーロッパの人々《ひとびと》はそれらの味《あじ》を好《この》まなかったから

6番《ばん》

1　他《ほか》のタイピストがより速《はや》くタイプする手助《てだす》けをするため

2　ミドリさんの教員《きょういん》になる夢《ゆめ》を実現《じつげん》させるため

3　ミドリさんの技能《ぎのう》を向上《こうじょう》させるため

4　ミドリさんの性格《せいかく》を変《か》えるため

問題《もんだい》3

問題《もんだい》３では、問題用紙《もんだいようし》に何《なに》もいんさつされていません。この問題《もんだい》は、全体《ぜんたい》としてどんな内容《ないよう》かを聞《き》く問題《もんだい》です。話《はなし》の前《まえ》に質問《しつもん》はありません。まず話《はなし》を聞《き》いてください。それから、質問《しつもん》とせんたくしを聞《き》いて、１から４の中《なか》から、最《もっと》もよいものを一《ひと》つ選《えら》んでください。

― メ モ ―

問題《もんだい》4

問題《もんだい》4では、問題用紙《もんだいようし》に何《なに》もいんさつされていません。まず話《はなし》を聞《き》いてください。それから、それに対《たい》する返事《へんじ》を聞《き》いて、1から3の中《なか》から、正《ただ》しい答《こた》えをを一《ひと》つ選《えら》んでください。

— メ モ —

問題《もんだい》5

問題《もんだい》5では長《なが》めの話《はなし》を聞《き》きます。この問《もん》題には練習《れんしゅう》はありません。メモをとってもかまいません。

1番《ばん》　2番《ばん》

問題用紙《もんだいようし》に何《なに》もいんさつされていません。まず話《はなし》を聞《き》いてください。それから、質問《しつもん》とせんたくしを聞《き》いて、１から４の中《なか》から、最《もっと》もよいものを一《ひと》つ選《えら》んでください。

3番《ばん》

まず話《はなし》を聞《き》いてください。それから、二《ふた》つの質問《しつもん》を聞《き》いて、それぞれ問題用紙《もんだいようし》の1から4の中《なか》から、最《もっと》もよいものを一《ひと》つ選《えら》んでください。

質問《しつもん》1

1　様々《さまざま》な業界《ぎょうかい》の店舗《てんぽ》が出店《しゅってん》している

2　コンビニの立地場所《りっちばしょ》としてふさわしくない

3　近年《きんねん》コンビニの立地場所《りっちばしょ》として注目《ちゅうもく》されている

4　元々《もともと》は専門店《せんもんてん》が集《あつ》まる場所《ばしょ》だった

質問《しつもん》2

1　不特定多数《ふとくていたすう》の客《きゃく》が集《あつ》まる

2　幅広《はばひろ》い客層《きゃくそう》が来店《らいてん》する

3　仕入《しい》れる商品《しょうひん》の種類《しゅるい》が豊富《ほうふ》である

4　店舗《てんぽ》によって扱《あつか》う商品《しょうひん》に特徴《とくちょう》がある

THE 많이 풀어보는 모의고사 N2

정답

N2 모의고사 1회 정답

언어지식 (문자 · 어휘 · 문법)

問題 1

1 4　2 1　3 2　4 4　5 3

問題 2

6 3　7 1　8 3　9 1　10 4

問題 3

11 3　12 4　13 1　14 2　15 2

問題 4

16 3　17 1　18 4　19 2　20 1　21 1

22 2

問題 5

23 3　24 1　25 2　26 4　27 3

問題 6

28 4　29 1　30 2　31 4　32 2

問題 7

33 1　34 2　35 2　36 4　37 1　38 2

39 2　40 1　41 3　42 2　43 4　44 3

問題 8

45 1　46 2　47 1　48 4　49 1

問題 9

50 1　51 2　52 3　53 3　54 4

독해

問題 10

55 2　56 4　57 1　58 3　59 2

問題 11

60 4　61 1　62 4

63 2　64 1　65 3

66 1　67 4　68 4

問題 12

69 3　70 4

問題 13

71 1　72 3

問題 14

73 1　74 4

청해

問題 1

1 2　2 3　3 1　4 3　5 4

問題 2

1 2　2 4　3 4　4 3　5 4　6 4

問題 3

1 3　2 4　3 2　4 2　5 3

問題 4

1 3　2 1　3 1　4 1　5 2　6 3

7 1　8 3　9 2　10 3　11 1　12 2

問題 5

1 3　2 3　3 (質問 1) 1　(質問 2) 4

N2 모의고사 2회 정답

언어지식 (문자 · 어휘 · 문법)

問題 1

1 2　2 1　3 3　4 1　5 3

問題 2

[6] 1 [7] 4 [8] 4 [9] 2 [10] 3

問題 3

[11] 1 [12] 4 [13] 1 [14] 3 [15] 3

問題 4

[16] 3 [17] 4 [18] 3 [19] 2 [20] 2 [21] 4

[22] 1

問題 5

[23] 1 [24] 4 [25] 2 [26] 2 [27] 1

問題 6

[28] 3 [29] 1 [30] 3 [31] 4 [32] 3

問題 7

[33] 4 [34] 1 [35] 4 [36] 3 [37] 2 [38] 4

[39] 1 [40] 2 [41] 4 [42] 3 [43] 2 [44] 2

問題 8

[45] 1 [46] 3 [47] 4 [48] 1 [49] 2

問題 9

[50] 3 [51] 1 [52] 4 [53] 1 [54] 1

독해

問題 10

[55] 2 [56] 3 [57] 4 [58] 4 [59] 2

問題 11

[60] 4 [61] 3 [62] 3

[63] 1 [64] 4 [65] 2

[66] 4 [67] 1 [68] 2

問題 12

[69] 4 [70] 3

問題 13

[71] 4 [72] 2

問題 14

[73] 4 [74] 3

청해

問題 1

[1] 1 [2] 3 [3] 3 [4] 2 [5] 2

問題 2

[1] 3 [2] 2 [3] 3 [4] 3 [5] 1 [6] 1

問題 3

[1] 4 [2] 4 [3] 1 [4] 2 [5] 2

問題 4

[1] 2 [2] 3 [3] 2 [4] 1 [5] 2 [6] 1

[7] 3 [8] 2 [9] 1 [10] 1 [11] 3 [12] 1

問題 5

[1] 3 [2] 4 [3] (質問 1) 4 (質問 2) 1

N2 모의고사 3회 정답

언어지식 (문자 · 어휘 · 문법)

問題 1

[1] 3 [2] 1 [3] 2 [4] 3 [5] 4

問題 2

[6] 4 [7] 3 [8] 1 [9] 2 [10] 3

問題 3

[11] 4 [12] 2 [13] 1 [14] 2 [15] 1

問題 4

[16] 3 [17] 2 [18] 1 [19] 3 [20] 3 [21] 1

[22] 2

問題 5

[23] 2　[24] 3　[25] 4　[26] 2　[27] 4

問題 6

[28] 2　[29] 1　[30] 4　[31] 2　[32] 2

問題 7

[33] 2　[34] 1　[35] 3　[36] 3　[37] 2　[38] 1

[39] 2　[40] 3　[41] 2　[42] 3　[43] 4　[44] 3

問題 8

[45] 4　[46] 3　[47] 1　[48] 4　[49] 2

問題 9

[50] 3　[51] 4　[52] 3　[53] 1　[54] 4

독해

問題 10

[55] 2　[56] 2　[57] 1　[58] 1　[59] 1

問題 11

[60] 4　[61] 3　[62] 1

[63] 4　[64] 2　[65] 4

[66] 2　[67] 3　[68] 4

問題 12

[69] 1　[70] 2

問題 13

[71] 3　[72] 1

問題 14

[73] 4　[74] 2

청해

問題 1

[1] 1　[2] 2　[3] 1　[4] 3　[5] 2

問題 2

[1] 1　[2] 3　[3] 2　[4] 1　[5] 1　[6] 2

問題 3

[1] 1　[2] 3　[3] 2　[4] 2　[5] 1

問題 4

[1] 3　[2] 1　[3] 3　[4] 3　[5] 2　[6] 1

[7] 1　[8] 1　[9] 1　[10] 2　[11] 2　[12] 3

問題 5

[1] 1　[2] 4　[3] (質問 1) 1　(質問 2) 3

N2 모의고사 4회 정답

언어지식 (문자 · 어휘 · 문법)

問題 1

[1] 1　[2] 3　[3] 3　[4] 4　[5] 1

問題 2

[6] 2　[7] 4　[8] 1　[9] 4　[10] 4

問題 3

[11] 3　[12] 3　[13] 2　[14] 1　[15] 3

問題 4

[16] 4　[17] 4　[18] 3　[19] 2　[20] 3　[21] 3

[22] 4

問題 5

[23] 4　[24] 3　[25] 2　[26] 4　[27] 2

問題 6

[28] 1　[29] 3　[30] 1　[31] 2　[32] 4

問題 7

[33] 2　[34] 1　[35] 4　[36] 2　[37] 4　[38] 1

[39] 1　[40] 2　[41] 4　[42] 3　[43] 2　[44] 1

問題 8

[45] 3　[46] 4　[47] 3　[48] 3　[49] 1

問題 9

[50] 1　[51] 2　[52] 3　[53] 4　[54] 2

독해

問題 10

[55] 4　[56] 1　[57] 3　[58] 2　[59] 3

問題 11

[60] 2　[61] 4　[62] 1

[63] 2　[64] 3　[65] 4

[66] 3　[67] 2　[68] 4

問題 12

[69] 2　[70] 1

問題 13

[71] 3　[72] 2

問題 14

[73] 3　[74] 2

청해

問題 1

[1] 4　[2] 2　[3] 3　[4] 4　[5] 4

問題 2

[1] 2　[2] 4　[3] 3　[4] 2　[5] 1　[6] 3

問題 3

[1] 4　[2] 3　[3] 4　[4] 1　[5] 4

問題 4

[1] 1　[2] 3　[3] 2　[4] 2　[5] 3　[6] 1

[7] 1　[8] 3　[9] 2　[10] 3　[11] 3　[12] 1

問題 5

[1] 2　[2] 1　[3] (質問 1) 3　(質問 2) 4

N2 모의고사 5회 정답

언어지식 (문자 · 어휘 · 문법)

問題 1

[1] 2　[2] 4　[3] 1　[4] 2　[5] 1

問題 2

[6] 2　[7] 3　[8] 2　[9] 4　[10] 4

問題 3

[11] 2　[12] 3　[13] 4　[14] 4　[15] 1

問題 4

[16] 4　[17] 2　[18] 1　[19] 2　[20] 3　[21] 1

[22] 2

問題 5

[23] 3　[24] 1　[25] 4　[26] 2　[27] 4

問題 6

[28] 4　[29] 1　[30] 4　[31] 4　[32] 3

問題 7

[33] 3　[34] 4　[35] 4　[36] 4　[37] 1　[38] 1

[39] 1　[40] 4　[41] 2　[42] 1　[43] 2　[44] 4

問題 8

[45] 3　[46] 4　[47] 1　[48] 3　[49] 2

問題 9

[50] 2　[51] 3　[52] 1　[53] 3　[54] 4

독해

問題 10

[55] 2　[56] 1　[57] 2　[58] 3　[59] 4

問題 11

[60] 2　[61] 1　[62] 3

[63] 1　[64] 2　[65] 2

[66] 4　[67] 3　[68] 1

問題 12

[69] 1　[70] 2

問題 13

[71] 3　[72] 4

問題 14

[73] 3　[74] 3

청해

問題 1

[1] 4　[2] 2　[3] 1　[4] 2　[5] 4

問題 2

[1] 2　[2] 3　[3] 1　[4] 1　[5] 3　[6] 1

問題 3

[1] 3　[2] 3　[3] 2　[4] 3　[5] 3

問題 4

[1] 3　[2] 1　[3] 3　[4] 3　[5] 3　[6] 2

[7] 1　[8] 1　[9] 1　[10] 3　[11] 2　[12] 3

問題 5

[1] 2　[2] 3　[3] (質問1) 4　(質問2) 3

N2 모의고사 6회 정답

언어지식 (문자 · 어휘 · 문법)

問題 1

[1] 3　[2] 3　[3] 1　[4] 3　[5] 2

問題 2

[6] 2　[7] 1　[8] 3　[9] 2　[10] 3

問題 3

[11] 1　[12] 4　[13] 3　[14] 2　[15] 3

問題 4

[16] 2　[17] 4　[18] 1　[19] 2　[20] 3　[21] 4

[22] 2

問題 5

[23] 2　[24] 3　[25] 2　[26] 1　[27] 4

問題 6

[28] 1　[29] 4　[30] 3　[31] 2　[32] 4

問題 7

[33] 2　[34] 2　[35] 1　[36] 2　[37] 4　[38] 1

[39] 3　[40] 3　[41] 1　[42] 2　[43] 3　[44] 1

問題 8

[45] 1　[46] 2　[47] 3　[48] 2　[49] 4

問題 9

[50] 3　[51] 1　[52] 2　[53] 4　[54] 1

독해

問題 10

[55] 1　[56] 1　[57] 4　[58] 4　[59] 4

問題 11

[60] 3　[61] 1　[62] 4

[63] 2　[64] 3　[65] 2

[66] 1　[67] 3　[68] 3

問題 12

[69] 2　[70] 3

問題 13

[71] 1　[72] 2

問題 14

[73] 2　[74] 4

청해

問題 1

[1] 3　[2] 1　[3] 2　[4] 2　[5] 4

問題 2

[1] 1　[2] 2　[3] 1　[4] 2　[5] 2　[6] 1

問題 3

[1] 2　[2] 3　[3] 1　[4] 4　[5] 1

問題 4

[1] 1　[2] 2　[3] 3　[4] 1　[5] 3　[6] 2

[7] 2　[8] 1　[9] 3　[10] 3　[11] 2　[12] 1

問題 5

[1] 2　[2] 3　[3] **(質問 1)** 3　**(質問 2)** 4

THE 많이 풀어보는 모의고사 N2

청해 스크립트

N2 모의고사 1회 스크립트

問題1

1番

セミナー会場《かいじょう》で、男の学生《がくせい》と大学《だいがく》の職員《しょくいん》が話しています。男の学生《がくせい》は、今日《きょう》どのセミナを聞きますか。

男：すみません、この就職《しゅうしょく》セミナーって、一《いっ》か月間毎週《げつかんまいしゅう》やっているんですよね？

女：ええ。

男：先週《せんしゅう》は来られなかったんですが、今日《きょう》からでも参加《さんか》できますか？

女：ええ、大丈夫《だいじょうぶ》ですよ。

男：えっと、今日《きょう》はこの「先輩《せんぱい》の体験談《たいけんだん》から学《まな》ぶ」っていう内容《ないよう》ですよね。

女：いえ、実《じつ》は、そちらは先週終《お》わってしまったんです。先生《せんせい》の都合《つごう》で、先週と今週《こんしゅう》の内《ない》容《よう》が入《い》れ替《か》わったので。今日《きょう》はこちらの「面接《めんせつ》に役立《やくだ》つ知識《ちしき》」になります。

男：そうなんですか。先週と今週の予定《よてい》が入れ替わったんですね。まあ、いいかな。28日の「面接対策《めんせつたいさく》と実践《じっせん》」ってところが一番《いちばん》聞《き》きたかったか ら。

女：急《きゅう》な変更《へんこう》で申《もう》し訳《わけ》ありません。もし、それでよろしければ、こちらのお申込書《もうしこみしょ》にご記《き》入《にゅう》をお願《ねが》いします。

男：はい、わかりました。

男の学生《がくせい》は、今日《きょう》どのセミナを聞《き》きますか。

1　先輩《せんぱい》の体験談から学ぶ

2　面接に役立つ知識

3　面接対策と実践

4　何も聞かない

2番

男《おとこ》の人《ひと》と女《おんな》の人《ひと》が話しています。女《おんな》の人《ひと》は、どの名刺《めいし》を選《えら》びますか。

男：先輩《せんぱい》、名刺《めいし》のデザインサンプルを4つ作《つく》ってみました。

女：ああ、これ？

男：はい。僕《ぼく》は、これがいいと思うんですが…。すっきりしているし。

女：確《たし》かにそうだけど、FAX番号《ばんごう》はいるんじゃない？

男：やっぱりそうですよね…。じゃあ、この3つのうちのどれかですね。

女：うん、それと、会社《かいしゃ》のロゴマークは左上《ひだりうえ》におくのが一般的《いっぱんてき》よね。

男：じゃあ、これもダメですね。

女：あとは、好《この》みの問題《もんだい》だけど、私は個人的《こじんてき》には、縦書《たてが》きと横書《よこが》きが混《ま》ざっているのって、あまり好きじゃないんだ。だから、私ならこれね。

男：なるほど、わかりました。じゃ、こっちにします。

女《おんな》の人《ひと》は、どの名刺を選びますか。

1　FAX番号《ばんごう》がないもの

2　会社《かいしゃ》のロゴマークがないもの

3　FAX番号《ばんごう》がある横書《よこが》きのもの

4　縦書《たてが》きと横書《よこが》きが混《ま》ざっているもの

3番

航空会社《こうくうかいしゃ》で女《おんな》の人《ひと》が知《し》らせています。何を予約《よやく》する場合《ばあい》、しなくてはならないのはどれですか。

女：こんにちは。こちらはアナライン航空新潟《こうくうにいがた》サービスセンターです。まことに申《もう》し訳《わけ》ありませんが、すべてのオペレーターが、只《ただ》今他《いまほか》のお客様《きゃくさま》の対応《たいおう》を行《おこな》っております。ご予約をされるお客様は、予約専用回線《よやくせんようかいせん》454-0770までおかけ直《なお》しください。その他《ほか》のご用件《ようけん》の方《かた》は、このまま電話《でんわ》を切《き》らずにお待《ま》ちください。準備《じゅんび》ができ次第《しだい》、できるだけ速《すみ》やかにオペレーターにおつなぎします。

何を予約《よやく》する場合《ばあい》、しなくてはならないのはど

れですか。
1　別《べつ》の番号《ばんごう》に電話《でんわ》する
2　電話《でんわ》を切《き》らずに待《ま》つ
3　新潟《にいがた》サービスセンターに行く
4　メッセージを残《のこ》す

4番

夫婦《ふうふ》が話しています。いつだれが買《か》い物《もの》に行きますか。

女：ねえ、今日《きょう》の帰《かえ》りに、買《か》い物《もの》してきてくれない？

男：えー、今日《きょう》は残業《ざんぎょう》があるから、無理《むり》だよ。

女：あら、そうなの。いいわよ、明日《あした》の朝《あさ》、ご飯《はん》食《た》べなくていいなら。

男：ちょっと待《ま》ってよ。仕事《しごと》が終《お》わってから行っても、スーパーが開《あ》いている時間《じかん》には間《ま》に合《あ》わないよ。

女：大丈夫《だいじょうぶ》よ。駅前《えきまえ》のスーパーなら、最近夜《さいきんよる》11時までやってるの。

男：そんなあ。自分《じぶん》で行けばいいじゃないか。

女：わたしもいろいろ忙《いそが》しいのよ。ね、お願《ねが》い。

男：しょうがないなあ。

いつだれが買《か》い物《もの》に行きますか。
1　女《おんな》の人《ひと》が今日《きょう》行く
2　女《おんな》の人《ひと》が明日《あした》行く
3　男《おとこ》の人《ひと》が今日《きょう》行く
4　男《おとこ》の人《ひと》が明日《あした》行く

5番

電話《でんわ》で女《おんな》の人《ひと》と男《おとこ》の人《ひと》が話しています。男《おとこ》の人《ひと》は何がしたいですか。

女：もしもし。

男：もしもし、サチコちゃん？野口だけど、お姉《ねえ》さんは帰《かえ》ってきたの？

女：まだよ。何か伝《つた》えて置《お》こうか。

男：そうだね。約束《やくそく》したとおり、駅《えき》で会《あ》えなくなったと伝えてくれ。父《ちち》を迎《むか》えに空港《くうこう》へ行かなくてはいけないから。

女：帰《かえ》ったら電話《でんわ》させようか。

男：いや、いいよ。後《あと》でまた電話《でんわ》すると伝えて。ではよろしく。

女：うん。

男《おとこ》の人《ひと》は何がしたいですか。
1　女の子のお姉《ねえ》さんを家《いえ》まで迎《むか》えに行く
2　女の子のお姉《ねえ》さんからの電話《でんわ》を待《ま》つ
3　女の子のお姉《ねえ》さんが空港《くうこう》まで来てほしい
4　女の子のお姉《ねえ》さんとの約束《やくそく》を取《と》り消《け》す

問題2

1番

女《おんな》の人《ひと》と男《おとこ》の人《ひと》が話しています。男《おとこ》の人《ひと》が女《おんな》の人《ひと》に変《か》えた方《ほう》がいいと言っているのはどれですか。

女：ねえ、これ見て。新社会人《しんしゃかいじん》が変えたいと思っている生活習慣《せいかつしゅうかん》だって。

男：ふーん。確《たし》かに、僕《ぼく》も学生《がくせい》の頃《ごろ》は、夜遅《よるおそ》くまで遊《あそ》んだり、朝《あさ》10時ぐらいまで寝《ね》ていたりしていたなあ。今《いま》はもちろんそんなことしてないけど。

女：じゃあ、鈴木さんが今《いま》、変えたいと思っていることって何？

男：そうだなあ、社会人としてのマナーは一通《ひとどお》り身《み》につけているつもりだし、時事問題《じじもんだい》にもそこそこ関心《かんしん》を持《も》っているから…。変えるとしたらこれかな。いつも朝食《ちょうしょく》を抜《ぬ》いているし、夜11時過《す》ぎに食事《しょくじ》することもあるから。

女：それはよくないわね。すぐに変えるべきよ。

男：うん…。ところで、田中さんはこれじゃない？

女：え、なんで!?

男：だって、僕《ぼく》のほうが先輩《せんぱい》だよ。それなのに、そんな口《くち》の利《き》き方《かた》は…。変えたほうがいいんじゃないかなあ…。

男《おとこ》の人《ひと》が女《おんな》の人《ひと》に変えた方がいいと言っているのはどれですか。

1　夜遅《よるおそ》くまで遊ぶこと
2　言葉遣《ことばづか》い
3　食事習慣《しょくじしゅうかん》
4　朝寝坊《あさねぼう》すること

2番

男《おとこ》の人《ひと》と女《おんな》の人《ひと》が話しています。男《おとこ》の人《ひと》は、これまで落《おと》した物《もの》で何が戻《もど》ってきましたか。

男：カンさんは、日本《にほん》のどんなところがすごいなと思いますか。

女：私は、日本《にほん》の配達《はいたつ》サービスが一番《いちばん》すごいと思いますね。国内《こくない》のほとんどの場所《ばしょ》に1日で届《とど》きますよね。さらに相手《あいて》の都合《つごう》のいい時間《じかん》に届《とど》けてもらえるので、本当《ほんとう》に便利《べんり》だと思います。

男：そうですね。

女：マイケルさんは？

男：そうですね、私はよく落《おと》し物《もの》をするんですが、これまで、ほとんどの物が戻ってきているんです。これってすごいですよね。鍵《かぎ》や傘《かさ》のように、名前《なまえ》を書《か》いていないものは戻ってきませんでしたが、名前《なまえ》や住所《じゅうしょ》などが書いてあるもの、例《たと》えば免許証《めんきょしょう》とかパスポートとかは、全部《ぜんぶ》戻ってきました。あ、お金《かね》はさすがに戻ってきませんでしたけどね。

女：ああ、そういえば、私も電車《でんしゃ》の中《ちゅう》に小《ちい》さいバッグを忘《わす》れたことがあったんですが、2日後《ご》に駅《えき》からバッグがあったと電話《でんわ》がかかってきたんです。親切《しんせつ》な方《かた》が届けてくださっていました。

男：そうですか、それはよかったですね。

男《おとこ》の人《ひと》は、これまで落とした物で何が戻ってきましたか。

1　傘《かさ》
2　お金《かね》
3　鍵《かぎ》
4　パスポート

3番

友《とも》だち二人《ふたり》が話しています。男《おとこ》の人《ひと》にどんな問《もん》題《だい》がありましたか。

女：一郎、どこにいたの？30分以上《いじょう》も待《ま》ってたのよ。

男：サチコ、ごめん。でもぼくのせいじゃないんだよ。6時に電車《でんしゃ》に乗《の》ったんだけど、途《と》中《ちゅう》で故障《こしょう》してね。修理《しゅうり》が済《す》むまで待たなくちゃならなかったんだよ。

女：どうして携帯《けいたい》で電話してくれなかったの。

男：電車《でんしゃ》がトンネルの中《なか》でさ、携帯《けいたい》が通《つう》じなかったんだよ。

男《おとこ》の人《ひと》にどんな問題がありましたか。

1　彼の乗った電車《でんしゃ》はひどく込《こ》んでいた
2　彼は電車《でんしゃ》に乗《の》り遅《おく》れた
3　彼は携帯《けいたい》電話を持《も》って出《で》かけなかった
4　彼の携帯《けいたい》電話は使《つか》えなかった

4番

会社《かいしゃ》の仲間《なかま》二人《ふたり》が話しています。男《おとこ》の人《ひと》はどうして電車《でんしゃ》の中《なか》で立《た》っていましたか。

女：山田さん、ちょっと疲《つか》れた顔《かお》しているわね。どうしたの？

男：通勤《つうきん》で乗《の》った電車《でんしゃ》が今朝《けさ》すごく込《こ》んでいたからだよ。

女：ずっと立っていたんだ。

男：うん。座《すわ》ろうと思えば座れたんだけど、年《ねん》輩《ぱい》の女性《じょせい》に譲《ゆず》ったよ。

女：それはいいことしたわ。

男：最近《さいきん》、若者《わかもの》のマナーがちゃんとなっていないため、自分はそうしちゃいけないと思って。
女：私も最近《さいきん》ずっとそう思っていたわ。

男《おとこ》の人《ひと》はどうして電車《でんしゃ》の中《なか》で立《た》っていましたか。

1　席《せき》がなかったから
2　指定席《していせき》ではなかったから
3　席《せき》を誰《だれ》かに譲歩《じょうほ》したから
4　席《せき》を見《み》つけることができなかったから

5番

男《おとこ》の人《ひと》が話しています。男《おとこ》の人《ひと》が、少《すく》なめに食《た》べるといいと言っているのはどれですか。

男：春《はる》は、お花見《はなみ》や歓迎会《かんげいかい》など、お酒《さけ》を飲《の》む機《き》会《かい》が多《おお》いですよね。飲《の》みすぎ、食《た》べすぎで太《ふと》ってしまうのが心配《しんぱい》だという人も多いのではないでしょうか。太らないためには、何を、どんな順番《じゅんばん》で食《た》べるかが重要《じゅうよう》です。そこで今日《きょう》は、太らない食《た》べ方《かた》をご紹介《しょうかい》します。最初《さいしょ》は、野菜《やさい》から食べるのがいいでしょう。肉《にく》やご飯《はん》などは、最初《さいしょ》に食《た》べないほうがいいです。野菜《やさい》の次《つぎ》は、刺身《さしみ》や豆腐《とうふ》など、カロリーが低《ひく》いものを食べて、おなかを満《み》たします。肉《にく》を食べるなら、その後《あと》がいいですね。ご飯《はん》やラーメンは、最後《さいご》に食べることを勧《すす》めますが、できるだけ少なめに。これらをたくさん食べすぎると、カロリーのとりすぎになってしまいます。もちろん、お酒の飲みすぎにも気《き》を付《つ》けてくださいね。

男《おとこ》の人《ひと》が、少なめに食《た》べるといいと言っているのはどれですか。

1　野菜《やさい》
2　刺身《さしみ》や豆腐《とうふ》
3　肉《にく》
4　ご飯《はん》やラーメン

6番

女《おんな》の人《ひと》が人の体《からだ》の形《かたち》について話しています。「リンゴ型《がた》」の人はなぜ心配《しんぱい》しないといけないですか。

女：体の形《かたち》がナシかリンゴのようになってはいないでしょうか。「ナシ」は腰回《こしまわ》りが太《ふと》りやすい人です。「リンゴ」はお腹《なか》の回りが太りやすい人です。医師《いし》が言っているのは、「リンゴ型《がた》」は心臓病《しんぞうびょう》になりやすいという点《てん》です。ですから、もしウエストが腰回りに比《くら》べて80%以上《いじょう》あったら、体重《たいじゅう》を減《へ》らし、食べる物にもっと気《き》をつけなければいけません。

「リンゴ型《がた》」の人はなぜ心配《しんぱい》しないといけないですか。

1　腰回《こしまわ》りが太りやすいから
2　健康上《けんこうじょう》の問題《もんだい》が80%多くなるから
3　食べる物を気《き》にしすぎるから
4　心臓病《しんぞうびょう》になりやすいから

問題3

1番

男《おとこ》の人《ひと》が話しています。

男：こんばんは、お客様《きゃくさま》。ホテルサクラにようこそいらっしゃいました。当《とう》ホテルでは、350の宿泊部屋《しゅくはくべや》、屋外《おくがい》プール、12の店《みせ》、3つのレストランを備《そな》え、ランドリーサービスのご利用《りよう》は、必要《ひつよう》なときにいつでも昼夜《ちゅうや》を問《と》いません。それぞれのお部屋には、お酒類《さけるい》と各種《かくしゅ》おつまみをご用意《ようい》しております。当《とう》ホテルでの宿泊《しゅくはく》をどうぞお楽《たの》しみください。

男《おとこ》の人《ひと》は何について説明《せつめい》していますか。

1　ホテルのランドリーサービス
2　ホテルの定休日《ていきゅうび》

3　ホテルの設備《せつび》とサービス
4　ホテルの料金《りょうきん》とサービス

2番

女《おんな》の人《ひと》がタイという国《くに》について話しています。

女：タイでは二つの新年《しんねん》のお祝《いわ》いがあります。タイ人が1月1日を祝《いわ》うのは他《ほか》の人々と同様《どうよう》ですが、彼らはさらに4月13日を伝統的《でんとうてき》な新年と考《かんが》えています。これはソンクラン祭《まつ》りとして知《し》られています。それが水祭《みずまつ》りとも呼《よ》ばれるのは、人々が路上《ろじょう》で水《みず》をお互《たが》いにかけ合《あ》って祝《いわ》うからです。

話のテーマは何ですか。
1　タイの水《みず》を祝《いわ》う祭《まつ》り
2　タイの4月到来《とうらい》の祝賀《しゅくが》
3　タイの1月の水祭《みずまつ》り
4　伝統的《でんとうてき》な新年《しんねん》の祝賀《しゅくが》

3番

女《おんな》の人《ひと》と男《おとこ》の人《ひと》が話しています。

女：こんばんは。いかがなさいますか。
男：通《とお》りから離《はな》れた部屋《へや》に変《か》えていただけないでしょうか。今《いま》いる部屋《へや》がとても騒《さわ》がしいものですから。
女：かしこまりました。反対側《はんたいがわ》に川《かわ》に面《めん》した部《へ》屋《や》がございます。
男：そのほうがずっといいですね。部屋《へや》に戻《もど》って荷物《にもつ》をまとめることにします。

二人はどこで話していますか。
1　港《みなと》
2　ホテル
3　道《みち》
4　不動産《ふどうさん》

4番

男《おとこ》の人《ひと》がアメリカでの留学《りゅうがく》について話しています。

男：アメリカに留学《りゅうがく》する前《まえ》に、そこの大学《だいがく》の授《じゅ》業《ぎょう》についていくつか知《し》っておいてください。まず第一《だいいち》に、アメリカ人の教師《きょうし》は皆《みな》さんが議論《ぎろん》に加《くわ》わり、時《とき》には質問《しつもん》することも当然《とうぜん》だと思っているでしょう。第二に、教《きょう》師《し》は机《つくえ》に腰掛《こしか》ける方《ほう》がいすに掛けるよりも多《おお》いでしょう。第三に、まず確実《かくじつ》に宿題《しゅくだい》が出《だ》され、それを学生《がくせい》がしてくるものだと考えているのです。

話のテーマは何ですか。
1　アメリカに留学《りゅうがく》に行くときの注意点《ちゅういてん》
2　アメリカでの授業《じゅぎょう》のやり方
3　アメリカ人の教師《きょうし》の性格《せいかく》
4　アメリカで授業《じゅぎょう》を受《う》けるときの質問《しつもん》のやり方

5番

女《おんな》の人《ひと》が子供《こども》の遊《あそ》び場《ば》について話しています。

女：子供《こども》が遊《あそ》び場《ば》で怪我《けが》をしないようにする最《もっと》も安全《あんぜん》な方法《ほうほう》は、環境《かんきょう》にもやさしいように思われます。車《くるま》のタイヤを再利用《さいりよう》して安全《あんぜん》な表面《ひょうめん》を作《つく》ります。この表面《ひょうめん》は柔《やわ》らかくて、子供《こども》たちが転《ころ》んでもひどい怪我をしないことになります。もし、もっと多《おお》くのタイヤが再利用《さいりよう》されれば、安全《あんぜん》な遊《あそ》び場《ば》が増《ふ》え、子供《こども》たちが遊《あそ》べることになるでしょう。

話のテーマは何ですか。
1　遊《あそ》び場《ば》の目的《もくてき》
2　遊《あそ》び場《ば》の位置《いち》
3　遊《あそ》び場《ば》の安全《あんぜん》
4　遊《あそ》び場《ば》の由来《ゆらい》

問題4

1番

男：冬休《ふゆやす》みはどうでしたか。
女：1　東京《とうきょう》へ行きたいです。
　　2　とても楽《たの》しいです。
　　3　ずっと家《いえ》にいました。

2番

女：どうしたんですか。
男：1　風邪《かぜ》を引《ひ》いたからです。
　　2　のどが痛《いた》いんです。
　　3　友達《ともだち》と出《で》かけます。

3番

男：たばこを吸《す》ってもいいですか。
女：1　かまいませんよ。
　　2　違《ちが》いますよ。
　　3　その通《とお》りですよ。

4番

女：今日《きょう》は午後《ごご》から雨《あめ》らしいね。
男：1　うん、天気予報《てんきよほう》でそう言ってたね。
　　2　うん、雨《あめ》のような晴《は》れだね。
　　3　うん、朝《あさ》から降《ふ》っているね。

5番

男：これ、よかったら食《た》べてください。
女：1　ええ、よかったら食《た》べます。
　　2　ありがとうございます。
　　3　ああ、よかったですよ。

6番

女：ねえ、本当《ほんとう》に大丈夫《だいじょうぶ》？
男：1　うーん、本当《ほんとう》かもしれない…。
　　2　うーん、そうかもしれない…。
　　3　うーん、だめかもしれない…。

7番

男：ビールは飲《の》めますが、ワインはちょっと。
女：1　じゃ、ビールにしましょう。
　　2　へえ、ワインもお好《す》きなんですね。
　　3　じゃ、ワインをちょっと一杯《いっぱい》。

8番

女：ぜひ一度《いちど》、遊《あそ》びに来てください。
男：1　はい、ぜひお目《め》にかかります。
　　2　はい、ぜひいらっしゃいます。
　　3　はい、ぜひ伺《うかが》います。

9番

男：鈴木さん、甘《あま》い物《もの》が好《す》きなんだって？
女：1　ええ、口《くち》がないんです。
　　2　ええ、目《め》がないんです。
　　3　ええ、鼻《はな》がないんです。

10番

女：あれ!？どこ行くの？
男：1　ちょっとその辺《へん》をゆらゆらしてくるよ。
　　2　ちょっとその辺《へん》をばらばらしてくるよ。
　　3　ちょっとその辺《へん》をぶらぶらしてくるよ。

11番

女：マラソン、最後《さいご》まで走《はし》りきったんだって？
男：1　ええ、完走《かんそう》しました。
　　2　ええ、ゴールできませんでした。
　　3　ええ、途中《とちゅう》で棄権《きけん》しました。

12番

男：このたびはご迷惑《めいわく》をお掛《か》けして、大変申《たいへんもう》し訳《わけ》ありませんでした。

女：1　迷惑《めいわく》して済《す》むことじゃないよ！
　　2　謝《あやま》って済《す》むことじゃないよ！
　　3　お掛《か》けして済《す》むことじゃないよ！

問題5

1番

研修《けんしゅう》に使《つか》う資料《しりょう》について男《おとこ》の人《ひと》と女《おんな》の人《ひと》が相談《そうだん》しています。

男：すみません、リーダーセミナーの件《けん》でご相《そう》談《だん》なんですが。

女：ああ、来月《らいげつ》の研修ね。

男：はい。今年店長《ことしてんちょう》になった若手《わかて》10人の研修《けんしゅう》です。初日《しょにち》は接客《せっきゃく》、2日目《め》はスタッフ指導《しどう》についての研修《けんしゅう》を行《おこな》うんですが、どんな本《ほん》を参考図書《さんこうとしょ》にしたらいいでしょうか。

女：どれどれ…。みんな接客《せっきゃく》の経験《けいけん》は長《なが》いんでしょ？それなら、基本《きほん》は大丈夫《だいじょうぶ》だよね。じゃあ、1日目《め》はこれがいいよ。

男：そうですね。こっちは新人《しんじん》アルバイト向《む》けですよね。じゃあ、2日目《め》はこれ、どうでしょうか。他《ほか》の企業《きぎょう》のリーダーたちの体験《たいけん》談《だん》で、興味深《きょうみぶか》いですし。

女：うーん、店長《てんちょう》になったばかりなんだから、まずは初歩的《しょほてき》なことを勉強《べんきょう》しないと。こっちの方がいいんじゃないかな。

男：確《たし》かにそうですね。じゃ、2日目《め》はこれにします。

2日目《め》に使う本はどれですか。

1　スタッフ指導《しどう》の本《ほん》
2　新人《しんじん》アルバイト向けの本《ほん》
3　企業《きぎょう》のリーダーたちの体験談《たいけんだん》の本《ほん》
4　初歩的《しょほてき》な本《ほん》

2番

男《おとこ》の人《ひと》と女《おんな》の人《ひと》の会話《かいわ》を聞《き》いてください。

男：ねえ、佐藤さん、最近日本《さいきんにほん》で、子供《こども》にめずらしい名前《なまえ》をつけるのがはやっているんでしょう？

女：そうそう。意味《いみ》だけで漢字《かんじ》を選《えら》ぶことが多《おお》いんだって。だから、その漢字《かんじ》の本当《ほんとう》の読《よ》み方とは全然違《ぜんぜんちが》う読《よ》み方《かた》になっちゃって、日本人《にほんじん》でも読めないのよ。あんまりめずらしいのも、子供《こども》がかわいそうだな。悪《わる》い意《い》味《み》の言葉《ことば》になっちゃう名前《なまえ》もあるみたいだし。

男：ふーん。僕《ぼく》の国《くに》では、悪《わる》い意味《いみ》の言葉《ことば》をわざと子供《こども》の名前《なまえ》にするっていう文化《ぶんか》があるよ。

女：へえ、そうなの。

男：うん。それに、僕《ぼく》も、自分の子供《こども》には、他《ほか》の人とは違う、特別《とくべつ》な名前《なまえ》をつけたいな。だって、自分の子供《こども》って、特別でしょう。

女：まあ、それはそうね。でも、名前《なまえ》の読み方がわからなくて、何回《なんかい》も聞《き》かれるのって、面倒《めんどう》くさくないかしら…。

男：ああ、なるほど。それって、日本人《にほんじん》だけの悩《なや》みかもね。

男《おとこ》の人《ひと》は、最近《さいきん》はやっている名前《なまえ》のつけ方について、何と言っていますか。

1　自分の国《くに》にも、同じような文化がある
2　日本人《にほんじん》ではないので、よくわからない
3　自分も、子供《こども》には特別《とくべつ》な名前《なまえ》をつけたい
4　悪《わる》い意味《いみ》の言葉《ことば》を子供《こども》の名前《なまえ》にしたほうがいい

3番

女《おんな》の人《ひと》と男《おとこ》の人《ひと》が話しています。

女：ねえねえ、これ知ってた？

男：ん？…銀行《ぎんこう》ATMの手数料《てすうりょう》？

女：私、いつも平日《へいじつ》の昼《ひる》にATMでお金《かね》をおろすから、手数料《てすうりょう》のことは気《き》にしたことがなかったんだけど、この間《あいだ》、週末《しゅうまつ》に急《きゅう》にお金《かね》が必要《ひつよう》になっちゃって。時間外手数料《じかんがいてすうりょう》がかか

るのって嫌《いや》だなあとか思いながら、ATMでお金《かね》をおろしたの。

男：あ…手数料《てすうりょう》いらなかったでしょう。

女：え、知ってたの!?

男：僕《ぼく》はいつも週末《しゅうまつ》にお金《かね》を出すからね。そのサービス、去年《きょねん》から始《はじ》まったんだよ。預金《よきん》残高《ざんだか》が15万円以上《いじょう》あれば、いつでも手数料《てすうりょう》が無料《むりょう》になるんだ。

女：そうだったんだ。

男：僕はもともと、週末《しゅうまつ》の時間外手数料《てすうりょう》が安《やす》いフラワー銀行《ぎんこう》を使《つか》っていたんだけど、このサービスが始《はじ》まってから、まつい銀行《ぎんこう》に変《か》えたんだ。

女：そうなんだ。数百円《すうひゃくえん》と言っても、何回《なんかい》も利《り》用《よう》したら、ばかにならないもんね。

男：そうそう、ちりも積《つ》もれば、だよ。

質問1

女《おんな》の人《ひと》がいつも利用《りよう》しているサービスはどれですか。

1　平日《へいじつ》の昼《ひる》、ATMでお金《かね》をおろす
2　平日《へいじつ》の営業時間外《えいぎょうじかんがい》、ATMでお金《かね》をおろす
3　週末《しゅうまつ》の昼《ひる》、ATMでお金《かね》をおろす
4　週末《しゅうまつ》の営業時間外《えいぎょうじかんがい》、ATMでお金《かね》金をおろす

質問2

男《おとこ》の人《ひと》がいつも利用《りよう》しているサービスはどれですか。

1　平日《へいじつ》の昼《ひる》、ATMでお金《かね》をおろす
2　平日《へいじつ》の営業時間外《えいぎょうじかんがい》、ATMでお金《かね》をおろす
3　週末《しゅうまつ》の昼《ひる》、ATMでお金《かね》をおろす
4　週末《しゅうまつ》の営業時間外《えいぎょうじかんがい》、ATMでお金《かね》をおろす

N2 모의고사 2회 스크립트

問題1

1番

電話《でんわ》で女《おんな》の人《ひと》と男《おとこ》の人《ひと》が話しています。男《おとこ》の人《ひと》はどうすることにしましたか。

男：もしもし、東京宅配《とうきょうたくはい》サービスですか。

女：はい、お客様《きゃくさま》。ご用件《ようけん》を伺《うかが》います。

男：荷物《にもつ》についての通知《つうち》をもらったのですが、明日《あした》の６時以降《いこう》に届《とど》けていただけますか。

女：明日《あした》の６時以降《いこう》ですね。お客様《きゃくさま》、大変申《たいへんもう》し訳《わけ》ございませんが、６時以降《いこう》は配達《はいたつ》を行《おこな》っておりません。

男：そうですか。この間《あいだ》は８時に届《とど》けてもらったことがありますが。

女：それが、先週《せんしゅう》から変《か》わりました。申し訳ございません。

男：では荷物《にもつ》を預《あず》かっておいていただけますか。金曜日《きんようび》に取《と》りに行きます。

女：そうですか。分《わ》かりました。それではお待《ま》ちしております。

男《おとこ》の人《ひと》はどうすることにしましたか。

1　荷物《にもつ》を金曜日《きんようび》に取《と》りに行く
2　荷物《にもつ》を預かっておく
3　明日《あした》家で配達《はいたつ》を待《ま》つ
4　荷物《にもつ》を業者《ぎょうしゃ》に返《かえ》す

2番

電話《でんわ》で女《おんな》の人《ひと》と男《おとこ》の人《ひと》が話しています。野村さんは会議《かいぎ》が終《お》わったらどうしますか。

女：もしもし、東京《とうきょう》サービスセンターでございます。ご用件《ようけん》を伺《うかが》います。

男：もしもし、吉本エナですが、野村さんお願《ねが》いします。

女：申《もう》し訳《わけ》ございませんが、野村はただいま会《かい》議中《ぎちゅう》です。

男：何時《なんじ》ごろ終《お》わりますか。

女：それはちょっと分《わ》かりかねます。何かお伝《つた》えしましょうか。

男：ええ。

女：どうぞ。

男：事務所《じむしょ》を出《で》る前《まえ》に電話《でんわ》をくださるように伝《つた》えてください。

女：分《わ》かりました。それでは失礼します。

野村さんは会議《かいぎ》が終《お》わったらどうしますか。

1　吉本エナさんと事務所《じむしょ》で会《あ》う

2　吉本エナさんの話《わ》を待《ま》つ

3　事務所《じむしょ》から吉本エナさんに電話《でんわ》する

4　事務所《じむしょ》で別《べつ》の会議《かいぎ》に出《で》る

3番

男《おとこ》の人《ひと》が友《とも》だち二人について話しています。二人が計画《けいかく》しているのは何ですか。

男：マリアとサトシが親友《しんゆう》なのは、子供《こども》の頃《ころ》からのことです。今マリアは経営学《けいえいがく》の勉強《べんきょう》を大学《だいがく》でしていて、サトシは料理学校《りょうりがっこう》に通《かよ》っています。彼らはまた、アルバイトをイタリアンレストランでしています。彼らは毎《まい》週《しゅう》、一生懸命勉強《いっしょうけんめいべんきょう》をして、長時間働《ちょうじかんはたら》いています。彼らは、自分たちのレストランを卒《そつ》業後《ぎょうご》オープンしたいと考《かんが》えているので、お金《かね》をたくさん貯《た》めなくてはならないです。

二人が計画しているのは何ですか。

1　イタリアへ旅行《りょこう》する

2　大学《だいがく》に行くために貯金《ちょきん》する

3　事業《じぎょう》を一緒《いっしょ》に始《はじ》める

4　外国《がいこく》で勉強《べんきょう》する

4番

道路《どうろ》で男《おとこ》の人《ひと》と女《おんな》の人《ひと》が話しています。女《おんな》の人《ひと》は自分たちがどうすべきだと提案《ていあん》していますか。

男：サチコ、この通《とお》り、知《し》っている？

女：私も初《はじ》めて行くところだから知らないわよ。

男：道《みち》に迷《まよ》ったみたいだな。この通《とお》りがどこだか分《わ》からないよ。

女：そうね。たぶん、さっきの信号《しんごう》のところで右《みぎ》へ曲《ま》がればよかったのよ。

男：そうなのかな？

女：地図《ちず》を持《も》ってきたらよかったのに。

男：僕《ぼく》は左《ひだり》へ曲《ま》がるべきだったと思うんだけど。その交差点《こうさてん》まで戻《もど》ろうか。

女：まず近《ちか》くの店《みせ》に寄《よ》って、地図《ちず》を買《か》いましょうよ。

男：そうしたほうがよさそうね。

女《おんな》の人《ひと》は自分たちがどうすべきだと提案していますか。

1　直前《ちょくぜん》の交差点《こうさてん》まで戻《もど》る

2　地図《ちず》を店《みせ》で買《か》う

3　次《つぎ》の信号まで行く

4　誰かに助《たす》けを求《もと》める

5番

友《とも》だち二人が話しています。女《おんな》の人《ひと》は何を勉強《べんきょう》したいと言っていますか。

男：大学《だいがく》で何を勉強《べんきょう》するつもりなの？

女：ずっと美術《びじゅつ》を勉強《べんきょう》したかったんだけど。

男：美術《びじゅつ》？

女：うん。でも、両親《りょうしん》の考《かんが》えでは、経済学《けいざいがく》やマーケティングのようなことを勉強《べんきょう》するべきだって。

男：それはどうして？

女：ビジネスに関連《かんれん》する科目《かもく》を勉強《べんきょう》した方《ほう》が、仕事《しごと》を見《み》つけやすくなるって考えてるのよ。

男：それもそうだよ。最近不景気《さいきんふけいき》だから、後《あと》のことを考えないとだめだよ。

女：でも、私は自分の本来《ほんらい》の計画《けいかく》にこだわるつもりなの。

男：将来《しょうらい》のことも考《かんが》えればいいのに。
女：将来《しょうらい》のことを考《かんが》えればこそなのよ。

女《おんな》の人《ひと》は何を勉強《べんきょう》したいと言っていますか。
1　ビジネス
2　美術《びじゅつ》
3　経済学《けいざいがく》
4　マーケティング

問題2

1番

友《とも》だち二人《ふたり》が話しています。二人《ふたり》はどうして6時に会《あ》えませんでしたか。
女：一郎、そこにいたのね。こんなところで何をしているの？
男：君《きみ》を待《ま》ってたんだよ。このテーブルに30分も座《すわ》ってたんだよ。
女：でも、コーヒーショップの前《まえ》で6時に会うことになってなかった？
男：そうだっけ？6時にコーヒーショップの中で会うことになってたと思ったけど。
女：あなたが決《き》めたのよ。先週《せんしゅう》の電話《でんわ》で。
男：そう？全然覚《ぜんぜんおぼ》えてないな。最近《さいきん》、誰《だれ》かと約《やく》束《そく》してもすぐ忘《わす》れてしまうよ。
女：でも、他《ほか》のところに行かなくてよかった。これからは約束《やくそく》するときはメモとかしなさいよ。
男：そうしたほうがいいかもね。とにかく会ってよかった。

二人はどうして6時に会えませんでしたか。
1　男《おとこ》の人《ひと》が30分遅《おく》れた
2　女《おんな》の人《ひと》が30分遅《おく》れた
3　二人は違《ちが》う場所《ばしょ》で待っていた
4　二人は会う約束《やくそく》を変更《へんこう》した

2番

女《おんな》の人《ひと》と男《おとこ》の人《ひと》が話しています。男《おとこ》の人《ひと》は自分のフライトについてどう感《かん》じましたか。
女：あら、山田さん。ようやく現《あらわ》れたわね。どうしたの？
男：飛行機《ひこうき》がオーバーブッキングでね。
女：そう？それでどうだった？
男：次《つぎ》の便《びん》にしなくてはならなかったんだ。
女：それは気《き》の毒《どく》ねえ。とても困《こま》ったでしょうね。
男：それがそうでもなかったんだよ。ファースト・クラスの席《せき》を代《か》わりに用意《ようい》してくれたからね。
女：うわ、そんなこともあるんだ。
男：とても快適《かいてき》な空《そら》の旅《たび》だったよ。
女：私にもそのようなチャンスがあるかな。

男《おとこ》の人《ひと》は自分のフライトについてどう感《かん》じましたか。
1　遅《おく》れたことに困っていた
2　よい席に喜《よろこ》んだ
3　悪《わる》いサービスに腹《はら》を立《た》てた
4　時間《じかん》どおりで着《つ》いて喜《よろこ》んだ

3番

男《おとこ》の人《ひと》と女《おんな》の人《ひと》が話しています。男《おとこ》の人《ひと》はどうして娘《むすめ》の名前《なまえ》を「エマ」にしましたか。
女：「エマ」…、いい名前《なまえ》だね。
男：お祖父《じい》さんが作《つく》ってくれたの。
女：何か特別《とくべつ》な意味《いみ》でもある？
男：ああ、実《じつ》はね。「エマ」は古《ふる》くからドイツにある名前《なまえ》で「宇宙《うちゅう》」という意味《いみ》があるらしいよ。
女：そうなの？初耳《はつみみ》だわ。
男：僕《ぼく》もお祖父さんから聞《き》いたよ。
女：あなたの家計《かけい》がドイツ係《けい》だったなんて。
男：そうじゃないよ。その名前《なまえ》にしたのはロマンチックな響《ひび》きがあるからだよ。

女：あっ、そう？私は広大《こうだい》な夢《ゆめ》とか、将来《しょうらい》の夢《ゆめ》とかが入《はい》っているんじゃないかって思ったんだ。

男：そこまでは考《かんが》えなかったんだけどね。

男《おとこ》の人《ひと》はどうして娘《むすめ》の名前《なまえ》を「エマ」にしましたか。

1　幸運《こううん》をもたらす名前《なまえ》だから
2　「宇宙《うちゅう》」という意味《いみ》だから
3　ロマンチックな響《ひび》きがあるから
4　将来《しょうらい》のことを考《かんが》えたから

4番

友《とも》だち二人が話しています。男《おとこ》の人《ひと》はどうして腹《はら》を立《た》てていますか。

女：岡本さん、どうしたの？

男：二度《にど》とバスになんか乗《の》るもんか。

女：また遅《おく》れたの？

男：まあ、それには慣《な》れているけど、停車《ていしゃ》と発車《はっしゃ》がさ。

女：急停車《きゅうていしゃ》とかあったでしょう？私もそういう経験《けいけん》はたくさんあるのよ。

男：今《いま》も胃《い》がムカムカするんだ。

女：まあ、それは気《き》の毒《どく》だね。

男：明日《あした》からは電車《でんしゃ》に乗《の》るつもりなんだ。

女：そうね。でも少《すく》なくともバスほどは込《こ》んでないわよね。

男《おとこ》の人《ひと》はどうして腹《はら》を立《た》てていますか。

1　バスが来なかったから
2　バスが遅れてきたから
3　バスが彼に吐《は》き気《け》を催《もよお》させたから
4　バスが混雑《こんざつ》しすぎたから

5番

女《おんな》の人《ひと》が友《とも》だちについて話しています。友《とも》だちはドイツでの仕事《しごと》のために何をしていますか。

女：サチコは、新《あたら》しい仕事《しごと》に来年《らいねん》ドイツで就《つ》く計画《けいかく》です。彼女は国際的《こくさいてき》な貿易組織《ぼうえきそしき》で働《はたら》く予定《よてい》です。彼女の仕事《しごと》には、貿易展示会《ぼうえきてんじかい》をドイツの実業家《じつぎょうか》と企画《きかく》することも含《ふく》まれています。というわけで、彼らとコミュニケーションを図《はか》るために、ドイツ語の勉強《べんきょう》をとても熱心《ねっしん》に続《つづ》けています。ドイツ語が難《むずか》しいことは分《わ》かっていますが、新しい仕事《しごと》はやりがいがありそうだと楽《たの》しみにしています。

友《とも》だちはドイツでの仕事《しごと》のために何をしていますか。

1　ドイツ語を勉強《べんきょう》している
2　貿易展示会《ぼうえきてんじかい》を企画《きかく》している
3　実業家《じつぎょうか》と貿易《ぼうえき》をしている
4　国際機関《こくさいきかん》で働いている

6番

女《おんな》の人《ひと》がある化粧品《けしょうひん》について話しています。レッドローズ・スキンクリームをどのくらい使《つか》えばいいですか。

女：肌《はだ》が乾《かわ》いていると感《かん》じますか。顔《かお》のしわが気《き》になりますか。それならレッドローズ・スキンクリームをどうぞ。世界中《せかいじゅう》の女性《じょせい》に愛用《あいよう》されています。少量《しょうりょう》を、朝《あさ》に１回《かい》と寝《ね》る前《まえ》に１回《かい》お使いください。そうすれば違《ちが》いがたった１週間《しゅうかん》で分かります。肌《はだ》は柔《やわ》らかく、なめらかになります。ぜひレッドローズ・スキンクリームをお使いください。そうすればあなたも映画《えいが》スターのようなお顔立《かおだ》ちになります。

レッドローズ・スキンクリームをどのくらい使えばいいですか。

1　１日に２回《かい》
2　１週間《しゅうかん》に２回《かい》
3　朝《あさ》だけ
4　寝《ね》る前《まえ》だけ

問題3

1番

男《おとこ》の人《ひと》がボードゲームの一つについて話しています。

男：チェスというゲームは、世界《せかい》で最《もっと》も古《ふる》いボードゲームの一つです。あらゆるチェスの形式《けいしき》は、中国将棋《ちゅうごくしょうぎ》や日本《にほん》の将棋《しょうぎ》も含《ふく》め、その紀元《きげん》はインドで紀元《きげん》6世紀《せいき》ごろに行《おこな》われていたゲームにあるようです。10世紀《せいき》には、チェスはアジアから中東《ちゅうとう》、そしてヨーロッパに広《ひろ》まっていました。今日《こんにち》チェスはどんなところでも、それはインターネット上《じょう》でさえも人気《にんき》があります。

男《おとこ》の人《ひと》は何について話していますか。

1　チェスのやり方
2　世界《せかい》のチェス
3　中国《ちゅうごく》のチェスの由来《ゆらい》
4　チェスの紀元《きげん》

2番

女《おんな》の人《ひと》がケンという人について話しています。

女：ケンの母《はは》は日本人《にほんじん》で、彼の父《ちち》はアメリカ人です。ケンは日本で育《そだ》ったが、昨年《さくねん》の夏休《なつやす》みにアメリカの祖父母《そふぼ》を初《はじ》めて訪《たず》ねました。彼は祖父母《そふぼ》と話《はな》すのに苦労《くろう》しました。帰国《きこく》して彼が英語《えいご》のレッスンを受《う》け始《はじ》めたのは、アメリカの親戚《しんせき》との会話《かいわ》がもっとたやすくできるようにと考《かんが》えたためです。今《いま》、彼はレッスンを週《しゅう》2回《かい》受けて一生懸命《いっしょうけんめい》勉強《べんきょう》しています。

どんな話ですか。

1　ケンのアメリカ訪問《ほうもん》の目的《もくてき》
2　ケンの日本訪問《ほうもん》の目的《もくてき》
3　ケンの日本語《にほんご》の勉強《べんきょう》の目的《もくてき》
4　ケンの英語《えいご》の勉強《べんきょう》の目的《もくてき》

3番

男《おとこ》の人《ひと》と女《おんな》の人《ひと》が話しています。

女：すみません、お巡《めぐ》りさん。
男：こんにちは。どうかしましたか。
女：この財布《さいふ》を学校《がっこう》の近《ちか》くの道路《どうろ》で拾《ひろ》ったんです。
男：ありがとうございます。よく届《とど》けてくれましたね。
女：それじゃ、帰《かえ》ってもよろしいですか。
男：その前《まえ》に、この書類《しょるい》に記入《きにゅう》してください。
女：何を書《か》くんですか。
男：お名前《なまえ》と連絡先《れんらくさき》を書《か》くだけでいいんです。お願《ねが》いします。

女《おんな》の人《ひと》は何をしていますか。

1　財布《さいふ》を警察《けいさつ》に届《とど》けている
2　なくした財布《さいふ》について話している
3　事故《じこ》を警察《けいさつ》に知《し》らせている
4　警察《けいさつ》に謝《あやま》っている

4番

男《おとこ》の人《ひと》と女《おんな》の人《ひと》が話しています。

女：チップをいくら置《お》いて行く？
男：なくていいと思うよ。彼はとても愛想《あいそ》がなかったと思わない？
女：そうね。それに仕事中《しごとちゅう》に電話《でんわ》もしてたわ。
男：仕事中《しごとちゅう》に？それは信《しん》じられないな。
女：それからどのくらいかかって私にフォークを持《も》ってきたのかしら。
男：ああ、しばらくかかったよね。でも注文《ちゅうもん》を取《と》り違《ちが》えるようなことはなかったよ。
女：それは当然《とうぜん》なことでしょう。とにかく二度《にど》と来たくないところだわ。
男：多分《たぶん》、従業員《じゅうぎょういん》のマナー教育《きょういく》がちゃんとなっていないみたいよね。

二人の話のテーマは何ですか。

1　ホテルの施設《しせつ》

2　従業員《じゅうぎょういん》のサービス
3　仕事《しごと》のやり方《かた》
4　電話《でんわ》の接客《せっきゃく》

5番

男《おとこ》の人《ひと》がアメリカ大学《だいがく》での経験《けいけん》について話しています。

男：私がアメリカ大学《だいがく》で勉強《べんきょう》を始《はじ》めたときに驚《おどろ》いたのは、毎晩《まいばん》しなければならない宿題《しゅくだい》の量《りょう》です。その中で、英語《えいご》の読書課題《どくしょかだい》が一番《いちばん》大変《たいへん》でした。長時間《ちょうじかん》を読書に要《よう》したのは、多《おお》くの単語《たんご》を辞書《じしょ》で引《ひ》かなくてはならなかったからです。たいてい真夜中《まよなか》すぎまでは眠《ねむ》れませんでした。

男《おとこ》の人《ひと》の話のテーマは何ですか。

1　アメリカ大学《だいがく》に入学《にゅうがく》する方法《ほうほう》
2　アメリカ大学《だいがく》での勉強《べんきょう》の大変《たいへん》さ
3　英語《えいご》の単語《たんご》の難《むずか》しさ
4　英語《えいご》の単語《たんご》の覚《おぼ》え方《かた》

問題4

1番

男：いつ来ましたか。
女：1　あさってです。
　　2　ゆうべです。
　　3　来週《らいしゅう》です。

2番

女：何をしているんですか。
男：1　そうなんです。
　　2　昨日《きのう》は、病気《びょうき》でした。
　　3　掃除《そうじ》しています。

3番

男：やっと風邪《かぜ》が治《なお》りました。
女：1　薬《くすり》を飲《の》んでくださいね。
　　2　それはよかったですね。
　　3　早《はや》くよくなるといいですね。

4番

女：朝《あさ》ごはんは食《た》べましたか。
男：1　いいえ、食べないで来ました。
　　2　いいえ、食べたあとで来ました。
　　3　ええ、食べたくないです。

5番

男：いつもお世話《せわ》になっております。
女：1　はい、ご苦労様《くろうさま》でした。
　　2　いいえ、こちらこそ。
　　3　ええ、お久《ひさ》しぶりですね。

6番

女：早《はや》く帰《かえ》ってきなさいよ。
男：1　わかってる。行ってきます。
　　2　わかってる。ただいま。
　　3　わかってる。ごめんください。

7番

男：こんな風景《ふうけい》、初《はじ》めて見た！
女：1　ここでは、そんなに難《むずか》しくないよ。
　　2　ここでは、そんなに美《うつく》しくないよ。
　　3　ここでは、そんなに珍《めずら》しくないよ。

8番

女：きみ、自分《じぶん》で会社《かいしゃ》を作《つく》ったんだって？
男：1　会社《かいしゃ》と言ったら、大《たい》したものですよ。
　　2　会社《かいしゃ》と言っても、大《たい》したものじゃないですよ。

3　会社《かいしゃ》と言うほど、小《ちい》さいんですけどね。

9番

男：お住《す》まいはどちらですか。
女：1　家《いえ》は東京《とうきょう》です。
　　2　中国《ちゅうごく》から来ました。
　　3　貿易関係《ぼうえきかんけい》の会社《かいしゃ》です。

10番

女：うーん、あれを買おうか買《か》うまいか…。
男：1　何を迷《まよ》ってるの？
　　2　何を拝《おが》んでるの？
　　3　何を配《くば》ってるの？

11番

男：これ、よろしければ、お持《も》ち帰《かえ》りください。
女：1　ええ、遠慮《えんりょ》なさらずに。
　　2　じゃあ、お構《かま》いなく。
　　3　では、お言葉《ことば》に甘《あま》えて。

12番

女：こんなことなら、もっと早《はや》く勉強《べんきょう》するんだった。
男：1　今《いま》からでも遅《おそ》くないよ！
　　2　へえ、そんなに頑張《がんば》ってるんだ！
　　3　よくやったよね。すごい！

問題5

1番

電話《でんわ》で、店《みせ》の人と女《おんな》の人《ひと》が話しています。

男：お電話《でんわ》ありがとうございます。レストラン「花」です。
女：あの、今日《きょう》7時に予約《よやく》をしていた佐藤ですが…。
男：はい、佐藤様ですね。4名様《めいさま》でご予約の…。
女：そうです。すみません、二人増《ふ》えそうなんですが、大丈夫《だいじょうぶ》ですか。
男：えーと、6名様《めいさま》ですと…、申《もう》し訳《わけ》ありません。もうお席《せき》がありません。6時からならございますが。
女：そうですか…。じゃ、6時でお願《ねが》いします。でも、そちらへ行く前に予定があるから、少《すこ》し遅《おく》れるかもしれません。
男：では、もし、15分以上《いじょう》遅《おそ》くなるようでしたら、電話《でんわ》をしていただけますか。
女：わかりました。遅《おそ》れても5分くらいだと思うので、急《いそ》いで行きますね。
男：はい、お待《ま》ちしております。

予約《よやく》の時間に遅《おく》れるとき、どうしますか。

1　少しでも遅れる場合《ばあい》は、連絡《れんらく》しなければならない
2　遅れると予約が消《け》されるので、もう一度予《よ》約《やく》する
3　5分くらい遅《おそ》れる場合《ばあい》は、連絡《れんらく》しなくてもいい
4　15分くらい遅《おそ》れる場合《ばあい》は、直接《ちょくせつ》お店に行く

2番

男《おとこ》の人《ひと》と女《おんな》の人《ひと》が話しています。

男：いたたた…。
女：あれ、鈴木さん、どうしたんですか。
男：昨日《きのう》、久《ひさ》しぶりに友《とも》だちとテニスをしたんです。とても楽《たの》しくて、6時間もしました。
女：えー！ 6時間も？
男：ええ。でも、今朝《けさ》起《お》きたら、体《からだ》が痛《いた》くて…。
女：いつもは、あまり運動《うんどう》しないんですか。

男：そうですね。いつも車《くるま》に乗《の》りますから。

女：ああ、私も冬《ふゆ》はそうでした。でも、春《はる》になったので、最近《さいきん》はいつも自転車《じてんしゃ》に乗《の》っています。いい運動《うんどう》になるし、気持《きも》ちもいいし、いいことがたくさんありますよ。鈴木さんも、どうですか。

男：自転車《じてんしゃ》かあ。それもいいですね。

女《おんな》の人《ひと》は、春になって、何を始《はじ》めましたか。

1　早《はや》く起《お》きること
2　スポーツをすること
3　いろいろな所《ところ》へ出《で》かけること
4　自転車《じてんしゃ》に乗《の》ること

3番

母親《ははおや》と息子《むすこ》が、息子《むすこ》の家《いえ》で話しています。

女：おじゃましまーす。わ、いつ来ても汚《きたな》い部《へ》屋《や》ねえ。ごみぐらい、捨《す》てたら？

男：わかってるよ。明日《あした》まとめて掃除《そうじ》するつもりなんだ。

女：でも明日《あした》って、火曜日《かようび》でしょう？ちょうどごみの日《ひ》じゃない。ごみを出《だ》すの、金曜日《きんようび》まで待《ま》たないといけなくなるわよ。

男：あ、そうか。困《こま》ったな。

女：要《い》らない雑誌《ざっし》とか、瓶《びん》や缶《かん》も捨《す》てるんでしょう？先《さき》にそっちをまとめたら？

男：そうそう、先週《せんしゅう》うちでパーティーしたから、飲《の》み物《もの》の瓶《びん》や缶《かん》がたくさんあるんだよね。明日《あした》は、瓶《びん》や缶《かん》だけまとめようかな。雑誌《ざっし》はそんなにないから、まあいいや。

女：燃《も》えるごみは、どうするの。

男：うーん、全部一度《ぜんぶいちど》に片《かた》づけるのは大変《たいへん》だから、あとは週末《しゅうまつ》にするよ。

女：それで、来週《らいしゅう》捨てるのね。本当《ほんとう》にちゃんと掃除《そうじ》するのよ！

質問1　息子《むすこ》は、今週いつごみを出しますか。

1　火曜日《かようび》
2　水曜日《すいようび》
3　木曜日《もくようび》
4　金曜日《きんようび》

質問2　息子《むすこ》は、来週いつごみを出しますか。

1　火曜日《かようび》
2　水曜日《すいようび》
3　木曜日《もくようび》
4　金曜日《きんようび》

N2 모의고사 3회 스크립트

問題1

1番

店《みせ》の人とお客《きゃく》さんが話しています。男《おとこ》の人《ひと》はこれからどうしますか。

女：はい。ローマレストランです。

男：あのう、夕食《ゆうしょく》の予約《よやく》をしたいんですが。

女：はい、かしこまりました。お客様《きゃくさま》、何名様《なんめいさま》ですか。

男：全部《ぜんぶ》で３人です。今夜《こんや》６時にお願《ねが》いしたいんですが。

女：６時ですね。申《もう》し訳《わけ》ございませんが、６時の予約《よやく》はすべて埋《う》まっております。８時でしたら、お席《せき》をご用意《ようい》できますが。

男：８時ですか。ふーむ、ちょっと遅《おそ》すぎるな。明日《あした》はどうですか。

女：明日《あした》も６時は無理《むり》です。申《もう》し訳《わけ》ございません。

男：そうですか。他《ほか》の店《みせ》をあたってみます。

男《おとこ》の人《ひと》はこれからどうしますか。

1　他《ほか》のレストランに電話《でんわ》する
2　明日《あした》この店に来る
3　夕食《ゆうしょく》をこのレストランで８時に食べる
4　テーブルの予約《よやく》を別《べつ》の日《ひ》にする

2番

友《とも》だち二人《ふたり》が話しています。二人は土曜日《どようび》に何をしますか。

女：ねえ、鈴木さん、知《し》ってた？

男：何？

女：新《あたら》しいイタリアンレストランがミナトミライビーチの近《ちか》くに開店《かいてん》したって。土曜日《どようび》に行かない？

男：いいとも。その日《ひ》は何もないよ。

女：よかった。

男：どうやって行けばいいの？

女：電車《でんしゃ》で行きましょうよ。レストランのすぐ近くで下車《げしゃ》できるわ。

男：電車《でんしゃ》じゃなくて車《くるま》で行こうよ。海岸沿《かいがんぞ》いの景色《けしき》は実《じつ》に素晴《すば》らしいと聞《き》いたよ。

女：週末《しゅうまつ》だから道路《どうろ》が込《こ》まないかしら。

男：ちょっと早《はや》めに出発《しゅっぱつ》したらいいでしょう。

女：午前中《ごぜんちゅう》にね。

男：家《いえ》まで迎《むか》えに行くから。

女：ありがとう。

二人は土曜日《どようび》に何をしますか。

1　電車《でんしゃ》でビーチまで行く

2　午前中《ごぜんちゅう》にレストランへ車《くるま》で行く

3　イタリア料理《りょうり》を一緒《いっしょ》に作《つく》る

4　夜遅《よるおそ》くビーチまで行く

3番

男《おとこ》の人《ひと》がある歌手《かしゅ》のコンサートのチケットについて話しています。次郎さんはどうやってコンサートのチケットを入手《にゅうしゅ》したいと思っていますか。

男：次郎さんのお気《き》に入《い》りのバンドはイレブンです。イレブンの全《ぜん》CD、ポスターを3枚《まい》、そしてそのバンドについての本《ほん》を1冊《さつ》持《も》っています。彼はホームページまで作《つく》って、他《ほか》のファンとイレブンについて話をします。来月《らいげつ》、イレブンはコンサートを次郎さんの住《す》んでいる町《まち》で行《おこな》うことになっていますが、次郎さんはチケットを入手《にゅうしゅ》できませんでした。そこで次郎さんは、チケットを自分《じぶん》が聞《き》いているラジオのクイズ番組《ばんぐみ》で入手《にゅうしゅ》したいと思っています。

次郎さんはどうやってコンサートのチケットを入手《にゅうしゅ》したいと思っていますか。

1　ラジオのコンサートに応募《おうぼ》して

2　バンドのホームページを見《み》て

3　何枚かCDを売《う》って

4　友《とも》だちに頼《たの》んで

4番

お客《きゃく》さんと店員《てんいん》が話しています。話の後《あと》、お客さんは何階《なんがい》に行きますか。

女：こんにちは、ちょっと伺《うかが》います。

男：はい、お客様《きゃくさま》。何でしょうか。

女：紳士用品売《しんしようひんう》り場《ば》を探《さが》しているんですが。

男：かしこまりました。今《いま》こちらは2階です。

女：あ、はい。

男：紳士用《しんしよう》シャツは4階で、紳士用《しんしよう》スーツは5階となっております。

女：いや、すいません。靴《くつ》を探していまして。

男：そうですか。

女：はい。男性用《だんせいよう》です。

男：ドレスシューズは6階で、スポーツシューズは7階でございます。

女：ありがとうございます。

話の後、お客さんは何階に行きますか。

1　4階

2　5階

3　6階

4　7階

5番

会社《かいしゃ》で男《おとこ》の人《ひと》と女《おんな》の人《ひと》が話しています。女《おんな》の人《ひと》は、これからどれを注文《ちゅうもん》しますか。

女：タンさん、コピー用紙《ようし》、どこにありますか。

男：あれ、そこにない？…あ、もうなくなったんだ。悪《わる》いけど、注文《ちゅうもん》しておいてくれる？

女：わかりました。えっと、コピー用紙《ようし》は、500枚《まい》で１セットですね。何セットいりますか。

男：そうだな。３セットくらいかな。あ、でも ５セットのほうが安《やす》いのか。

女：ええ。でも、10セット買《か》うと、もっと安《やす》くなりますから、これにしませんか。どうせ使《つか》うし、たくさん買《か》っておいたほうがいいと思いますよ。

男：うーん。安いほうがいいけど、たくさんあっても置《お》く場所《ばしょ》がないし…。やっぱり３セットにしておいて。

女：え、でも、それだと全然《ぜんぜん》安くなりませんよ。

男：いいの、いいの。安くなると言っても、数《すう》百円《ひゅくえん》でしょ。それでお願《ねが》いね。

女：わかりました。じゃあ、そうします。

女《おんな》の人《ひと》は、これからどれを注文しますか。

1　500枚１セット
2　500枚３セット
3　500枚５セット
4　500枚10セット

問題2

1番

友《とも》だち二人が話しています。男《おとこ》の人《ひと》はどうやってドイツ旅行《りょこう》に成功《せいこう》しましたか。

女：野村さん、お久《ひさ》しぶり。

男：うん、サチコ。久《ひさ》しぶりだね。

女：それで、野村さん。どうやってドイツでうまくあちこち動《うご》き回《まわ》ることができたの？

男：そうだなあ。ドイツ語《ご》の集中講座《しゅうちゅうこうざ》を数週《すうしゅう》間《かん》、行く前に受《う》けたの。

女：へえ！難《むずか》しくなかった？

男：うん、ちょっと大変《たいへん》だったけど、やっぱり自分が必要《ひつよう》でやったもんだから、気持《きも》ちよく勉強《べんきょう》したんだ。

女：じゃあ通訳《つうやく》とか誰も雇《やと》わなかったのね。

男：ああ、頼《たよ》りにしたのは勉強《べんきょう》したことと、僕《ぼく》の大切《たいせつ》な会話集《かいわしゅう》の本《ほん》だけだったよ。

女：それにしてもすごいわよね。

男《おとこ》の人《ひと》はどうやってドイツ旅行《りょこう》に成功《せいこう》しましたか。

1　ドイツ語《ご》の勉強《べんきょう》を行く前にすることによって
2　辞書《じしょ》を持っていくことによって
3　通訳《つうやく》を雇《やと》うことによって
4　親切《しんせつ》なドイツ人によって

2番

男《おとこ》の人《ひと》と女《おんな》の人《ひと》が話しています。女《おんな》の人《ひと》は、どうしてメガネを持《も》っていますか。

男：ジャンさんは、目《め》が悪《わる》いんですか。

女：いいえ。そんなに悪《わる》くないですよ。

男：え、じゃあ、そのメガネは…。

女：ああ、これは、パソコンを使《つか》うときに、かけるメガネです。

男：そんなメガネがあるんですか。

女：ええ。このメガネをかけると、目《め》が疲《つか》れにくいんですよ。私は、会社《かいしゃ》でずっとパソコンを使っていますから、気《き》を付《つ》けているんです。

男：へえ。それ、いいですね。僕《ぼく》も目《め》は悪《わる》くないけど、最近《さいきん》、目《め》が疲《つか》れているから、買《か》おうかな。

女：え？でも、隅田さんは、会社《かいしゃ》であまりパソコンを使いませんよね。

男：僕《ぼく》は、うちのパソコンでゲームをするとき、使いたいんです。

女《おんな》の人《ひと》は、どうしてメガネを持っていますか。

1 目《め》が悪《わる》いから

2 ときどきパソコンを使うから

3 パソコンで目《め》が疲《つか》れるから

4 パソコンでゲームをするから

3番

留学生《りゅうがくせい》の女《おんな》の人《ひと》と男《おとこ》の人《ひと》が話しています。男《おとこ》の人《ひと》は、どんなときカードを使《つか》いますか。

女：日本人《にほんじん》は、買《か》い物《もの》をするとき、あまりカードを使《つか》いませんね。

男：うーん、前《まえ》より多《おお》くなったと思いますが…。

女：私は、ジュース一本でも、カードで払《はら》います。財布《さいふ》がいらないから、便利《べんり》ですよ。

男：そうですか。日本でも、最近《さいきん》は、ポイントをもらうために、カードで払う人が増《ふ》えています。

女：阿部さんは？

男：僕《ぼく》は、インターネットで買《か》い物するときや、値段《ねだん》が高《たか》いものを買《か》うときは、カードで払います。でも、いつもは、やっぱり現金《げんきん》を使《つか》いますね。カードで払うと、いくら使《つか》ったかわからなくて、少《すこ》し心配《しんぱい》なんです。

女：そうですか。便利《べんり》なのに。

男《おとこ》の人《ひと》は、どんなときカードを使《つか》いますか。

1 ポイントがほしいとき

2 インターネットで買《か》い物するとき

3 値段《ねだん》が安《やす》いものを買《か》うとき

4 現金《げんきん》を使《つか》いたくないとき

4番

女《おんな》の人《ひと》と男《おとこ》の人《ひと》が部屋《へや》の雑誌《ざっし》を見《み》ながら話しています。男《おとこ》の人《ひと》は、どうして家賃《やちん》が高《たか》いと思いましたか。

女：あ、この部屋《へや》いいな！

男：どれ？駅《えき》から歩《ある》いて10分？うん、部屋《へや》も広《ひろ》いし、便利《べんり》でいいじゃない。

女：駅《えき》から近《ちか》いのもいいけど、これ見て！

男：あ、「ペットと住《す》めます」か。

女：そう！ 私、犬《いぬ》がほしいんだよね。

男：ああ、だから家賃《やちん》がちょっと高《たか》いんだ。駅《えき》から近《ちか》いから高いのかと思ったよ。

女：この近《ちか》くは、ペットと住《す》めるアパートがすくないから、人気《にんき》があるんだよね。

男：あ、でも、これ見て。この部屋《へや》、一階《いっかい》だよ。

女：え？本当《ほんとう》？いい部屋《へや》だけど、一階《いっかい》はいやだなあ。

男《おとこ》の人《ひと》は、どうして家賃《やちん》が高《たか》いと思いましたか。

1 駅《えき》から近《ちか》いから

2 部屋《へや》が広いから

3 一階《いっかい》にあるから

4 近くにアパートがすくないから

5番

女《おんな》の人《ひと》が掃除《そうじ》について話しています。「お掃除《そうじ》ブルー派《は》」とは何ですか。

女：先週《せんしゅう》、家事《かじ》に対《たい》する意識調査《いしきちょうさ》を行《おこな》いました。これは、そのうちの掃除《そうじ》についての調《ちょう》査《さ》結果《けっか》を図《ず》にしたものです。この調査《ちょうさ》では、掃除《そうじ》に対する「義務感《ぎむかん》」と、「ストレス」を感《かん》じているかどうかで、全体《ぜんたい》を４つに分《わ》けています。最《もっと》も多《おお》いのは「お掃除《そうじ》ブルー派」、つまり両方《りょうほう》とも「あり」と回答《かいとう》し、毎日《まいにち》の掃除《そうじ》を憂鬱《ゆううつ》に感《かん》じているという人たちで、41.5%もいました。毎日《まいにち》の掃除《そうじ》に頭《あたま》を悩《なや》ませている方《かた》は、意外《いがい》と多《おお》いんですね。私は、掃除《そうじ》に対して「やらなきゃいけない」という義務感《ぎむかん》や「やりたくないのに」というストレスは特《とく》に感《かん》じないタイプです。お客《きゃく》さんが来る予定《よてい》があって、きれいに掃除《そうじ》をしないといけないときは、家族《かぞく》みんなですることにしています。全部一人《ひとり》で完璧《かんぺき》にやろうとしないことが、掃除《そうじ》を楽《らく》にするコツだと思いますよ。

「お掃除《そうじ》ブルー派」とは何ですか。

1　掃除《そうじ》に「義務感《ぎむかん》」と「ストレス」を感《かん》じている人
2　掃除《そうじ》に「義務感《ぎむかん》」を感《かん》じている人
3　掃除《そうじ》に「ストレス」を感《かん》じている人
4　掃除《そうじ》に「義務感《ぎむかん》」と「ストレス」を感《かん》じない人

6番

男《おとこ》の人《ひと》がリチャードさんについて話しています。リチャードさんはどんな仕事《しごと》を日本《にほん》でしていますか。

男：リチャードさんは英語《えいご》を日本《にほん》で教《おし》えたかったので、イギリスの大学《だいがく》で外国人《がいこくじん》に対《たい》する英語教授法《えいごきょうじゅほう》の学位《がくい》を取得《しゅとく》しました。彼はまた日本語《にほんご》も大学《だいがく》で学《まな》びました。日本《にほん》に来てから、彼は良《よ》い職《しょく》をある日本《にほん》の大企業《だいきぎょう》で得《え》ることができました。今《いま》彼は、日本企業《にほんきぎょう》の幹部《かんぶ》を週《しゅう》５日教《おし》えています。

リチャードさんはどんな仕事《しごと》を日本《にほん》でしていますか。

1　日本語《にほんご》を外国人《がいこくじん》に教《おし》えている
2　ある日本企業《にほんきぎょう》の教師《きょうし》である
3　英語《えいご》をある大学《だいがく》で教《おし》えている
4　企業《きぎょう》の幹部《かんぶ》である

問題3

1番

女《おんな》の人《ひと》がある調査結果《ちょうさけっか》を発表《はっぴょう》しています。

女：みなさんは、よく映画館《えいがかん》で映画《えいが》を見《み》ますか。最近《さいきん》、日本《にほん》では、映画館《えいがかん》へ行く人が少なくなっているそうです。そこで、日本《にほん》で約《やく》1000人の人に、「１年に何回映画館《なんかいえいがかん》で映《えい》画《が》を見《み》ますか」と聞《き》きました。すると、１年に一回以下《いか》と答《こた》えた人が半分以上《はんぶんいじょう》いたんです。そこで、「どうして映画館《えいがかん》で映画《えいが》を見《み》ないのですか」と聞《き》きました。すると、一番多《いちばんおお》かったのは、「家《いえ》で見たほうがいいから」で、二番目《にばんめ》に多かったのは、「映画《えいが》の料金《りょうきん》が高《たか》いから」でした。他《ほか》にも、「近《ちか》くに映画館《えいがかん》がないから」、「見たい映画《えいが》がないから」という答《こた》えがありました。

どんな調査《ちょうさ》についての発表《はっぴょう》ですか。

1　日本人《にほんじん》が映画館《えいがかん》に行かない理由《りゆう》
2　日本《にほん》に映画館《えいがかん》が少ない理由《りゆう》
3　映画館《えいがかん》で映画《えいが》を見《み》る理由《りゆう》
4　日本人《にほんじん》が映画《えいが》を見《み》ない理由《りゆう》

2番

外国人《がいこくじん》の男《おとこ》の人《ひと》が話しています。

男：私はいま、日本《にほん》の大学《だいがく》に留学《りゅうがく》しています。2か月前《まえ》、イギリスから来ました。将来《しょうらい》は、日本《にほん》の学校《がっこう》で、子《こ》どもたちに英語《えいご》を教《おし》えたいと思っています。私は、高校生《こうこうせい》のとき、外国語《がいこくご》の授業《じゅぎょう》で、１年間《ねんかん》、日本語《にほんご》を勉《べん》強《きょう》しました。日本《にほん》の文化《ぶんか》に興味《きょうみ》があったので、日本語《にほんご》を選《えら》びました。日本語《にほんご》は、とても難《むずか》しかったです。でも、日本人《にほんじん》の先生がとても面白《おもしろ》い人で、授業《じゅぎょう》がとても楽《たの》しかったです。そのおかげで、日本《にほん》が好《す》きになりました。そして、私も将来《しょうらい》、その先生《せんせい》みたいに、楽《たの》しく外国語《がいこくご》を教《おし》えられる教師《きょうし》になりたいと思いました。いま、私は日本《にほん》にいるので、日本語《にほんご》が少《すこ》し上手《じょうず》になったと思います。将来《しょうらい》は、日本《にほん》で英語《えいご》を勉強《べんきょう》する子《こ》どもたちに、楽《たの》しく英語《えいご》を教《おし》えたいです。

男《おとこ》の人《ひと》について、話の内容《ないよう》と合っているのはどれですか。

1　日本語《にほんご》が好《す》きではない
2　日本《にほん》で英語《えいご》を教《おし》えている
3　日本《にほん》の文化《ぶんか》に興味《きょうみ》がある
4　イギリスに留学《りゅうがく》している

3番

会社《かいしゃ》の仲間《なかま》二人が話しています。

男：名刺《めいし》のデザインを変《か》えるんだけど、会社《かいしゃ》のロゴの位置《いち》はどこがいいと思う？

女：住所《じゅうしょ》の前《まえ》がいいんじゃない？

男：うーん、でも、それじゃあ目立《めだ》たないんじゃない？会社名《かいしゃめい》の前《まえ》はどう？真《ま》ん中《なか》にどんとロゴがあると落《お》ち着《つ》くよ。

女：えー、おしゃれじゃないわ。ロゴは控《ひか》えめに、住所《じゅうしょ》の前《まえ》にあるほうがいいわよ。

二人は何について話していますか。

1　ロゴの作《つく》り方《かた》
2　ロゴの位置《いち》
3　ロゴのデザイン
4　名刺《めいし》の渡《わた》し方《かた》

4番

女《おんな》の人《ひと》が話しています。

女：「備《そな》えあれば、憂《うれ》いなし」という言葉《ことば》を聞《き》いたことがありますか。いつも準備《じゅんび》をしておけば、急《きゅう》に問題《もんだい》が起《お》きても、心配《しんぱい》しなくてもいい、という意味《いみ》です。日本《にほん》は、地震《じしん》が多《おお》い国《くに》です。ですから、いつ地震《じしん》が起《お》きても困《こま》らないように、バッグに水《みず》や非常食《ひじょうしょく》と呼《よ》ばれる食《た》べ物《もの》を入《い》れて、ドアの近《ちか》くに置《お》いている家《いえ》がたくさんあります。地震《じしん》などでご飯《はん》がないときに食《しょく》べる非常食《ひじょうしょく》は、昔《むかし》は、おいしくないものが多《おお》かったですが、最近《さいきん》は、おいしいものが多《おお》くなりました。特別《とくべつ》な技術《ぎじゅつ》で作《つく》られた非常食《ひじょうしょく》なら、５年後《ねんご》に食《た》べても、大丈夫《だいじょうぶ》です。地震《じしん》などで困《こま》っているとき、一番必要《いちばんひつよう》なのは、おいしい食《た》べ物《もの》なのかもしれませんね。

非常食《ひじょうしょく》について、話の内容《ないよう》と合《あ》っているのは、どれですか。

1　最近《さいきん》は、おいしくないものが多《おお》い
2　５年後《ねんご》でも食《しょく》べられるものがある
3　困っているときに食《しょく》べると、安心《あんしん》する
4　水を入れて、食《た》べる

5番

男《おとこ》の人《ひと》が話しています。

男：私はいま、日本《にほん》の大学《だいがく》で勉強《べんきょう》しています。毎日《まいにち》、とても楽《たの》しいです。でも、最近《さいきん》、困《こま》っていることがあります。それは、くだものの値段《ねだん》が高《たか》いことです。私はくだものが大好《だいす》きです。国《くに》で、毎日《まいにち》食べていました。でも、日本《にほん》では高くて、たくさん買《か》うことができません。毎日《まいにち》食べたいので、どこか安《やす》い店《みせ》がないか、探《さが》しています。

男《おとこ》の人《ひと》は、何について話していますか。

1　こまっていること
2　楽《たの》しいこと
3　好《す》きなくだもの
4　くだものが安《やす》い店《みせ》

問題4

1番

男：この靴《くつ》、もうだめかな。

女：1　うん、もうさくさくだね。

2　うん、もうごろごろだね。

3　うん、もうぼろぼろだね。

2番

女：最近《さいきん》、息子《むすこ》が全然《ぜんぜん》言うことを聞《き》かなくて。

男：1　きっと、彼《かれ》なりの考《かんが》えがあるのよ。

　　2　きっと、彼《かれ》すらの考《かんが》えがあるのよ。

　　3　きっと、彼《かれ》ぶりの考《かんが》えがあるのよ。

3番

男：お母《かあ》さん。今日《きょう》、数学《すうがく》のテストが戻《もど》ってきたけどとてもうまくいったよ。

女：1　学校《がっこう》の前《まえ》に。

　　2　私は準備《じゅんび》ができているわ。

　　3　それはすごいわ。

4番

女：昨日《きのう》から、熱《ねつ》があって…。

男：1　え！帰《かえ》ろうとするんだよ。

　　2　え！帰《かえ》ってはいけないよ。

　　3　え！帰《かえ》ったほうがいいんじゃない？

5番

男：杉本さんから、連絡《れんらく》あった？

女：1　いいえ、もうありませんでした。

　　2　いいえ、まだありません。

　　3　いいえ、またあるそうです。

6番

女：君《きみ》ほど仕事《しごと》の早《はや》い人はいないよ。

男：1　恐《おそ》れ入《い》ります。

　　2　すみません、もっと頑張《がんば》ります。

　　3　次《つぎ》は気《き》を付《つ》けます。

7番

男：仕事《しごと》は忙《いそが》しいですか。

女：1　いいえ、あまり忙《いそが》しくないです。

　　2　はい、そうかも。

　　3　ええ、仕事《しごと》です。

8番

女：映画《えいが》が好《す》きですか。

男：1　ええ、よく見ます。

　　2　はい、ぜんぜんです。

　　3　いいえ、おもしろいです。

9番

男：その本《ほん》を見《み》せてください。

女：1　はい、こちらですね。

　　2　ああ、見《み》せたいですか。

　　3　いいえ、わたしのです。

10番

女：この通《とお》りは、にぎやかですね。

男：1　にぎやかというより、静《しず》かですよ。

　　2　にぎやかというより、うるさいですよ。

　　3　にぎやかというより、うれしいですよ。

11番

男：今日《きょう》、ご飯《はん》でもどう？

女：1　へえ、そうですか。

　　2　今日《きょう》は用事《ようじ》があって…。

　　3　調子《ちょうし》がいいですよ。

12番

女：オウさんは、どう思いますか。

男：1　私にとって、賛成《さんせい》です。

　　2　私に対《たい》して、賛成《さんせい》です。

　　3　私としては、賛成《さんせい》です。

問題5

1番

会社《かいしゃ》で部下《ぶか》と上司《じょうし》が話しています。

男：あ、課長《かちょう》。高山さんの名刺《めいし》をデザインしてみたんですが、見ていただけますか。

女：いいよ。どれどれ…。あ、中村君！ 高山さんの名前《なまえ》、間違《まちが》ってる。「ゆき」じゃなくて「ゆうき」でしょう？

男：あ、すみません。女性《じょせい》だから、てっきり「ゆき」だと思っていました。「ゆうき」ですね。すぐに作《つく》り直《なお》します。

女：高山さんも、名前《なまえ》だけだと、よく男性《だんせい》に間違えられるって言ってた。

男：そうですか…。

女：ね、思い切って、このイラスト、花にしない？名前《なまえ》が男性《だんせい》っぽいから、イラストで女《じょ》性《せい》だということをしっかりアピールしておくのは、どうかしら？

男：確《たし》かに、そうすれば、名刺《めいし》をもらった人があとで見ても思《おも》い出《だ》しやすいですね。ただ、車《くるま》の会社《かいしゃ》なのに、どうして花なのか、とは思われませんか。

女：そういうのを話のきっかけにして、お客《きゃく》さんと仲良《なかよ》くなればいいのよ。

男：なるほど。さすが課長《かちょう》。早速《さっそく》作り直してきます。

男《おとこ》の人《ひと》がこれから作る名刺《めいし》はどれですか 。

1　「ゆうき」と花が入った名詞
2　「ゆうき」と車《くるま》が入った名詞
3　「ゆき」と花が入った名詞
4　「ゆき」と車《くるま》が入った名詞

2番

男《おとこ》の人《ひと》と女《おんな》の人《ひと》が子供《こども》の学力《がくりょく》テストについて話しています。

男：最近《さいきん》、世界《せかい》のいろんな国《くに》の子供《こども》に学力《がくりょく》テストをしたっていうニュースを見《み》たんだ。そのテストでは、男の子のほうが、女の子より、数学《すうがく》や理科《りか》の成績《せいせき》がよかったらしいよ。

女：え、そうなの？私は、数学《すうがく》が一番得意《いちばんとくい》だけど…。国語《こくご》とか社会《しゃかい》とかは苦手《にがて》だし。

男：うん、もちろん、女の子は、もともと数学《すうがく》とかができないってことじゃないよ。親《おや》や学校《がっこう》が、男の子に数学《すうがく》や理科《りか》を勉強《べんきょう》してほしいって思っていることが、関係《かんけい》しているらしいんだ。

女：ふーん。親《おや》や学校《がっこう》の影響《えいきょう》があるのね。

男：そうみたい。反対《はんたい》に、読《よ》む力《ちから》のテストでは、女の子のほうがよかったんだって。

女：へえ、そうなんだ。私だったら、逆《ぎゃく》だわ。

男：実《じつ》は僕《ぼく》も。数学《すうがく》はほんとにだめ。僕《ぼく》の親《おや》が、本《ほん》が好きだから、家《いえ》に本《ほん》がたくさんあるんだ。それで、僕《ぼく》も本《ほん》を読《よ》むことが好きになって、テストも、国語《こくご》とかのほうが得《とく》意《い》なんだよね。

女：なるほど、それも親《おや》の影響《えいきょう》だね。

どうして男の子のほうが女の子より数学《すうがく》や理科《りか》の成績《せいせき》がよかったと言っていますか。

1　もともと得意《とくい》だから
2　男の子だけが学校《がっこう》で勉強《べんきょう》するから
3　男の子は、本《ほん》を読《よ》むのが得意《とくい》だから
4　親《おや》や学校《がっこう》が期待《きたい》しているから

3番

美容師《びようし》と女《おんな》の人《ひと》が話しています。

男：いらっしゃいませ。今日《きょう》はどんなふうにしましょうか。

女：春《はる》らしく、かわいくしたいんです。ふわふわのパーマをかけてください。

男：わかりました。前《まえ》のほうの髪《かみ》はどうしますか。

女：えーっと、前《まえ》のほうに髪《かみ》があると、少《すこ》し重《おも》い感《かん》じがするので、今のままでいいです。

男：んー、そうですねえ。それもいいけど、いっそのこと短《みじか》くしませんか。お客様《きゃくさま》なら、短《みじか》いのも、似合《にあ》うと思いますよ。

女：えっ、短《みじか》くして、パーマをかけたら、変《へん》じゃないですか。

男：いや、パーマはかけないで、このまま短《みじか》くして、前《まえ》のほうの髪《かみ》も少《すこ》し切《き》るんです。パーマをかけなくても、前《まえ》のほうに髪《かみ》があると、かわいくなりますよ。短《みじか》いほうが、春らしいですし。きっと似合《にあ》いますよ。

女：そうですか。…じゃあ思《おも》い切《き》って挑戦《ちょうせん》しようかな。うん、お任《まか》せします。

質問1　女《おんな》の人《ひと》が最初《さいしょ》に希望《きぼう》した髪型《かみがた》はどれですか。

1　ふわふわのパーマをかけるだけ
2　ふわふわのパーマをかけて前髪《まえかみ》を切《き》る
3　パーマはかけないで前髪《まえかみ》を少《すこ》し切《き》る
4　パーマはかけないで前髪《まえかみ》をたくさん切《き》る

質問2　美容師が勧《すす》めた髪型《かみがた》はどれですか。

1　ふわふわのパーマをかけるだけ
2　ふわふわのパーマをかけて前髪《まえかみ》を切《き》る
3　パーマはかけないで前髪《まえかみ》を少《すこ》し切《き》る
4　パーマはかけないで前髪《まえかみ》をたくさん切《き》る

N2 모의고사 4회 스크립트

問題1

1番

男《おとこ》の人《ひと》と女《おんな》の人《ひと》が話しています。話の後、二人はどうしますか。

男：ただいま。サチコ、今日《きょう》の夕食《ゆうしょく》は何だい？お腹《なか》がペコペコだよ。

女：まだ決《き》めてないのよ。

男：まだ決《き》めてないって？腹《はら》へってるのに。

女：私もたった今帰《いまかえ》ってきたばかりなの。

男：そう？遅《おそ》くなったよね。残業《ざんぎょう》でもしたの？

女：残業《ざんぎょう》はしてなかったけど、ちょっと道路《どうろ》が込《こ》んでてて。で、すき焼《や》きなんかどう？

男：すき焼《や》きは昨日食《きのうた》べたんじゃない。何かすぐできるものでも作《つく》ってくれないかなあ、オムレツとかさ。

女：それが、卵《たまご》を切《き》らしているの。

男：まえもって買《か》っておけばよかったのに。

女：そんなにお腹《なか》をすかせているなら、今夜《こんや》は外食《がいしょく》したらどう？

男：そのほうがよさそうだね。

話の後、二人はどうしますか。

1　女《おんな》の人《ひと》がすき焼《や》きを作《つく》る
2　男《おとこ》の人《ひと》がオムレツを作《つく》る
3　女《おんな》の人《ひと》が簡単《かんたん》なものを作《つく》る
4　レストランで食《しょく》べる

2番

女《おんな》の人《ひと》と男《おとこ》の人《ひと》が話しています。男《おとこ》の人《ひと》は、明日《あした》の夜《よる》、どうしますか。

女：レオさん、明日《あした》の夜、暇《ひま》ですか。

男：ええ。何かあるんですか。

女：ええ、日本語学校《にほんごがっこう》のお祭《まつ》りがあるんです。よかったら、いらっしゃいませんか。

男：僕《ぼく》も行っていいんですか。関係《かんけい》ないのに…。

女：もちろん。私、盆踊《ぼんおど》りを踊《おど》るんですよ。

男：え？盆《ぼん》…？

女：盆踊《ぼんおど》り。夏《なつ》のお祭《まつ》りのときに踊《おど》るダンスです。

男：へえ、面白《おもしろ》そうですね。お祭《まつ》りは、何時からですか。

女：６時からです。盆踊《ぼんおど》りは、６時半《はん》からです。

男：わかりました。

女：よかったら、一緒《いっしょ》に車《くるま》で行きませんか。５時半《はん》ごろ、レオさんのうちへ寄《よ》りますよ。

男：本当《ほんとう》ですか。ありがとうございます。

男《おとこ》の人《ひと》は、明日《あした》の夜《よる》、どうしますか。

1　女《おんな》の人《ひと》を迎《むか》えに行く
2　うちで女《おんな》の人《ひと》を待《ま》つ
3　女《おんな》の人《ひと》と盆踊《ぼんおど》りを踊《おど》る
4　日本語学校《にほんごがっこう》で女《おんな》の人《ひと》を待《ま》つ

3番

放送局《ほうそうきょく》で女のアナウンサーが話しています。隅田エナさんはこれからの１時間は何をしますか。

女：時刻《じこく》は2時、お聞《き》きの放送局は沖縄《おきなわ》のBBSラジオです。私、隅田エナが、これからの1時間、皆《みな》さんからのロックミュージカルのリクエストをお受《う》けします。そして3時からは、吉本一郎の登場《とうじょう》でクラシック音楽《おんがく》の番組《ばんぐみ》をお送《おく》りし、ニュースに続《つづ》きます。それでは電話《でんわ》で皆さんのリクエストを受《う》け付《つ》けましょう。お電話《でんわ》は454-0770まで。

隅田エナさんはこれからの１時間は何をしますか。

1　ニュースを読《よ》む
2　電話《でんわ》をかける
3　要請《ようせい》を受《う》ける
4　クラシック番組《ばんぐみ》を流《なが》す

4番

図書館《としょかん》で女《おんな》の人《ひと》と係《かかり》の人《ひと》が話しています。これから女《おんな》の人《ひと》はどうしますか。

女：あの、すみません。『経済学《けいざいがく》の基礎《きそ》』という本《ほん》を探《さが》しているんですけど、棚《たな》になくて…。

男：少々《しょうしょう》お待《ま》ちください。…ああ、今《いま》、他《ほか》の人《ひと》が借《か》りていますね。二週間後《にしゅうかんご》の水曜日《すいようび》までの予定《よてい》です。

女：そうですか…。じゃ、二週間後《にしゅうかんご》に、また借《か》りに来ればいいですか。

男：それだと、また誰《だれ》かが借《か》りてしまうかもしれないので、予約《よやく》なさったほうがいいですよ。その本《ほん》が返《かえ》ってきたら、図書館《としょかん》からメールでお知《し》らせしますので、本《ほん》を取《と》りに来てください。

女：わかりました。えーと、予約《よやく》はどうすれば…。

男：こちらの紙《かみ》に書いてください。

これから女《おんな》の人《ひと》はどうしますか。

1　係《かかり》の人に本《ほん》を渡《わた》してもらう
2　他《ほか》の人に本《ほん》を借《か》りる
3　二週間後《にしゅうかんご》に、また本《ほん》を探《さが》す
4　図書館《としょかん》からのメールを待《ま》つ

5番

男《おとこ》の人《ひと》と女《おんな》の人《ひと》が話しています。男《おとこ》の人《ひと》は、駅《えき》からホテルまで、どうやって行きますか。

女：佐藤さん、来月《らいげつ》の出張《しゅっちょう》、ペキンまでどうやって行くんですか。

男：えっと、ここから東京駅《とうきょうえき》までタクシーで行って、東京駅《とうきょうえき》から電車《でんしゃ》で空港《くうこう》へ行きます。

女：ペキンに着《つ》いてからは？

男：空港《くうこう》からバスで駅《えき》まで行って、駅《えき》からホテルまで歩《ある》いて行きます。

女：え、タクシーで行かないんですか。

男：ええ。ホテルは、駅《えき》のすぐ近《ちか》くですから。

男《おとこ》の人《ひと》は、駅《えき》からホテルまで、どうやって行きますか。

1　タクシー
2　電車《でんしゃ》
3　バス
4　徒歩《とほ》

問題2

1番

道路《どうろ》で男《おとこ》の人《ひと》と女《おんな》の人《ひと》が話しています。女《おんな》の人《ひと》はどうしてその道《みち》を通行《つうこう》できないですか。

男：すみません奥様《おくさ》、通行止《つうこうど》めです。

女：どうしてですか。急《いそ》いでいるのに。

男：どうもすみません。只今《ただいま》、道路《どうろ》補修中《ほしゅうちゅう》です。

女：あらそう？でも家《いえ》がこの通《とお》り沿《ぞ》いなのよ。他《ほか》の道《みち》もないし。

男：今夜《こんや》までかかると思います。

女：それじゃ、どうすればいいんですか。

男：すみませんが、車《くるま》をそれまでどこかに駐車《ちゅうしゃ》していただくことになります。

女：わかりました。そうしましょう。どうも。

女《おんな》の人《ひと》はどうしてその道《みち》を通行《つうこう》できないですか。

1　一方通行《いっぽうつうこう》だから
2　補修中《ほしゅうちゅう》だから
3　事故《じこ》があったから
4　交通量《こうつうりょう》が多いから

2番

男《おとこ》の人《ひと》と女の人が話しています。男の人が一番《いちばん》休暇《きゅうか》が必要《ひつよう》なのはどうしてですか。

女：杉本さん、ちょっと疲《つか》れてるようね。どうかしたの？

男：休暇《きゅうか》が必要《ひつよう》だよ。週《しゅう》6日勤務《きんむ》が3カ月も続《つづ》いてるんだ。

女：それは大変《たいへん》ね。体《からだ》にはずいぶん気《き》をつけなさいよ。

男：それに飲《の》み過《す》ぎだ。いつも疲《つか》れて早《はや》く帰《かえ》ろうとしても仕事《しごと》が終《お》わったら飲《の》みたい気持《きも》ちが山《やま》なんだ。

女：それはいけないね。そんなに仕事《しごと》をしてて、お酒《さけ》まで飲《の》むなら体《からだ》が持《も》たないわよ。

男：分《わ》かっているけどさ。それがなかなかね。

女：多分《たぶん》運動《うんどう》でもすれば、ストレスの度合《どあ》いも下《さ》がるんじゃない？

男：ああ、そうだね。でも数日間《すうじつかん》の休暇《きゅうか》が必要《ひつよう》な一番《いちばん》の理由《りゆう》は、病気《びょうき》の母《はは》を見舞《みま》うためなんだ。

女：そっか。

男《おとこ》の人《ひと》が一番《いちばん》休暇《きゅうか》が必要《ひつよう》なのはどうしてですか。

1　働き過《す》ぎだから
2　飲《の》み過《す》ぎだから
3　運動《うんどう》不足《ぶそく》だから
4　母《はは》を訪《おとず》れる必要《ひつよう》があるから

3番

男の人と女の人が話しています。女の人は、どうしてお弁当《べんとう》を持《も》ってくることにしましたか。

男：ミドリさん、お昼《ひる》食べに行かない？

女：あ、ごめん。今日《きょう》は、お弁当《べんとう》なんだ。

男：へえ、珍《めずら》しい。自分で作《つく》ったの？

女：うん。これからはお弁当《べんとう》にするつもり。

男：ふーん、えらいね。でも、どうして急《きゅう》に？節約《せつやく》のため？

女：それもあるけど、一番《いちばん》は、料理《りょうり》の練習《れんしゅう》のため。今《いま》は親《おや》と一緒《いっしょ》に住《す》んでいるから、料理《りょうり》は作《つく》ってもらっているけど、そのうち家《いえ》を出《で》て、一人《ひとり》で住《す》むつもりなの。そうしたら、自分でご飯《はん》を作《つく》れるようにならないと…。

男：ああ、なるほどね。

女の人は、どうしてお弁当《べんとう》を持ってくることにしましたか。

1　節約《せつやく》したいから
2　自分で作《つく》れるとうれしいから
3　料理《りょうり》の練習《れんしゅう》をしたいから
4　親《おや》が作《つく》ってくれるから

4番

電話《でんわ》で、男の人と女の人が話しています。女の人は、どうして電話《でんわ》をしましたか。

男：はい、株式会社《かぶしきがいしゃ》タカダ商事《しょうじ》でございます。
女：いつもお世話《せわ》になっております。イタノ工《こう》業《ぎょう》の山下と申《もう》します。
男：あ、山下さん、野村です。お世話《せわ》になっております。
女：あの、ちょっと伺《うかが》いたいんですが、先週《せんしゅう》ご注文《ちゅうもん》いただいた商品《しょうひん》は、無事《ぶじ》お手元《てもと》に届《とど》きましたでしょうか。
男：ええ、届《とど》いております。予定通《よていどお》り、昨日《きのう》受《う》け取《と》りました。
女：そうですか、それならよかったです。実《じつ》は、最近配達《さいきんはいたつ》が遅《おく》れているというご連絡《れんらく》をよくいただくものですから、確認《かくにん》をしようと思いまして…。
男：そうでしたか。わざわざすみません。いつも早《はや》くて、助《たす》かっていますよ。
女：それは恐縮《きょうしゅく》です。何かありましたら、わたくしまでお知《し》らせください。今後《こんご》ともどうぞよろしくお願《ねが》いいたします。
男：こちらこそ、よろしくお願《ねが》いいたします。

女の人は、どうして電話《でんわ》をしましたか。

1　商品《しょうひん》を注文したかったから
2　商品《しょうひん》が届《とど》いたか確認《かくにん》したかったから
3　商品《しょうひん》が足《た》りないことを伝《つた》えたかったから
4　商品《しょうひん》が届《とど》かなくて困《こま》っているから

5番

女の人があるジャーナリストについて話しています。なぜ一郎さんは、今《いま》はずっと楽《らく》になったのですか。

女：一郎さんはジャーナリストで、長時間働《ちょうじかんはたら》いたり外国《がいこく》の危険《きけん》な場所《ばしょ》に行かなくてはならないことがよくあります。ストレスを感《かん》じることもしばしばあって、なかなか眠《ねむ》れませんでした。しかし、彼は病院《びょういん》へ行ったり薬《くすり》を飲《の》んだりするのは好《この》みませんでした。母親《ははおや》が勧《すす》めたのは、代《か》わりにマッサージを試《ため》してみることでした。そこで、一郎さんはマッサージを仕事《しごと》の後《あと》に受《う》け始《はじ》め、今《いま》ではずっと楽《らく》になりました。

なぜ一郎さんは、今《いま》はずっと楽《らく》になったのですか。

1　母親《ははおや》のアドバイスを受《う》け入《い》れた
2　医者《いしゃ》に行った
3　長時間働《ちょうじかんはたら》くのをやめた
4　外国旅行《がいこくりょこう》を始《はじ》めた

6番

男の人が「オックスフォード英語辞典《えいごじてん》」について話しています。「オックスフォード英語辞典《えいごじてん》」で分《わ》かるのは何ですか。

男：世界《せかい》で最《もっと》も有名《ゆうめい》な辞書《じしょ》の一つは「オックスフォード英語辞典《えいごじてん》」です。それは単《たん》に「OED」と呼《よ》ばれることが多《おお》いです。その辞書《じしょ》は英語《えいご》の単語《たんご》とその意味《いみ》を12世紀《せいき》から現代《げんだい》に至《いた》るまで残《のこ》らず集《あつ》めています。またこの辞書《じしょ》をコンピュータ上《じょう》でCD-ROMを使《つか》って利用《りよう》することもできます。

「オックスフォード英語辞典《えいごじてん》」で分かるのは何ですか。

1　世界中《せかいじゅう》のすべての単語《たんご》
2　有名《ゆうめい》な辞書《じしょ》の単語《たんご》
3　12世紀以降《せいきいこう》の英語《えいご》の単語《たんご》
4　12世紀以前《せいきいぜん》の古い英語《えいご》の単語《たんご》

問題3

1番

姉《あね》が妹《いもうと》について話しています。

女：妹《いもうと》はコンピュータ、特《とく》にコンピュータ•ゲームが好《す》きです。妹《いもうと》は自由《じゆう》な時間《じかん》のすべてを、コンピュータの前《まえ》でゲームをしたり、友《とも》だちに手紙《てがみ》を書《か》いたり、宿題《しゅくだい》をしたりして過《す》ごしました。母《はは》が心配《しんぱい》しているのは、妹《いもうと》がめったに他《ほか》の子供《こども》たちと遊《あそ》ばないためですが、妹《いもうと》が新《あたら》しいテクノロジーを学《まな》んでいることには喜《よろこ》んでいます。

母《はは》が心配《しんぱい》しているのは何ですか。

1　Eメールを使《つか》って友人《ゆうじん》に手紙《てがみ》を書《か》かない
2　宿題《しゅくだい》をコンピュータでしない
3　新《あたら》しいテクノロジーを使うことを好《この》まない
4　あまり他《ほか》の子供《こども》たちと一緒《いっしょ》に過《す》ごさない

2番

男の人がサトシさんについて話しています。

男：サトシの会社《かいしゃ》は、彼を来年《らいねん》ロシア支社《ししゃ》に行かせることを決《き》めました。サトシは、ロシア語《ご》の勉強《べんきょう》をあちらに住《す》むようになる前《まえ》にしておきたいと考えています。彼の会社《かいしゃ》は語学学校《ごがくがっこう》の授業料《じゅぎょうりょう》を払《はら》ってくれます。授業《じゅぎょう》は週《しゅう》１回《かい》です。ロシア語《ご》を勉強《べんきょう》することによって、まわりの友《とも》だちが自分に話《はな》しかけたときに分《わ》かるくらいにはなりたいと願《ねが》っています。

サトシさんはどこでロシア語《ご》を習《なら》っていますか。

1　彼の会社《かいしゃ》で
2　友《とも》だちの家《いえ》で
3　語学学校《ごがくがっこう》で
4　ロシアの学校《がっこう》で

3番

男の人と女の人が話しています。

男：おはようございます。どちらまで参《まい》りましょうか。
女：おはようございます。サクラ通《どお》りのサンライズ・ビルまでお願《ねが》いします。
男：高《たか》い白《しろ》いビルで、市庁舎《しちょうしゃ》の隣《となり》ですよね。
女：いえ、銀色《ぎんいろ》で郵便局《ゆうびんきょく》の隣《となり》ですよ。
男：あ、郵便局《ゆうびんきょく》の隣《となり》ですね。去年《きょねん》建《た》てられた…。
女：はい、そうです。ショッピングセンターとして有名《ゆうめい》なところなんですよ。
男：かしこまりました。
女：ちょっと急《いそ》いでくれますか。約束《やくそく》の時間《じかん》まで間《ま》に合《あ》いそうもないですから。
男：道路《どうろ》が込《こ》まない時間《じかん》だから、制限速度《せいげんそくど》を守《まも》って走《はし》っても大丈夫《だいじょうぶ》だと思いますよ。
女：お願《ねが》いしますね。

この会話《かいわ》はどこで行われていますか。

1　バスの中
2　フェリーの中
3　列車《れっしゃ》の中
4　タクシーの中

4番

男の人が話しています。

男：今日《きょう》は、いつもより早《はや》く起《お》きました。時間《じかん》がありましたから、家《いえ》のまわりを走《はし》ってから、シャワーをあびました。とても気持《きも》ちがよかったです。いつもは、朝起《あさお》きて、コーヒーを飲《の》んで、すぐうちを出《で》ます。これからは、ときどき早《はや》く起《お》きて、走《はし》りたいです。

男の人の話のテーマは何ですか。

1　自分の朝《あさ》の事《こと》
2　自分の一日《いちにち》

3　自分の習慣《しゅうかん》
4　自分の人生《じんせい》

5番

女の人が話しています。

女：エナさん？木村です。さっき、エナさんから電話《でんわ》をもらったみたいだけど、出《で》られなくてごめんね。今日《きょう》は、サッカーの試合《しあい》を見《み》に来《き》てるんだ。すごく面白《おもしろ》いよ！今度一《こんどいっ》緒《しょ》に行こう。で、このあとも電話《でんわ》に気《き》が付《つ》かないかもしれないから、メールを送《おく》っておいてもらえる？夜《よる》、返事《へんじ》するね。

女の人の話はどんなものですか。

1　サッカー競技場《きょうぎじょう》からのお知《し》らせ
2　電話局《でんわきょく》からのお知《し》らせ
3　Eメールの内容《ないよう》
4　留守番電話《るすばんでんわ》のメッセージ

問題4

1番

男：レインコート忘《わす》れないでね。
女：1　どうして？雨《あめ》は降《ふ》っていないわよ。
　　2　もちろんするわ。
　　3　私はそこへ行ったことがないわ。

2番

女：どちらにお勤《つと》めですか。
男：1　一人《ひとり》で食べました。
　　2　私は、エンジニアです。
　　3　こちらのほうがいいですね。

3番

男：昨日《きのう》、やっと髪《かみ》を切《き》りに行けたよ。
女：1　はっきりしたね。
　　2　すっきりしたね。
　　3　こっそりしたね。

4番

女：あの件《けん》は、どうなりましたか。
男：1　まだ決心中《けっしんちゅう》なんです。
　　2　まだ検討中《けんとうちゅう》なんです。
　　3　まだ決定中《けっていちゅう》なんです。

5番

女：試験《しけん》に合格《ごうかく》したんだって？
男：1　ええ。あきらめていたからには、うれしいです。
　　2　ええ。あきらめていたくせに、残念《ざんねん》です。
　　3　ええ。あきらめていただけに、びっくりです。

6番

男：田中先生《せんせい》はいらっしゃいますか。
女：1　もう帰《かえ》られましたよ 。
　　2　お帰《かえ》りくださいましたよ。
　　3　帰《かえ》らせていただきましたよ。

7番

女：おみやげ、ありがとうございます。
男：1　ほんの気持《きも》ちです。
　　2　ごちそうさまでした。
　　3　かしこまりました。

8番

女：今度《こんど》の会議《かいぎ》、いつがいいですか。
男：1　昨日《きのう》でした。
　　2　明日《あした》になりました。
　　3　いつでもいいですよ。

9番

男：この時計《とけい》、彼女からのプレゼントなんです。

女：1　へえ、彼女にあげたんですか。
　　2　へえ、彼女にもらったんですか。
　　3　へえ、彼女にくれたんですか。

10番

女：図書館《としょかん》で、どんな本《ほん》を借《か》りたんですか。

男：1　小説《しょうせつ》を２枚《まい》借《か》りました。
　　2　小説《しょうせつ》を２本《ほん》借《か》りました。
　　3　小説《しょうせつ》を２冊《さつ》借《か》りました。

11番

男：お仕事《しごと》は何ですか。

女：1　いそがしいです。
　　2　郵便局《ゆうびんきょく》です。
　　3　警官《けいかん》です。

12番

女：くだものは、いかがですか。

男：1　はい、いただきます。
　　2　はい、けっこうです。
　　3　これは、くだものですよ。

問題5

1番

会社《かいしゃ》で、女の人と男の人が話しています。

女：田中君、議事録《ぎじろく》、部長《ぶちょう》に送《おく》った？

男：いえ、今《いま》、送《おく》るところなんですが、送《おく》る前《まえ》にメールの文章《ぶんしょう》をチェックしていただけないでしょうか。

女：どれどれ？ん？どうして社内《しゃない》メールなのに、こんなにかしこまっているの？

男：あ、はい…。部長宛《ぶちょうあ》てだから、ちゃんとしようと思いまして…。すみません。書《か》き直《なお》します。…こちらでいかがでしょうか？

女：うん。簡潔《かんけつ》でいいんだけど、何の件《けん》についてかすぐわかるように、具体的《ぐたいてき》な文面《ぶんめん》にしたほうがいいよね。後《あと》で見直《みなお》してもわかりやすいし。

男：そうですね。わかりました。…これでどうでしょうか？

女：うん。メール本文《ほんぶん》は合格《ごうかく》。でも、大事《だいじ》なこと忘《わす》れてるんじゃない？

男：え？あ、添付《てんぷ》ファイル。肝心《かんじん》の議事録《ぎじろく》を添《てん》付《ぷ》し忘《わす》れてました。ありがとうございます。添付《てんぷ》して送《おく》ります。

男の人は話のあと、すぐ何をしますか。

1　メール本文《ほんぶん》を直《なお》す
2　添付《てんぷ》ファイルをつける
3　女の人にもう一度《いちど》メールを見《み》せる
4　部長《ぶちょう》にメールを送《おく》る

2番

店《みせ》で、女の人と男の店員《てんいん》が話しています。

女：あのう、すみません。掃除機《そうじき》がほしいんですが、お勧《すす》めはどれですか。

男：当店《とうてん》で今《いま》いちばん売《う》れているのは、こちらの商品《しょうひん》です。少《すこ》し大《おお》きいですが、ごみを吸《す》う力《ちから》がとても強《つよ》くて、細《こま》かいごみまでよくとれます。お値段《ねだん》は７万円です

女：うーん、ちょっと予算《よさん》オーバーですね。

男：では、こちらはいかがですか。ごみを吸《す》う力はそれほど強《つよ》くないですが、音《おと》がとても静《しず》かで、夜使《よるつか》っても気《き》になりません。お値《ね》段《だん》も５万５千円と先《さき》ほどのより安《やす》いですよ。

女：仕事《しごと》で帰《かえ》りが遅《おそ》くなることが多《おお》いので、静《しず》かなのはいいですね。うん、これにします。

男：ありがとうございます。

女の人は、どうして男の人が最初《さいしょ》に勧めた物《もの》を買《か》いませんでしたか。

1　値段《ねだん》が高いから
2　吸《す》う力が弱いから
3　音《おと》が大きいから
4　サイズが大きいから

3番

友《とも》だち二人《ふたり》が資格《しかく》について話しています。

男：仕事《しごと》のために、何か資格《しかく》を取《と》ろうかな。
女：どんな資格《しかく》に興味《きょうみ》があるの？日本語《にほんご》の通訳《つうやく》の資格《しかく》とか？
男：まだよくわからないけど、通訳《つうやく》の資格《しかく》は難《むずか》しそうだなあ。
女：そうだね。でも、せっかく日本語《にほんご》を勉強《べんきょう》してるんだし。あ、それか、もっと専門的《せんもんてき》な…たとえば、コンピューター関係《かんけい》のものなんかは？
男：うーん、それより、お金《かね》の計算《けいさん》をしたりする簿記《ぼき》がいいかなと思ってるんだけど。どんな仕事《しごと》でも使《つか》えそうじゃない。
女：それなら、まずはどんな仕事《しごと》がしたいかを考《かんが》えたほうがいいんじゃない？自分の仕事《しごと》に関連《かんれん》するものじゃないと、勉強《べんきょう》が続《つづ》かないと思うよ。
男：それもそうなんだけど、僕《ぼく》、何《なに》も資格《しかく》を持《も》ってないから不安《ふあん》なんだ。実《じつ》は、運転免許《うんてんめんきょ》もまだで…。
女：え、そうなの？じゃ、まずそれから取《と》れば？
男：うーん、そうだね。そうしよう。

質問1

男の人は、最初《さいしょ》どの資格《しかく》に興味《きょうみ》がありましたか。

1　通訳《つうやく》の資格《しかく》
2　コンピューター関連《かんれん》の資格《しかく》
3　簿記《ぼき》
4　運転免許《うんてんめんきょ》

質問2　男の人は、まずどの資格《しかく》を取《と》りますか。

1　通訳《つうやく》の資格《しかく》
2　コンピューター関連《かんれん》の資格《しかく》
3　簿記《ぼき》
4　運転免許《うんてんめんきょ》

N2 모의고사 5회 스크립트

問題1

1番

女の人と男の人が話しています。FAX番号《ばんごう》はどこに入れますか。

女：田中君、ちょっと、このメールなんだけど。
男：はい、課長《かちょう》。あっ、昨日《きのう》お送《おく》りしたメールですか。
女：メールの最後《さいご》に田中ってだけじゃだめ。ビジネスメールの最後《さいご》には、会社《かいしゃ》の名前《なまえ》や電《でん》話番号《わばんごう》も入《い》れておかなくちゃ。
男：すみません、作《つく》ってみます。…これでよろしいでしょうか。
女：あ、メールアドレスはここのほうがいいわ、携帯番号《けいたいばんごう》の下《した》ね。で、電話番号《でんわばんごう》とFAX番号《ばんごう》は住所《じゅうしょ》のすぐ下《した》。
男：はい、ここですか。
女：あ、電話番号《でんわばんごう》が先《さき》ね。それで行《ぎょう》を変《か》えて、下《した》に携帯番号《けいたいばんごう》。
男：で、メールアドレスですね。これでいいでしょうか。
女：OK。

FAX番号《ばんごう》はどこに入れますか。

1　電話番号《でんわばんごう》の下《した》
2　携帯番号《けいたいばんごう》の下《した》
3　メールアドレスの下《した》
4　住所《じゅうしょ》の下《した》

2番

美術館《びじゅつかん》で女の人と男の人が話しています。男の人は次《つぎ》に何をするつもりですか。

女：お客様《きゃくさま》、この美術館《びじゅつかん》では写真撮影《しゃしんさつえい》が許《ゆる》されておりません。

男：そうですか。

女：申《もう》し訳《わけ》ございません、美術館《びじゅつかん》の方針《ほうしん》ですので…。

男：実《じつ》は、私「アート・カルチャー」という雑誌《ざっし》の記者《きしゃ》で、これらの写真《しゃしん》を撮《と》るように頼《たの》まれたのです。

女：それでも館長《かんちょう》からの許可《きょか》がないと…。

男：それなら大丈夫《だいじょうぶ》です。館長《かんちょう》からの手紙《てがみ》を持《も》っています。

女：ちょっと拝見《はいけん》してもよろしいでしょうか。

男：もちろんです。ここにある私のかばんの中にあります。

男の人は次《つぎ》に何をするつもりですか。

1　館長《かんちょう》に手紙《てがみ》を書《か》く
2　女の人に手紙《てがみ》を見《み》せる
3　美術館《びじゅつかん》から許可《きょか》をもらう
4　雑誌社《ざっししゃ》に電話《でんわ》する

3番

男の先生《せんせい》が話しています。生徒《せいと》は名前《なまえ》が呼《よ》ばれたら何をしなければなりませんか。

男：みなさん、おはようございます。バスが到着《とうちゃく》して校門《こうもん》の外《そと》に停車《ていしゃ》しています。決《き》められたバスまで進《すす》んだら、先生《せんせい》の点検中《てんけんちゅう》は、乗《の》らずに待《ま》っているようにしてください。バスに乗《の》るのは自分の名前《なまえ》が呼《よ》ばれてからですよ。博物館《はくぶつかん》では、必《かなら》ず先生《せんせい》の指示《しじ》を正《ただ》しく守《まも》って、クラスのグループと一緒《いっしょ》にいなくてはいけません。言うことを聞《き》かない生徒《せいと》は、学校《がっこう》に即座《そくざ》に戻《もど》ってもらいます。

生徒《せいと》は名前《なまえ》が呼《よ》ばれたら何をしなければなりませんか。

1　決められたバスに乗《の》る
2　博物館《はくぶつかん》にいる
3　クラスのグループと一緒《いっしょ》にいる
4　学校《がっこう》に直《ただ》ちに帰《かえ》る

4番

女の人と男の人が話しています。男の人は、これから、どの本《ほん》を買《か》いますか。

女：中田さん、それ、犬《いぬ》の本《ほん》ですか。

男：はい。最近《さいきん》、犬《いぬ》を飼《か》い始《はじ》めたので、犬《いぬ》のことを勉強《べんきょう》しているんです。

女：へえ、いいですね。私も犬《いぬ》を飼《か》っていますが、犬《いぬ》を理解《りかい》するのって、難《むずか》しいですよね。

男：そうなんです。だから、これを読《よ》めば、犬《いぬ》の気持《きも》ちが少しはわかるかなと思いまして…。

女：たくさん散歩《さんぽ》したり、遊《あそ》んであげれば、犬《いぬ》の気持《きも》ちが少《すこ》しずつわかってくると思いますよ。

男：そうですね。

女：それから、病気《びょうき》にならないように、健康《けんこう》にも気《き》を付《つ》けてあげないといけませんね。

男：ええ、実《じつ》は、そのことも気《き》になっているんです。毎日《まいにち》どんなえさをどのくらいあげたらいいのか…。

女：毎日《まいにち》の食事《しょくじ》は重要《じゅうよう》ですよ。

男：そうですね。今から、本屋《ほんや》にそういう本《ほん》を探《さが》しに行ってきます。

男の人は、これから、どの本《ほん》を買《か》いますか。

1　犬《いぬ》の気持《きも》ちがわかる本《ほん》
2　犬《いぬ》の食事《しょくじ》に関《かん》する本《ほん》
3　犬《いぬ》の飼《か》い方《かた》に関《かん》する本《ほん》
4　犬《いぬ》の病気《びょうき》に関《かん》する本《ほん》

5番

男の人と女の人が話しています。女の人は、い

つ荷物《にもつ》を受《う》け取《と》りますか。

男：お電話《でんわ》ありがとうございます。アットホームリビングです。

女：すみません、今《いま》テレビで紹介《しょうかい》されている商《しょう》品《ひん》を注文《ちゅうもん》したいんですが。

男：テーブルセットですね。

女：はい。あのう、配達《はいたつ》の日時《にちじ》は指定《してい》できますか。

男：はい、可能《かのう》です。どちらまでですか。

女：東京《とうきょう》です。

男：東京《とうきょう》でしたら、一番早《いちばんはや》くて４日後《ご》ですね。

女：えーっと、４日後《ご》だと、15日《にち》ですね。その日は都合《つごう》が悪《わる》いので、月曜日《げつようび》にしてもらえますか。

男：18日は祝日《しゅくじつ》ですので、時間《じかん》の指定《してい》ができませんが、よろしいでしょうか。

女：あ、そうなんですか。それじゃ、別《べつ》の日《ひ》にするしかないなあ…。じゃあ、平日《へいじつ》は仕事《しごと》があるの で、来週《らいしゅう》の土曜日《どようび》の午前中《ごぜんちゅう》でお願《ねが》いします。

男：来週《らいしゅう》の土曜日《どようび》ですね。かしこまりました。

女の人は、いつ荷物《にもつ》を受《う》け取《と》りますか。

1　４日後《ご》
2　月曜日《げつようび》
3　18日
4　週末《しゅうまつ》

問題2

1番

女の人と男の人がアンケートを見ながら話しています。消《け》すことにした項目《こうもく》はどれですか。

女：うちの商品《しょうひん》を購入《こうにゅう》された方《かた》へのアンケートを作《つく》ってみたんですが、これでどうでしょうか。

男：えーっと、そうだな…。住所《じゅうしょ》って要《い》る？

女：ええ、宣伝《せんでん》する場所《ばしょ》とか出店《しゅってん》する場所《ばしょ》の参《さん》考《こう》になるかと思います。

男：そうか。でも書《か》くのが面倒《めんどう》で、ここでやめる人もいるかもな。それに、年収《ねんしゅう》も要《い》るかなあ。

女：うーん、たしかにこれは職業《しょくぎょう》と重《かさ》なってる気《き》もしますね。

男：うん。これは消《け》そうよ。

女：わかりました。じゃ、これは削除《さくじょ》、と。では、ここに家族構成《かぞくこうせい》を持《も》ってきましょうか。

男：あ、家族《かぞく》はそのままで、使《つか》い道《みち》のあと、住《じゅう》所《しょ》にしよう。書《か》きたくない人は無記入《むきにゅう》で構《かま》わないし。

女：あ、そうですね。そうするとすっきりしますね。

消《け》すことにした項目はどれですか。

1　住所《じゅうしょ》
2　年収《ねんしゅう》
3　職業《しょくぎょう》
4　家族構成《かぞくこうせい》

2番

男の人と女の人が話しています。男の人が今日《きょう》食《た》べた朝《あさ》ご飯《はん》は、どれですか。

男：おはようございます！

女：おはようございます。朝《あさ》から元気《げんき》ですね。

男：朝《あさ》ご飯《はん》をしっかり食《た》べたので。

女：へえ。何を食《た》べたんですか。

男：喫茶店《きっさてん》で、コーヒーを頼《たの》んで…。

女：え！ コーヒーだけ？

男：いえいえ、コーヒーを頼《たの》むと、パンと卵《たまご》がついてくるんですよ。値段《ねだん》は、コーヒーの分《ぶん》だけで す。いつもは、家《いえ》でコーヒーを飲《の》んで、果物《くだもの》だけ食《た》べるんですが、今日《きょう》は、おいしいコーヒー が飲《の》みたかったので、喫《きっ》茶店《さてん》へ行きました。

女：へえ、いいですね。でも、野菜《やさい》や果物《くだもの》はついてないんですか。

男：サラダや果物《くだもの》を、別《べつ》に注文《ちゅうもん》することもできますよ。僕《ぼく》は頼《たの》みませんでしたけど。

男の人が今日《きょう》食《た》べた朝《あさ》ご飯《はん》は、どれですか。

1 コーヒー
2 パンと卵《たまご》
3 コーヒーとパンと卵《たまご》
4 コーヒーとサラダと果物《くだもの》

3番

男の人と女の人が話しています。男の人が好きなのはどれですか。

男：今日《きょう》は、曇《くも》りですね…。

女：ええ。でも、私は、曇《くも》りの日《ひ》が好きなんです。

男：へえ、どうしてですか。

女：曇《くも》りが、丁度《ちょうど》いいからです。晴《は》れだと日が当《あ》たって暑《あつ》いですし、雨《あめ》だと、外《そと》に出《で》かけたくない ですからね。

男：へえ、なるほど。

女：チンさんは？

男：僕《ぼく》は、晴れが好きです。晴《は》れた日に、外《そと》で運動《うんどう》したり、散歩《さんぽ》したりすると、気持《きも》ちがいいですよ。

女：そうですか。

男：あ、でも、雪《ゆき》も好きです。雪《ゆき》の日は寒《さむ》いですが、白《しろ》くてきれいな雪《ゆき》の上《うえ》を歩《ある》くのは、とても楽《たの》しいです。

男の人が好きなのはどれですか。

1 雪《ゆき》の上《うえ》で歩くこと
2 晴れた日に、外で散歩《さんぽ》すること
3 雪《ゆき》の上《うえ》で運動《うんどう》すること
4 曇《くも》った日に運動《うんどう》すること

4番

男の人と女の人が話しています。女の人は、どうして自転車《じてんしゃ》で来ましたか。

男：あれ？チョウさん、自転車《じてんしゃ》を買《か》ったんですか。

女：あ、これですか。実《じつ》は、昨日《きのう》買《か》いました。今日《きょう》、初《はじ》めてこの自転車《じてんしゃ》に乗《の》って、学校《がっこう》へ来たんです。

男：いいですね。チョウさんは、今《いま》までバスで学校《がっこう》へ来ていましたよね。

女：はい。家《いえ》から学校《がっこう》まで歩《ある》くと、少《すこ》し遠《とお》いので、バスで来ていました。でも、最近《さいきん》、バスより自転車《じてんしゃ》のほうが早《はや》いことに気《き》が付《つ》いたんです。

男：ああ、なるほど。それで、自転車《じてんしゃ》にしたんですね。

女：そうです。でも、雨《あめ》の日《ひ》は自転車《じてんしゃ》に乗れないので、バスで来ようと思います。

女の人は、どうして自転車《じてんしゃ》で来ましたか。

1 バスより早《はや》いから
2 いい天気《てんき》だったから
3 バスが来《こ》なかったから
4 学校《がっこう》が遠《とお》くなったから

5番

テレビで、女の人が絵《え》の説明《せつめい》をしています。この男の人は、どうしてこの絵《え》を買《か》いましたか。

女：こちらは、ある有名《ゆうめい》な画家《がか》の絵《え》です。この絵《え》は、1970年にイギリスの美術館《びじゅつかん》で盗《ぬす》まれてから、ずっとどこにあるかわかりませんでした。しかし、先日《せんじつ》、イタリア人の男の人の家《いえ》で発見《はっけん》されました。どうして、この男の人がこの絵《え》を持《も》っていたのでしょうか。実《じつ》は、この絵《え》は、盗《ぬす》まれた後、電車《でんしゃ》の中に置《お》いてありました。駅《えき》の人は、忘《わす》れ物《もの》だと思って、この絵《え》を預《あず》かっていました。でも、誰《だれ》も取《と》りに来ないので、しばらくして、この絵《え》を売《う》りました。男の人は、それを見て、家《いえ》の台所《だいどころ》にかざるのにちょうどいいと思ったそうです。そして、約《やく》3,000円でこの絵《え》を買《か》いました。今《いま》、この絵《え》の値段《ねだん》は、14億円です。

この男の人は、どうしてこの絵《え》を買《か》いましたか。

1　有名《ゆうめい》な画家《がか》の絵《え》だから
2　誰《だれ》も買《か》わなかったから
3　台所《だいどころ》にかざりたかったから
4　あとで誰《だれ》かに売《う》りたかったから

6番

男の人が話しています。男の人は、どうして驚《おどろ》きましたか。

男：私が昔《むかし》、日本《にほん》の会社《かいしゃ》で働《はたら》いていたとき、会《かい》社《しゃ》の男の人に「お子《こ》さんは、おいくつですか」と聞《き》きました。すると、その人は、「あれ、今《いま》いくつだっけ？」と、すぐに答《こた》えられませんでした。私は、とても驚《おどろ》きました。私の国《くに》では、お父《とう》さんもお母《かあ》さんも働《はたら》いて、いっしょに子どもの世話《せわ》をします。毎日家族《まいにちかぞく》とたくさん話をするので、子どもの年《とし》がわからないということは、絶対《ぜったい》にありません。日本人《にほんじん》は忙《いそが》しすぎて、家族《かぞく》といる時間《じかん》がないのでしょうか。これは、よくないことだと思います。

男の人は、どうして驚《おどろ》きましたか。

1　会社《かいしゃ》の人が、自分の子どもの年を覚《おぼ》えていなかったから
2　会社《かいしゃ》の人が、自分の子どもが何人いるか、わからなかったから
3　会社《かいしゃ》の人の奥《おく》さんが、働《はたら》いていないから
4　会社《かいしゃ》の人が、家族《かぞく》といる時間《じかん》がないから

問題3

1番

女の人が山田さんについて話しています。

女：山田さんはいつも文章《ぶんしょう》を書きたいと思っていましたが、父親《ちちおや》の考《かんが》えは、そんなことは実用的《じつようてき》な仕事《しごと》ではないというものだったため、彼はその代《か》わりに会計士《かいけいし》になりました。彼は仕事《しごと》に満足《まんぞく》はしましたが、一度《いちど》も自分の夢《ゆめ》を忘《わす》れることはなかったのです。退職後《たいしょくご》すぐに彼が入学《にゅうがく》したのは、アマチュア文章講座《ぶんしょうこうざ》でした。そこで知《し》り合《あ》うった多くの友人《ゆうじん》は、彼に夢《ゆめ》を追求《ついきゅう》するように激励《げきれい》しました。今は３年が経過《けいか》し、彼はすでに数冊《すうさつ》の短編《たんぺん》を出版《しゅっぱん》しています。

山田さんの何についての話ですか。

1　山田さんの職業《しょくぎょう》の種類《しゅるい》
2　山田さんの文章《ぶんしょう》の書《か》き方《かた》
3　山田さんの夢《ゆめ》の実現《じつげん》
4　山田さんの友人関係《ゆうじんかんけい》

2番

女の人が会議《かいぎ》の予定《よてい》について話しています。

女：今日《きょう》の会議《かいぎ》の予定《よてい》について説明《せつめい》します。今は９時半《はん》ですから、30分後《ご》の10時から会《かい》議《ぎ》を始《はじ》めます。最初《さいしょ》に社長《しゃちょう》から、２、３分の短《みじか》い挨拶《あいさつ》があります。それから東京《とうきょう》、大《おお》阪《さか》、福岡《ふくおか》の社員《しゃいん》から、今の事《こと》の問題《もんだい》について話《はなし》があります。この話《はなし》は一人《ひとり》10分ぐらいですから、全部《ぜんぶ》で30分ぐらいです。そして最後《さいご》に、みんなで一緒《いっしょ》にいろいろな問題《もんだい》について話《はなし》をします。会議《かいぎ》は11時までの予定《よてい》です。それでは10分前に会議室《かいぎしつ》に入《はい》ってください。

話《はなし》の内容《ないよう》と合っているのはどれですか。

1　社長《しゃちょう》が30分ぐらいあいさつをする
2　東京《とうきょう》、大阪《おおさか》の社員《しゃいん》が短《みじか》いあいさつをする
3　会議《かいぎ》の10分前に会議室《かいぎしつ》に入《はい》らなければならない
4　会議《かいぎ》は10時半《はん》に終《お》わる

3番

男の人と女の人が話しています。

男：お電話《でんわ》かわりました。総務《そうむ》の井上です。

女：サクラ銀行《ぎんこう》の野村です。先日《せんじつ》は山田サービスさんを紹介《しょうかい》していただきありがとうございました。

男：いえいえ、とんでもないです。

女：エレベーターのメンテナンスで困《こま》っていたので、助《たす》かりました。

女の人は男の人に何を紹介《しょうかい》してもらいましたか。

1　エレベーターの購入先《こうにゅうさき》
2　エレベーターの保守管理先《ほしゅかんりさき》
3　エレベーターの販売先《はんばいさき》
4　エレベーターの輸入先《ゆにゅうさき》

4番

女の人が話しています。

女：みなさんは、一人《ひとり》旅《たび》をしたことがありますか。一人《ひとり》旅《たび》とは、一人《ひとり》で旅行《りょこう》することです。家族《かぞく》や友《とも》だちとの旅行《りょこう》も楽《たの》しいですが、一人《ひとり》旅《たび》は、自分が好きなときに食《た》べたり、休《やす》んだりできます。誰《だれ》にも気《き》を使《つか》わないで、自由《じゆう》に過《す》ごせるのがいいところです。たとえば、わたしは温泉《おんせん》が好きで、よく温泉《おんせん》へ旅行《りょこう》に行きます。でも、友《とも》だちといっしょに行くと、ゆっくりお風呂《ふろ》に入《はい》れません。一人《ひとり》なら、好きなときに、好きなだけ入《はい》れます。一人《ひとり》旅《たび》は、自分だけの時間《じかん》です。そのような時間《じかん》を持《も》つことは、大切《たいせつ》だと思います。最近《さいきん》は、一人《ひとり》旅《たび》は人気《にんき》があって、一人《ひとり》でも楽《たの》しめる旅行会社《りょこうかいしゃ》のサービスも増《ふ》えています。ぜひ、みなさんも一人《ひとり》旅《たび》をしてみてください。

話の内容《ないよう》と合っているのは、どれですか。

1　一人《ひとり》旅《たび》をしたいと思う人が減《へ》っている
2　一人《ひとり》でも楽《たの》しめる旅行会社《りょこうかいしゃ》のサービスは、まだない
3　女の人は、自分だけの時間《じかん》を持《も》つことは大《たい》切《せつ》だと思っている
4　女の人は、一人《ひとり》で旅行会社《りょこうかいしゃ》に行こうと思っている

5番

男の人が話しています。

男：本日《ほんじつ》はブックワールドにお越《こ》しいただきありがとうございます。只今《ただいま》、夏《なつ》の特別《とくべつ》セールを開催中《かいさいちゅう》です。少《すく》なくとも1500円お買《か》い上《あ》げのお客様《きゃくさま》には20%の割引《わりびき》をいたします。セールは本日《ほんじつ》で終了《しゅうりょう》ですので、このチャンスをお見逃《みのが》しなく。どうぞお買《か》い物《もの》をお楽《たの》しみください。

話の内容は何ですか。

1　ブックワールドの品物《しなもの》の案内《あんない》
2　ブックワールドの営業時間《えいぎょうじかん》の案内《あんない》
3　ブックワールドの割引《わりびき》の案内《あんない》
4　ブックワールドの売《う》り場《ば》の案内《あんない》

問題4

1番

男：忙《いそが》しいなら、無理《むり》に来なくてもいいよ。

女：1　え！ 忙《いそが》しいから、無理《むり》だよ。
　　2　どうしてもと言うなら、行かないけど。
　　3　ごめん、じゃあまた今度《こんど》。

2番

女：わが社《しゃ》は、活気《かっき》のある職場《しょくば》だとよく言われます。

男：1　本当《ほんとう》に、みなさんいきいきしていますね。

2　本当《ほんとう》に、みなさんリラックスしていますね。

3　本当《ほんとう》に、みなさん真剣《しんけん》ですね。

3番

男：鈴木さん、相変《あいか》わらずだねえ。

女：1　うん、ずいぶん変《か》わっちゃったよ。

2　そっちこそ全然《ぜんぜん》変《か》わらないね。

3　ずっと、会《あ》いたいとは思ってたんだけど。

4番

女：ここに食《た》べかけのお菓子《かし》置《お》いたの、誰《だれ》？

男：1　すみません、すぐに食《た》べます。

2　すみません、すぐに置《お》きます。

3　すみません、すぐに片《かた》づけます。

5番

男：森さん、お久《ひさ》しぶりですね。

女：1　ごちそうさまでした。

2　ご苦労様《くろうさま》でございます。

3　ご無沙汰《ぶさた》しております。

6番

女：え、もう出張《しゅっちょう》の準備《じゅんび》したの？

男：1　私、だらしないんです。

2　私、せっかちなんです。

3　私、素朴《そぼく》なんです。

7番

男：彼女、大手《おおて》企業《きぎょう》に就職《しゅうしょく》したんだって。

女：1　どうせコネだよ。

2　どうせコツだよ。

3　どうせマメだよ。

8番

女：電車《でんしゃ》、混《こ》んでたでしょう？

男：1　ううん、がらがらだったよ。

2　ううん、かんかんだったよ。

3　ううん、くらくらだったよ。

9番

男：埼玉中央工務店《さいたまちゅうおうこうむてん》の山田と申《もう》しますが、加藤部長《ぶちょう》はいらっしゃいますか。

女：1　はい、少々《しょうしょう》お待《ま》ちください。

2　はい、こちらにいらっしゃいます。

3　はい、一緒《いっしょ》にまいります。

10番

女：営業部《えいぎょうぶ》の岡田課長《かちょう》って知ってる？

男：1　その方《かた》ならよくご存知《ぞんじ》です。

2　その方《かた》ならよく存《ぞん》じておられます。

3　その方《かた》ならよく存《ぞん》じております。

11番

男：君《きみ》が新《あたら》しく担当《たんとう》になった山田君《くん》？

女：1　はい、何《なん》でもよろしくお願いいたします。

2　はい、何卒《なにとぞ》よろしくお願いいたします。

3　はい、何《なん》とかよろしくお願いいたします。

12番

女：となりの教室《きょうしつ》に誰《だれ》かいますか。

男：1　はい、となりに誰《だれ》かでしたよ。

2　いいえ、誰《だれ》かいませんでしたよ。

3　いいえ、誰《だれ》もいませんでしたよ。

問題5

1番

会社《かいしゃ》で女の人と課長《かちょう》が話しています。

女：課長《かちょう》、ちょっとよろしいでしょうか。

男：ああ、いいよ。

女：いつもパンフレットの印刷《いんさつ》を頼《たの》んでいるサクラ印刷《いんさつ》についてなんですが。

男：何か問題《もんだい》でも？

女：ここ1年ほど、担当《たんとう》が変《か》わったせいか、納《のう》期《き》に間《ま》に合《あ》わないことが多くて。それに、レイアウトやカラーも質《しつ》が落《お》ちているんです。

男：ああ、そういえばパッとしない感《かん》じだね。

女：で、ご相談《そうだん》なんですが、この際《さい》、印刷会社《いんさつかいしゃ》をよそにするっていうのはどうでしょう。

男：どこかあてがあるんだね？

女：はい、イロハ印刷《いんさつ》はどうかと思いまして。

男：まあ、価格次第《かかくしだい》だな。見積《みつ》もり取ってから考《かんが》えよう。

女：それが実《じつ》はもう取ってありまして。これです。

男：手回《てまわ》しがいいな。しかし、見積《みつ》もりは両方《りょうほう》から取って比較《ひかく》しないと、部長《ぶちょう》は納得《なっとく》しないよ。

女：わかりました。早急《さっきゅう》にやります。

女の人はこれからまず何をしますか。

1　部長《ぶちょう》を説得《せっとく》する
2　イロハ印刷《いんさつ》から見積《みつ》もりを取る
3　サクラ印刷《いんさつ》から見積《みつ》もりを取る
4　サクラ印刷《いんさつ》とイロハ印刷《いんさつ》から見積《みつ》もりを取る

2番

女の人と男の人の会話《かいわ》を聞《き》いてください。

女：ねえ、牛乳《ぎゅうにゅう》、知《し》らない？

男：え？牛乳《ぎゅうにゅう》？知《し》らないよ。

女：おかしいわねえ…。昨日《きのう》、たしかに、冷蔵《れいぞう》庫《こ》にあったんだけど…。

男：本当《ほんとう》に？飲《の》んだこと忘《わす》れてるだけじゃないの？

女：ううん、そんなことないわ。まだ少《すこ》し、残《のこ》っていたはずよ。あなた、牛乳《ぎゅうにゅう》飲《の》んだ？

男：いいや、飲《の》んでないよ。僕《ぼく》は、牛乳《ぎゅうにゅう》は好きじゃないからね。

女：そうよねえ。

男：でも、変《へん》だなあ…。あ、思《おも》い出《だ》した！今朝《けさ》うちの前《まえ》に猫《ねこ》がいたから牛乳《ぎゅうにゅう》をやったんだった…。

女：あら、そうだったの？それなら、しょうがないわね。

男：ごめん、すっかり忘れてたよ。今《いま》から、買《か》ってこようか？

女：ううん。天気《てんき》もいいし、自分で買《か》いに行くわ。

どうして牛乳《ぎゅうにゅう》がなかったのですか。

1　女の人が買《か》い忘れたから
2　女の人が飲《の》んだから
3　男の人が猫《ねこ》にやったから
4　男の人が飲《の》んだから

3番

ラジオで女の人が話しています。

女：今《いま》の仕事《しごと》をするまでは、家具《かぐ》を売《う》る店《みせ》に勤《つと》めていました。でも、もっと深《ふか》く住《す》まいというものに関《かか》わりたくて、インテリアコーディネーターの資格《しかく》を取《と》りました。インテリアコーディネーターというのは、家《いえ》を建《た》てるお客様《きゃくさま》に、どんなインテリアがいいかを提案《ていあん》する仕事《しごと》です。つまり、床《ゆか》の素材《そざい》や壁《かべ》の色《いろ》、家具《かぐ》やカーテン、照明器具《しょうめいきぐ》も含《ふく》めて、お客様《きゃくさま》の好《この》みを生《い》かした空間《くうかん》を作《つく》るんです。そのためには、お客様《きゃくさま》を知《し》るということが非常《ひじょう》に重要《じゅうよう》です。営業担当者《えいぎょうたんとうしゃ》からお客様《きゃくさま》についてデータを受《う》け取《と》り、その方《かた》に合《あ》うようにインテリアを考《かんが》えて、打《う》ち合《あ》わせの時にご提案《ていあん》します。インテリアコーディネーターがいなくても家は建てられますが、私たちの仕事《しごと》によって、住《す》み心地《ごこち》は何《なん》倍《ばい》もよくなると思っています。

質問1　女の人の仕事《しごと》は、どんな仕事《しごと》ですか。

1　客《きゃく》の希望《きぼう》に合《あ》わせて家《いえ》を建《た》てる仕事《しごと》
2　客《きゃく》の好みに合《あ》った家を探す仕事《しごと》
3　安い家具《かぐ》の店を客に紹介《しょうかい》する仕事《しごと》
4　客《きゃく》に合《あ》った家具《かぐ》などを提案《ていあん》する仕事《しごと》

質問2　女の人の仕事《しごと》は、客にとって、どんないいことがあると言っていますか。

1　家具《かぐ》の知識《ちしき》を学《まな》ぶことができる
2　家族《かぞく》の趣味《しゅみ》がわかるようになる
3　より快適《かいてき》に暮《く》らせるようになる
4　より早《はや》く新《あたら》しい家に住《す》めるようになる

N2 모의고사 6회 스크립트

問題1

1番

店《みせ》で男の人と女の人が話しています。男の人は、どれを買《か》いますか。

男：すみません。新《あたら》しい携帯電話《けいたいでんわ》が欲《ほ》しいんですが。
女：はい。こちらはいかがですか。一番新《いちばんあたら》しい製品《せいひん》です。少《すこ》し大《おお》きいですが、軽《かる》いですよ。
男：本当《ほんとう》ですね。でも、６万円はちょっと高《たか》いな…。同《おな》じ値段《ねだん》なら、こっちの小《ちい》さいほうがいいですね。
女：こちらのは、インターネットがとても速《はや》いです。そして、毎月《まいつき》１時間《じかん》は電話代《でんわだい》がかかりません。
男：１時間《じかん》ですか。うーん…。僕《ぼく》は友《とも》だちとよく電話《でんわ》で話すので…。
女：では、こちらの４万円のものはいかがですか。毎月《まいつき》４千円払《はら》うと、何時間《じかん》でも話すことができます。
男：へえ。いいですね。小さいし、これにします。

男の人は、どれを買《か》いますか。

1　一番新《いちばんあたら》しい製品《せいひん》
2　少《すこ》し大《おお》きいが、軽《かる》い製品《せいひん》
3　４万円の製品《せいひん》
4　４千円の小《ちい》さい製品《せいひん》

2番

女の人と男の人が話しています。二人《ふたり》は明日《あした》、何をしますか。

女：ねえ、明日《あした》どこか行かない？
男：そうだね。涼《すず》しくなったし、ゴルフとかどう？

女：ええ、ゴルフ？わたしはいやよ。たくさん歩《ある》かなきゃいけないし、疲《つか》れるわ。
男：じゃあ、テニスはどう？好きだよね？
女：うーん。あんまり、スポーツをしたい気分《きぶん》じゃないのよね…。動物園《どうぶつえん》とか行きたいな。
男：動物園《どうぶつえん》かあ。動物園《どうぶつえん》もたくさん歩《ある》くよ。疲《つか》れるんじゃない？
女：確《たし》かに、そうね…。あ、じゃあ、展覧会《てんらんかい》に行かない？わたしの友《とも》だちが絵《え》を描《か》いてるの。来週《らいしゅう》までなんだ。
男：ああ、林さんの絵《え》？いいね。じゃあ、そうしよう。

二人は明日《あした》、何をしますか。

1　女の人の言うとおりにする
2　女の人と絵《え》を描《か》きに行く
3　動物園《どうぶつえん》に行ってから展覧会《てんらんかい》に行く
4　女の人の友《とも》だちと展覧会《てんらんかい》に行く

3番

女の人が話しています。一郎は何をするつもりですか。

女：一郎は中学生《ちゅうがくせい》です。彼の大好《だいす》きな先生《せんせい》であるホワイト先生《せんせい》が学校《がっこう》を去《さ》ることになり、彼は先生《せんせい》に贈《おく》り物《もの》をしたいと思っています。彼は写真《しゃしん》アルバムを作成《さくせい》していて、クラスメートにそこにメッセージを書くように頼《たの》むつもりです。一郎は、学校《がっこう》の最後《さいご》の日《ひ》にそれをホワイト先生《せんせい》にあげるつもりです。

一郎は何をするつもりですか。

1　学校《がっこう》で送別会《そうべつかい》をする
2　クラスメートとプレゼントを作《つく》る
3　先生《せんせい》のために手紙《てがみ》を書く
4　学校《がっこう》の最後《さいご》の日《ひ》にクラスメートに何かを頼《たの》む

4番

駅《えき》で、女の人と男の人が話しています。新幹線《しんかんせん》の切符は、いつから買うことができますか。

女：すみません、新幹線《しんかんせん》の切符《きっぷ》を買《か》いたいんですが。
男：どちらまでですか。
女：東京《とうきょう》から京都《きょうと》までです。
男：はい。京都《きょうと》までですね。いつ乗《の》りますか。
女：10月25日です。
男：あ、すみません。新幹線《しんかんせん》の切符《きっぷ》は、１か月前からしか売《う》っていません。
女：あ、そうですか。今日《きょう》は９月24日だから、明日《あした》からですね。
男：はい。午前《ごぜん》10時から買《か》うことができますよ。
女：わかりました。10時ですね。じゃあ、明日《あした》また来ます。

新幹線《しんかんせん》の切符は、いつから買うことができますか。

1　１か月前の午前《ごぜん》９時から
2　１か月前の午前《ごぜん》10時から
3　２か月前の午前《ごぜん》９時から
4　２か月前の午前《ごぜん》10時から

5番

女の人と男の人が話しています。男の人はどのようなレイアウトに直しますか。

女：あ、チンさん。今日《きょう》の午後会議室《ごごかいぎしつ》を使《つか》うので、机《つくえ》と椅子《いす》の並《なら》べ替《か》えをお願いしてもいいかな。
男：はい、わかりました。
女：今は、机《つくえ》と椅子《いす》が１組《くみ》だけ前にあって、ほかの机《つくえ》と椅子《いす》は全部《ぜんぶ》、そちらを向《む》いて並《なら》んでいるんだけど…。
男：それを会議《かいぎ》で使《つか》えるように、カタカナの「ロ」の字型《じがた》にするんですか？
女：いや、そうじゃなくて、今日《きょう》は研修《けんしゅう》で使《つか》うの。グループごとに分《わ》かれて話《はな》し合《あ》うことになるから、机《つくえ》を島型《しまがた》に並《なら》べておいてくれる？グループは４つね。

男：あの、島型《しまがた》って、何ですか？

女：ああ。えーとね、教室《きょうしつ》が海《うみ》だとすると、島《しま》が４つできるようにするってことよ。

男：あ、なるほど。わかりました。

男の人はどのようなレイアウトに直しますか。

1 「ロ」の字型《じがた》に机《つくえ》と椅子《いす》を一つずつ並《なら》べる
2 机《つくえ》は島型《しまがた》、椅子は海型《うみがた》に並《なら》べる
3 机《つくえ》を海型《うみがた》に並《なら》べる
4 机《つくえ》を島型《しまがた》に並《なら》べる

問題2

1番

男の人と女の人の会話《かいわ》を聞《き》いてください。女の人は、どうして毎日《まいにち》お弁当《べんとう》を作《つく》りますか。

男：林さん、最近、毎日《まいにち》お弁当《べんとう》ですね。

女：ええ。節約《せつやく》しているんです。

男：せつやく、ですか。

女：はい。「せつやく」とは、無駄《むだ》をなくすことです。毎日外《まいにちそと》でご飯《はん》を食《た》べると、たくさんお金《きん》を使《つか》うでしょう。お弁当《べんとう》を作《つく》って、持《も》って来たほうが安《やす》いですからね。それに、私は料理《りょうり》が好きですから。

男：なるほど。

女：リさんは、毎日外《まいにちそと》でご飯《はん》を食《た》べているんですか。

男：ええ。料理《りょうり》は得意《とくい》じゃないので…。でも、僕《ぼく》は、ご飯以外《はんいがい》は、あまりお金《きん》を使《つか》いません。たばこも吸《す》わないし、お酒《さけ》も飲《の》まないし…。それに、服《ふく》もあまり買《か》いませんからね。

女：そうですか。私は、よく服を買《か》ってしまいます。洋服代《ようふくだい》も節約《せつやく》しなければなりませんね。

女の人は、どうして毎日《まいにち》お弁当《べんとう》を作《つく》りますか。

1 お金《きん》を使《つか》いたくないから
2 料理《りょうり》を勉強《べんきょう》したいから
3 外《そと》で食《た》べるご飯《はん》はおいしくないから
4 料理《りょうり》が好きじゃないから

2番

男の人と女の人が話しています。佐藤さんはどうして入院《にゅういん》しましたか。

女：キムさん、知っていますか。佐藤さんが入《にゅう》院《いん》したそうですよ。

男：えっ、本当《ほんとう》ですか！？病気《びょうき》ですか？

女：昨日《きのう》、階段《かいだん》で転《ころ》んで、足《あし》にけがをしたそうです。一人《ひとり》で歩《ある》くことはできませんが、話すことはできるそうです。

男：ジェーンさんは誰《だれ》から聞いたんですか。

女：鈴木さんに聞いたんです。今日《きょう》、お見舞《みま》いに行ってきたそうですよ。

男：そうなんですか。そうだ、僕《ぼく》たちもお見舞《みま》いに行きませんか。

女：そうですね。佐藤さんが入院《にゅういん》しているのはさくら病院《びょういん》だそうですよ。あ、でも部屋番《へやばん》号《ごう》を聞《き》くのを忘《わす》れました。

男：じゃ、僕《ぼく》が鈴木さんに電話《でんわ》で聞いておきますね。

佐藤さんはどうして入院《にゅういん》しましたか。

1 話をすることができなくなったから
2 階段《かいだん》で転《ころ》んでけがをしたから
3 自転車《じてんしゃ》で転《ころ》んでけがをしたから
4 病気《びょうき》で入院《にゅういん》したから

3番

女の人と男の人が電話《でんわ》で話しています。男の人はなぜ女の人に電話《でんわ》をしましたか。

女：もしもし。

男：エナちゃん！次郎だよ。

女：あ、次郎君。

男：金曜《きんよう》の夜《よる》、自宅《じたく》に友《とも》だちを数人招待《すうにんしょうたい》しているんだ。君《きみ》も来ない？

女：ちょっと待って。金曜日《きんようび》の何時《なんじ》から？

男：７時からだよ。

女：５時にバイトが終《お》わるからいいよ。ぜひ行きたいわ。何か持《も》っていったほうがいいかしら。

男：いいや、大丈夫《だいじょうぶ》。僕《ぼく》は夕食《ゆうしょく》を作《つく》るつもりだし、別《べつ》の友《とも》だちはデザートと飲《の》み物《もの》を持《も》ってくることになっているんだ。食事《しょくじ》の後《あと》、DVDを見るかもしれないな。

女：それはいいわね。

男の人はなぜ女の人に電話《でんわ》をしましたか。

1　彼女をパーティーに誘《さそ》うため

2　DVDを借《か》りるため

3　友だちについて聞いてみることがあるため

4　お酒《さけ》を飲《の》みに行くため

4番

映画館《えいがかん》のチケット売《う》り場《ば》で男の人と女の人が話しています。男の人はなぜ「エイリアン」を見ないことにしましたか。

男：こんにちは。今日《きょう》の午後《ごご》２時の「エイリアン」のチケットを２枚《まい》買《か》いたいのですが。

女：「エイリアン」のチケットを２枚ですね。お客様《きゃくさま》、大人《おとな》２枚《まい》ですか。

男：いいえ、大人《おとな》１枚《まい》と子供《こども》１枚《まい》です。

女：その映画《えいが》は13才未満《みまん》のお子様《こさま》にはお勧《すす》めできません。怖《こわ》いシーンがたくさんあるのです。

男：そうですか。残念《ざんねん》ですね、娘《むすめ》はまだ９才です。

女：申《もう》し訳《わけ》ございません。

男：他《ほか》に子供《こども》も見られる良《よ》い映画《えいが》は上映《じょうえい》していますか。

女：２時半に「ベースボール・ゴリラ」があります。

男：どんな映画《えいが》ですか。

女：コメディーですから９才のお子様《こさま》でも楽《たの》しめると思います。

男の人はなぜ「エイリアン」を見ないことにしましたか。

1　彼はコメディーが好きだから

2　彼の娘《むすめ》が幼《おさな》すぎるから

3　彼の娘《むすめ》が見たがらないから

4　映画《えいが》が長《なが》すぎるから

5番

男の人がトマトについて話しています。トマトが、ヨーロッパで人気《にんき》がなかったのはどうしてですか。

男：トマトがヨーロッパへ伝《つた》えられたのは、16世紀《せいき》にスペインとポルトガルの探検家《たんけんか》がアメリカ両大陸《りょうたいりく》から帰還《きかん》したことによります。ヨーロッパの人々はトマトの味《あじ》を好《この》みましたが、ほとんどの人が信《しん》じるようになったのは、アメリカの果実《かじつ》は有害《ゆうがい》であるということです。数世紀《すうせいき》にわたって、ヨーロッパで最《もっと》も貧《まず》しい人々しか好んでトマトを食《た》べようとはしなかったのです。人々の考《かんが》え方《かた》が変《か》わったのは、ピザがナポリで1850年代《ねんだい》に作《つく》られた時です。トマトの人気《にんき》は、今では世界中《せかいじゅう》に広《ひろ》がっています。

トマトが、ヨーロッパで人気《にんき》がなかったのはどうしてですか。

1　ヨーロッパの人々は肉《にく》をそれらよりも好んだから

2　ヨーロッパの人々はそれらが有害《ゆうがい》だと考《かんが》えたから

3　ヨーロッパの人々はそれらを食《た》べるだけの余裕《よゆう》がなかったから

4　ヨーロッパの人々はそれらの味《あじ》を好《この》まなかったから

6番

女の人がミドリさんについて話しています。上《じょう》司《し》たちはミドリさんにタイピング指導《しどう》を行《おこな》うように依頼《いらい》したのはどうしてですか。

女：橋本ミドリさんは、イロハ商事《しょうじ》で最速《さいそく》のタイピストでした。調子《ちょうし》のいい日《ひ》であれば、彼女は250文字《もじ》のタイプを１分間でこなすことができました。上司《じょうし》たちは彼女の技能《ぎのう》を高く評価《ひょうか》し、ミドリさんに、社内《しゃない》のタイピストにタイピング指導《しどう》を行《おこな》うよう依頼《いらい》しました。しかしミドリさんは教《おし》えることは気《き》が進《すす》みませんでした。彼女は速《はや》くタイプすることを説明《せつめい》できませんでした。速《はや》いタイピングだけが、彼女にできることだったからです。

上司《じょうし》たちはミドリさんにタイピング指導《しどう》を行うように依頼《いらい》したのはどうしてですか。

1　他のタイピストがより速《はや》くタイプする手助《てだす》けをするため
2　ミドリさんの教員《きょういん》になる夢《ゆめ》を実現《じつげん》させるため
3　ミドリさんの技能《ぎのう》を向上《こうじょう》させるため
4　ミドリさんの性格《せいかく》を変《か》えるため

問題3

1番

男の人が話しています。

男：おはようございます。間《ま》もなく当機《とうき》は降下《こうか》を開始《かいし》し、宮崎上空《じょうくう》へ入《はい》ってまいります。宮崎国際空港《こくさいくうこう》への到着予定《とうちゃくよてい》は17分後《ご》の、現《げん》地時間午前《ちじかんごぜん》７時25分です。窓《まど》からご覧《らん》いただけるとおり、現地《げんち》の天候《てんこう》は快晴《かいせい》です。宮崎滞在《たいざい》をご予定《よてい》のお客様《きゃくさま》は、暑《あつ》さ対策《たいさく》が必《ひつ》要《よう》となるでしょう。

このアナウンスメントは誰を対象にしていますか。

1　空港《くうこう》にいる人々
2　機内《きない》の乗客《じょうきゃく》
3　宮崎空港《くうこう》のスタッフ
4　機内《きない》の客室乗務員《きゃくしつじょうむいん》

2番

女の人が話しています。

女：45歳から50歳の間《あいだ》に、一郎は約《やく》30キロも太《ふと》りました。彼がやせ型《がた》から肥満《ひまん》へと変《か》わったのは、わずか５年間《ねんかん》のことでした。彼の家族《かぞく》や同僚《どうりょう》もみんな彼の健康《けんこう》を心配《しんぱい》していました。彼らは彼にダイエットをして、運動《うんどう》を毎日《まいにち》するように勧《すす》めました。しかし、一郎は聞《き》く耳《みみ》を持たなかったのです。彼に想像《そうぞう》できなかったのは、食《しょく》の楽《たの》しみがない人生《じんせい》でした。

一郎の家族《かぞく》と同僚《どうりょう》を心配《しんぱい》させたのは何ですか。

1　食事《しょくじ》と運動《うんどう》に関するアドバイス
2　飲食《いんしょく》の楽《たの》しみ
3　彼の体重《たいじゅう》の増加が健康《けんこう》に及ぼす影響《えいきょう》
4　彼のダイエットプログラムによる被害《ひがい》

3番

女の人と男の人が話しています。

女：佐藤君、仕事《しごと》終《お》わったらみんなでご飯《はん》食《た》べて帰《かえ》らない？
男：ごめん。今日《きょう》はちょっと…。
女：あ、もしかしてデート？
男：いや、そうじゃないんだ。今《いま》ちょっと学校《がっこう》に通《かよ》ってて。
女：え、会社《かいしゃ》のあとに？何の学校《がっこう》？
男：フランス語《ご》。実《じつ》は、今年《ことし》で会社《かいしゃ》やめて、フランスで料理《りょうり》の勉強《べんきょう》しようと思ってるんだ。
女：えー、フランス？！
男：一緒《いっしょ》にがんばろうって言った同期《どうき》のみんなには悪いんだけど…。

女：何言ってんの。みんな応援《おうえん》するよ。いつか佐藤君のレストランで、みんなで集《あつ》まったりしたいな！

男：ありがとう。がんばるよ。

2人はどんな関係《かんけい》ですか。

1　同僚《どうりょう》
2　上司《じょうし》と部下《ぶか》
3　先輩《せんぱい》と後輩《こうはい》
4　恋人《こいびと》

4番

男の人が話しています。

男：母親《ははおや》は学校《がっこう》の勉強《べんきょう》に関連《かんれん》した教育番組《きょういくばんぐみ》や、ニュースを子供《こども》でも分《わ》かりやすいように工《く》夫《ふう》した番組《ばんぐみ》といった、子供《こども》のためになる番《ばん》組《ぐみ》を見《み》せたいという人が圧倒的《あっとうてき》です。一《いっ》方《ぽう》、父親《ちちおや》は、お笑《わら》い芸人《げいにん》が出《で》るおもしろい番組《ばんぐみ》や、社会情勢《しゃかいじょうせい》などが分《わ》かるドキュメンタリー番組《ばんぐみ》と答《こた》える人が多《おお》いんですね。どうしてでしょうか。実《じつ》は、母親《ははおや》の多《おお》くは「自分《じぶん》が家事《かじ》をしている間《あいだ》などに子供《こども》が一人で見る番組《ばんぐみ》として安心《あんしん》できる内容《ないよう》がいい」と考《かんが》えているんです。一方《いっぽう》、父親《ちちおや》の多くは、「仕事《しごと》から帰《かえ》って自分《じぶん》も一緒《いっしょ》に見られるものがいい」と思う傾向《けいこう》があるらしいです。だから、父親《ちちおや》に聞くと、自分《じぶん》が見たい番組《ばんぐみ》を答えてしまうんですね。

話のテーマは何ですか。

1　父親《ちちおや》と母親《ははおや》が考《かんが》えているテレビ番組《ばんぐみ》の問題《もんだい》点《てん》
2　父親《ちちおや》と母親《ははおや》が考《かんが》えている子供《こども》の学校教育《がっこうきょういく》
3　父親《ちちおや》と母親《ははおや》の教育観《きょういくかん》
4　父親《ちちおや》と母親《ははおや》が小学生《がくせい》の子供《こども》に見せたい番組《ばんぐみ》

5番

女の人がニュースをしています。

女：今日《きょう》の深夜《しんや》、長野県長野市《ながのけんながのし》の会社員《かいしゃいん》が、酒《さけ》に酔《よ》った状態《じょうたい》でオートバイを運転中《うんてんちゅう》に車《くるま》と衝突《しょうとつ》する事故《じこ》を起《お》こしました。事故《じこ》を起《お》こしたのは、長野《ながの》市の36歳の会社員で、酒《さけ》を飲《の》んだ状態《じょうたい》でオートバイを運転《うんてん》し、11日午《ご》後《ご》11時40分ごろ、長野《ながの》市西町《にしまち》の国道《こくどう》で、前《まえ》を走《はし》る車《くるま》を追《お》い越《こ》そうとしてセンターラインをはみだし、対向車線《たいこうしゃせん》を走《はし》ってきた事《じ》と正面衝突《しょうめんしょうとつ》したとのことです。男性《だんせい》は腰《こし》の骨《ほね》を折《お》る重体《じゅうたい》で病院《びょういん》に運《はこ》ばれましたが、対向《たいこう》車《しゃ》の人にけがはありませんでした。警察《けいさつ》は入院中《にゅういんちゅう》の男性《だんせい》のけがの回復《かいふく》を待《ま》って、詳《くわ》しい事情《じじょう》を聞《き》く方針《ほうしん》です。

話の内容と合っているのはどれですか。

1　事故《じこ》を起《お》こした男性《だんせい》は酒《さけ》を飲《の》んで運転《うんてん》していた
2　事故《じこ》を起《お》こした男性《だんせい》は警察官《けいさつかん》だった
3　事故《じこ》を起《お》こした男性《だんせい》にけがはなかった
4　交差点《こうさてん》で２台の車《くるま》がぶつかった

問題4

1番

男：すしを食べたことがありますか。

女：1　いいえ、ありません。
　　2　はい、ここにあります。
　　3　いいえ、すしじゃありません。

2番

女：お久しぶりです。

男：1　行ってらっしゃい。
　　2　しばらくですね。
　　3　かしこまりました。

3番

男：その犬《いぬ》の体重《たいじゅう》は、どのくらいですか。

女：1　6センチです。

2　6ミリです。

3　6キロです。

4番

女：試合《しあい》の結果《けっか》は思《おも》った通《とお》りだったね。

男：1　うん、やっぱり負《ま》けちゃったね。

2　結果《けっか》が出るのが楽《たの》しみだね。

3　試合《しあい》はいつ始《はじ》まるんだろうね。

5番

男：ここにはんこを押《お》してください。

女：1　押《お》さないで、引《ひ》きますね。

2　はんこを貸《か》してくれますか。

3　サインでもいいですか。

6番

女：最近《さいきん》、天気《てんき》が曇《くも》りがちだね。

男：1　うん、雲《くも》1つないよね。

2　うん、曇《くも》りが続《つづ》いてるね。

3　うん、たまには曇《くも》ってほしいね。

7番

男：電気《でんき》をつけっぱなしにしないでよ。

女：1　ごめん、つけるよ。

2　ごめん、消《け》すよ。

3　ごめん、払《はら》うよ。

8番

女：ため息《いき》ついて、どうしたの？

男：1　仕事《しごと》で失敗《しっぱい》しちゃって…。

2　週末《しゅうまつ》の旅行《りょこう》が楽《たの》しみなの。

3　このテレビが面白《おもしろ》すぎるのよ。

9番

男：この野菜《やさい》の産地《さんち》、わかりますか。

女：1　8月です。

2　畑《はたけ》です。

3　京都《きょうと》です。

10番

女：彼のしたことは、尊敬《そんけい》に値《あたい》するね。

男：1　うん、尊敬《そんけい》できないね。

2　ひどかったよね。

3　みんなが感心《かんしん》してるよね。

11番

男：車《くるま》を木《き》にぶつけちゃった。

女：1　うわ、さびてるね。

2　うわ、へこんでるね。

3　うわ、縮《ちぢ》んでるね。

12番

女：これ、見《み》かけはともかく味《あじ》はおいしいよ。

男：1　本当《ほんとう》だ、まずそうに見《み》えるのに。

2　本当《ほんとう》だ、見《み》かけも味もいいね。

3　本当《ほんとう》だ、きれいでおいしそう。

問題5

1番

女の人と男の人が昼《ひる》ご飯《はん》について話しています。

女：佐藤さん、忙《いそが》しそうですね。私、今からコンビニへ昼《ひる》ご飯《はん》を買《か》いに行くんですけど、ついでに何か買《か》ってきましょうか？

男：そうだなあ。今日《きょう》は何にしようかなあ。

女：午後《ごご》も忙《いそが》しいなら、たくさん食《た》べないと！

男：うーん、食《た》べすぎると眠《ねむ》くなるからなあ。

女：じゃあ、私はおにぎりにしますけど、同《おな》じのでいいですか？それとも、パンとかインスタントラーメンとかのほうがいいですか？

男：そうだなあ、おにぎりは今朝《けさ》食《た》べたから、いいや。それ以外《いがい》で、片手《かたて》で持《も》って食《た》べられるのがいいかな。もうしばらく手《て》が離《はな》せそうにないから。

女：わかりました。じゃ、行ってきます。

男：ありがとう、お願いね。

男の人はどれを食《た》べると思われますか。

1　おにぎり
2　パン
3　定食《ていしょく》
4　何も食《た》べない

2番

女の人と男の人が「寝《ね》る前の準備《じゅんび》」について話しています。

女：ねえ、寝《ね》る前《まえ》に必《かなら》ずすることって、ある？

男：寝《ね》る前《まえ》にすること？そうだなあ…、あまり意識《いしき》したことないけど…。

女：これ、「寝《ね》る前《まえ》の準備《じゅんび》」について聞《き》いたアンケートの結果《けっか》なんだけど、見てみて。

男：へえ。あ、僕《ぼく》はこれかな。よく眠《ねむ》れるように、寝《ね》る前《まえ》の１時間《じかん》はパソコンとか携帯《けいたい》を使《つか》わないようにしてるんだ。

女：それはいいことね。パソコンとか携帯《けいたい》の画《が》面《めん》から出《で》る強《つよ》い光《ひかり》を長時間《ちょうじかん》見続《みつづ》けると、脳《のう》が「今《いま》は朝《あさ》だ」と錯覚《さっかく》してしまうって、聞《き》いたことがあるわ。

男：そうそう。この、部屋《へや》を暗《くら》くするっていうのも同《おな》じ理論《りろん》だよね。

女：そうね。私は、必ず携帯《けいたい》のアラームをセットするけど…、そうする人って、意外《いがい》と少《すく》ないのね。女性《じょせい》でも半分《はんぶん》くらいしかいないし、男性《だんせい》なんて、４割《わり》にも満《み》たないわよ。

男：本当《ほんとう》だ。実《じつ》は僕《ぼく》も、朝《あさ》は自然《しぜん》と目覚《めざ》めるタイプだからなあ。目覚《めざ》ましなんて、ここ何年も使《つか》ってないよ。

女：へえ、私はそんなの不安《ふあん》で眠《ねむ》れないわ。まあ、朝《あさ》、お化粧《けしょう》したり、髪《かみ》の毛《け》をセットしたり、服《ふく》をコーディネートしたり、何《なに》かと時間《じかん》がかかるからね。寝坊《ねぼう》はできないのよ。

男：そうか…、女性《じょせい》は大変《たいへん》だね。

男の人はどんなタイプの人ですか。

1　寝《ね》る前《まえ》にパソコンとか携帯《けいたい》を使《つか》うタイプ
2　朝《あさ》、いろんなことをするタイプ
3　あまり目覚《めざ》ましを使《つか》わないタイプ
4　必ず携帯《けいたい》のアラームをセットするタイプ

3番

男の人がセミナーで話しています。

男：コンビニ店舗《てんぽ》では、人通《ひとどお》りの多《おお》い道路《どうろ》に面《めん》した場所《ばしょ》がよい立地《りっち》とされてきましたが、2000年以降《いこう》、「特殊立地《とくしゅりっち》」と呼《よ》ばれる場《ば》所《しょ》、例《たと》えば病院《びょういん》、オフィスビル、高速道路《こうそくどうろ》のサービスエリアなど、限《かぎ》られた人しか行かない場所《ばしょ》での出店《しゅってん》が増《ふ》えています。こういう場所《ばしょ》では、客層《きゃくそう》が広《ひろ》がったり客数《きゃくすう》が増《ふ》えたりすることはありません。しかし、客《きゃく》層《そう》が限られているがゆえに店舗利用《てんぽりよう》のシーンが限定《げんてい》できて、よく売《う》れる商品《しょうひん》を予測《よそく》しやすいことがわかってきました。病院内《びょういんない》なら、入院患者《にゅういんかんじゃ》に必要《ひつよう》な生活用品《せいかつようひん》、オフィスビルなら事務用品《じむようひん》やポケットサイズのお菓《か》子《し》、サービスエリアなら地元《じもと》の名産品《めいさんひん》というように、特徴的《とくちょうてき》なニーズが絞《しぼ》り込《こ》めるわけです。つまり、お客《きゃく》が限られていても、品揃《しなぞろ》え次第《しだい》で需要《じゅよう》は見込《みこ》めますし、客層《きゃくそう》や客数《きゃくすう》に大きな変動《へんどう》がないほうが計画的《けいかくてき》な仕《し》入《い》れができますね。すると、欠品《けっぴん》や廃棄《はいき》のロスも減《へ》り、結果的《けっかてき》に、効率的《こうりつてき》な運営《うんえい》ができるというわけなんです。

質問1　「特殊立地《とくしゅりっち》」について当《あ》てはまるものはどれですか。

1　様々《さまざま》な業界《ぎょうかい》の店舗《てんぽ》が出店《しゅってん》している

2　コンビニの立地場所《りっちばしょ》としてふさわしくない

3　近年《きんねん》コンビニの立地場所《りっちばしょ》として注目《ちゅうもく》されている

4　元々《もともと》は専門店《せんもんてん》が集《あつ》まる場所《ばしょ》だった

質問2　「特殊立地《とくしゅりっち》」に出店《しゅってん》したコンビニ店舗《てんぽ》について当《あ》てはまるものはどれですか。

1　不特定多数《ふとくていたすう》の客《きゃく》が集《あつ》まる

2　幅広《はばひろ》い客層《きゃくそう》が来店《らいてん》する

3　仕入《しい》れる商品《しょうひん》の種類《しゅるい》が豊富《ほうふ》である

4　店舗《てんぽ》によって扱《あつか》う商品《しょうひん》に特徴《とくちょう》がある

N2

かいとうようし

受験番号《じゅけんばんごう》	

名《な》　前《まえ》	

N2 言語知識(文字・語彙・文法)・読解 解答用紙 (1회)

受験番号 Examinee Registration Number												
1	0	*			0	1	*					
⓪	●		⓪	⓪	●	⓪		⓪	⓪	⓪	⓪	⓪
●	①		①	①	①	●		①	①	①	①	①
②	②		②	②	②	②		②	②	②	②	②
③	③		③	③	③	③		③	③	③	③	③
④	④		④	④	④	④		④	④	④	④	④
⑤	⑤		⑤	⑤	⑤	⑤		⑤	⑤	⑤	⑤	⑤
⑥	⑥		⑥	⑥	⑥	⑥		⑥	⑥	⑥	⑥	⑥
⑦	⑦		⑦	⑦	⑦	⑦		⑦	⑦	⑦	⑦	⑦
⑧	⑧		⑧	⑧	⑧	⑧		⑧	⑧	⑧	⑧	⑧
⑨	⑨		⑨	⑨	⑨	⑨		⑨	⑨	⑨	⑨	⑨

名 前 Name	

< ちゅうい Notes >

1. くろいえんぴつ (HB、No.2) でかいてください。
   Use a black medium soft (HB or No 2) pencil.
2. かきなおすときは、けしゴムできれいにけしてください。
   Erase any unintended marks completely.
3. きたなくしたり、おったりしないでください。
   Do not soil or bend this sheet.
4. マークれい Marking examples

よい Correct	わるい Incorrect
●	

問題 1				
1	①	②	③	④
2	①	②	③	④
3	①	②	③	④
4	①	②	③	④
5	①	②	③	④
問題 2				
6	①	②	③	④
7	①	②	③	④
8	①	②	③	④
9	①	②	③	④
10	①	②	③	④
問題 3				
11	①	②	③	④
12	①	②	③	④
13	①	②	③	④
14	①	②	③	④
15	①	②	③	④
問題 4				
16	①	②	③	④
17	①	②	③	④
18	①	②	③	④
19	①	②	③	④
20	①	②	③	④
21	①	②	③	④
22	①	②	③	④
問題 5				
23	①	②	③	④
24	①	②	③	④
25	①	②	③	④
26	①	②	③	④
27	①	②	③	④

問題 6				
28	①	②	③	④
29	①	②	③	④
30	①	②	③	④
31	①	②	③	④
32	①	②	③	④
問題 7				
33	①	②	③	④
34	①	②	③	④
35	①	②	③	④
36	①	②	③	④
37	①	②	③	④
38	①	②	③	④
39	①	②	③	④
40	①	②	③	④
41	①	②	③	④
42	①	②	③	④
43	①	②	③	④
44	①	②	③	④
問題 8				
45	①	②	③	④
46	①	②	③	④
47	①	②	③	④
48	①	②	③	④
49	①	②	③	④
問題 9				
50	①	②	③	④
51	①	②	③	④
52	①	②	③	④
53	①	②	③	④
54	①	②	③	④

問題 10				
55	①	②	③	④
56	①	②	③	④
57	①	②	③	④
58	①	②	③	④
59	①	②	③	④
問題 11				
60	①	②	③	④
61	①	②	③	④
62	①	②	③	④
63	①	②	③	④
64	①	②	③	④
65	①	②	③	④
66	①	②	③	④
67	①	②	③	④
68	①	②	③	④
問題 12				
69	①	②	③	④
70	①	②	③	④
問題 13				
71	①	②	③	④
72	①	②	③	④
問題 14				
73	①	②	③	④
74	①	②	③	④

N2 聴解 解答用紙 (1회)

受験番号 Examinee Registration Number												
1	0	*			0	1	*					
⓪	●		⓪	⓪	●	⓪		⓪	⓪	⓪	⓪	⓪
●	①		①	①	①	●		①	①	①	①	①
②	②		②	②	②	②		②	②	②	②	②
③	③		③	③	③	③		③	③	③	③	③
④	④		④	④	④	④		④	④	④	④	④
⑤	⑤		⑤	⑤	⑤	⑤		⑤	⑤	⑤	⑤	⑤
⑥	⑥		⑥	⑥	⑥	⑥		⑥	⑥	⑥	⑥	⑥
⑦	⑦		⑦	⑦	⑦	⑦		⑦	⑦	⑦	⑦	⑦
⑧	⑧		⑧	⑧	⑧	⑧		⑧	⑧	⑧	⑧	⑧
⑨	⑨		⑨	⑨	⑨	⑨		⑨	⑨	⑨	⑨	⑨

名 前 Name	

< ちゅうい Notes >

1. くろいえんぴつ（HB、No. 2）でかいてください。
   Use a black medium soft (HB or No 2) pencil.
2. かきなおすときは、けしゴムできれいにけしてください。
   Erase any unintended marks completely.
3. きたなくしたり、おったりしないでください。
   Do not soil or bend this sheet.
4. マークれい Marking examples

よい Correct	わるい Incorrect
●	⊗ ✓ ◯ ⦿ ⊜ ⦶ ◉

問題 1				
1	①	②	●	④
2	①	②	③	④
3	①	②	③	④
4	①	②	③	④
5	①	②	③	④

問題 2				
1	①	②	●	④
2	①	②	③	④
3	①	②	③	④
4	①	②	③	④
5	①	②	③	④
6	①	②	③	④

問題 3				
1	①	②	●	④
2	①	②	③	④
3	①	②	③	④
4	①	②	③	④
5	①	②	③	④

問題 4			
1	①	②	●
2	①	②	③
3	①	②	③
4	①	②	③
5	①	②	③
6	①	②	③
7	①	②	③
8	①	②	③
9	①	②	③
10	①	②	③
11	①	②	③
12	①	②	③

問題 5					
1		①	②	③	④
2		①	②	③	④
3	(1)	①	②	③	④
	(2)	①	②	③	④

N2 言語知識（文字・語彙・文法）・読解 解答用紙 (2회)

受験番号
Examinee Registration Number

1	0	*			0	1	*					
⓪	●		⓪	⓪	●	⓪		⓪	⓪	⓪	⓪	⓪
●	①		①	①	①	●		①	①	①	①	①
②	②		②	②	②	②		②	②	②	②	②
③	③		③	③	③	③		③	③	③	③	③
④	④		④	④	④	④		④	④	④	④	④
⑤	⑤		⑤	⑤	⑤	⑤		⑤	⑤	⑤	⑤	⑤
⑥	⑥		⑥	⑥	⑥	⑥		⑥	⑥	⑥	⑥	⑥
⑦	⑦		⑦	⑦	⑦	⑦		⑦	⑦	⑦	⑦	⑦
⑧	⑧		⑧	⑧	⑧	⑧		⑧	⑧	⑧	⑧	⑧
⑨	⑨		⑨	⑨	⑨	⑨		⑨	⑨	⑨	⑨	⑨

名 前
Name

＜ ちゅうい Notes ＞

1. くろいえんぴつ（HB、No.2）でかいてください。
Use a black medium soft (HB or No 2) pencil.

2. かきなおすときは、けしゴムできれいにけしてください。
Erase any unintended marks completely.

3. きたなくしたり、おったりしないでください。
Do not soil or bend this sheet.

4. マークれい Marking examples

よい Correct	わるい Incorrect
●	⊗ ◯ ◯ ⓪ ◯ ◯ ◯

問題 1				
1	①	②	③	④
2	①	②	③	④
3	①	②	③	④
4	①	②	③	④
5	①	②	③	④

問題 2				
6	①	②	③	④
7	①	②	③	④
8	①	②	③	④
9	①	②	③	④
10	①	②	③	④

問題 3				
11	①	②	③	④
12	①	②	③	④
13	①	②	③	④
14	①	②	③	④
15	①	②	③	④

問題 4				
16	①	②	③	④
17	①	②	③	④
18	①	②	③	④
19	①	②	③	④
20	①	②	③	④
21	①	②	③	④
22	①	②	③	④

問題 5				
23	①	②	③	④
24	①	②	③	④
25	①	②	③	④
26	①	②	③	④
27	①	②	③	④

問題 6				
28	①	②	③	④
29	①	②	③	④
30	①	②	③	④
31	①	②	③	④
32	①	②	③	④

問題 7				
33	①	②	③	④
34	①	②	③	④
35	①	②	③	④
36	①	②	③	④
37	①	②	③	④
38	①	②	③	④
39	①	②	③	④
40	①	②	③	④
41	①	②	③	④
42	①	②	③	④
43	①	②	③	④
44	①	②	③	④

問題 8				
45	①	②	③	④
46	①	②	③	④
47	①	②	③	④
48	①	②	③	④
49	①	②	③	④

問題 9				
50	①	②	③	④
51	①	②	③	④
52	①	②	③	④
53	①	②	③	④
54	①	②	③	④

問題 10				
55	①	②	③	④
56	①	②	③	④
57	①	②	③	④
58	①	②	③	④
59	①	②	③	④

問題 11				
60	①	②	③	④
61	①	②	③	④
62	①	②	③	④
63	①	②	③	④
64	①	②	③	④
65	①	②	③	④
66	①	②	③	④
67	①	②	③	④
68	①	②	③	④

問題 12				
69	①	②	③	④
70	①	②	③	④

問題 13				
71	①	②	③	④
72	①	②	③	④
73	①	②	③	④

問題 14				
74	①	②	③	④
75	①	②	③	④

N2 聴解 解答用紙 (2회)

受験番号 Examinee Registration Number												
1	0	*			0	1	*					
⓪	●		⓪	⓪	●	⓪		⓪	⓪	⓪	⓪	⓪
●	①		①	①	①	●		①	①	①	①	①
②	②		②	②	②	②		②	②	②	②	②
③	③		③	③	③	③		③	③	③	③	③
④	④		④	④	④	④		④	④	④	④	④
⑤	⑤		⑤	⑤	⑤	⑤		⑤	⑤	⑤	⑤	⑤
⑥	⑥		⑥	⑥	⑥	⑥		⑥	⑥	⑥	⑥	⑥
⑦	⑦		⑦	⑦	⑦	⑦		⑦	⑦	⑦	⑦	⑦
⑧	⑧		⑧	⑧	⑧	⑧		⑧	⑧	⑧	⑧	⑧
⑨	⑨		⑨	⑨	⑨	⑨		⑨	⑨	⑨	⑨	⑨

名 前 Name	

< ちゅうい　Notes >

1. くろいえんぴつ（HB、No.2）でかいてください。
Use a black medium soft (HB or No 2) pencil.

2. かきなおすときは、けしゴムできれいにけしてください。
Erase any unintended marks completely.

3. きたなくしたり、おったりしないでください。
Do not soil or bend this sheet.

4. マークれい　Marking examples

よい Correct	わるい Incorrect
●	

問 題 1				
1	①	②	●	④
2	①	②	③	④
3	①	②	③	④
4	①	②	③	④
5	①	②	③	④

問 題 2				
1	①	②	●	④
2	①	②	③	④
3	①	②	③	④
4	①	②	③	④
5	①	②	③	④
6	①	②	③	④

問 題 3				
1	①	②	●	④
2	①	②	③	④
3	①	②	③	④
4	①	②	③	④
5	①	②	③	④

問 題 4			
1	①	②	●
2	①	②	③
3	①	②	③
4	①	②	③
5	①	②	③
6	①	②	③
7	①	②	③
8	①	②	③
9	①	②	③
10	①	②	③
11	①	②	③
12	①	②	③

問 題 5					
1		①	②	③	④
2		①	②	③	④
3	(1)	①	②	③	④
	(2)	①	②	③	④

N2 言語知識（文字・語彙・文法）・読解 解答用紙 (3회)

受験番号
Examinee Registration Number

1	0	*			0	1	*					
⓪	●		⓪	⓪	●	⓪		⓪	⓪	⓪	⓪	⓪
●	①		①	①	①	●		①	①	①	①	①
②	②		②	②	②	②		②	②	②	②	②
③	③		③	③	③	③		③	③	③	③	③
④	④		④	④	④	④		④	④	④	④	④
⑤	⑤		⑤	⑤	⑤	⑤		⑤	⑤	⑤	⑤	⑤
⑥	⑥		⑥	⑥	⑥	⑥		⑥	⑥	⑥	⑥	⑥
⑦	⑦		⑦	⑦	⑦	⑦		⑦	⑦	⑦	⑦	⑦
⑧	⑧		⑧	⑧	⑧	⑧		⑧	⑧	⑧	⑧	⑧
⑨	⑨		⑨	⑨	⑨	⑨		⑨	⑨	⑨	⑨	⑨

名 前 Name	

< ちゅうい Notes >

1. くろいえんぴつ（HB、No. 2）でかいてください。
   Use a black medium soft (HB or No 2) pencil.
2. かきなおすときは、けしゴムできれいにけしてください。
   Erase any unintended marks completely.
3. きたなくしたり、おったりしないでください。
   Do not soil or bend this sheet.
4. マークれい　Marking examples

よい Correct	わるい Incorrect
●	⊗ ✓ ◯ ⓞ ◉ ⦶ ◍

問 題 1				
1	①	②	③	④
2	①	②	③	④
3	①	②	③	④
4	①	②	③	④
5	①	②	③	④
問 題 2				
6	①	②	③	④
7	①	②	③	④
8	①	②	③	④
9	①	②	③	④
10	①	②	③	④
問 題 3				
11	①	②	③	④
12	①	②	③	④
13	①	②	③	④
14	①	②	③	④
15	①	②	③	④
問 題 4				
16	①	②	③	④
17	①	②	③	④
18	①	②	③	④
19	①	②	③	④
20	①	②	③	④
21	①	②	③	④
22	①	②	③	④
問 題 5				
23	①	②	③	④
24	①	②	③	④
25	①	②	③	④
26	①	②	③	④
27	①	②	③	④

問 題 6				
28	①	②	③	④
29	①	②	③	④
30	①	②	③	④
31	①	②	③	④
32	①	②	③	④
問 題 7				
33	①	②	③	④
34	①	②	③	④
35	①	②	③	④
36	①	②	③	④
37	①	②	③	④
38	①	②	③	④
39	①	②	③	④
40	①	②	③	④
41	①	②	③	④
42	①	②	③	④
43	①	②	③	④
44	①	②	③	④
問 題 8				
45	①	②	③	④
46	①	②	③	④
47	①	②	③	④
48	①	②	③	④
49	①	②	③	④
問 題 9				
50	①	②	③	④
51	①	②	③	④
52	①	②	③	④
53	①	②	③	④
54	①	②	③	④

問 題 10				
55	①	②	③	④
56	①	②	③	④
57	①	②	③	④
58	①	②	③	④
59	①	②	③	④
問 題 11				
60	①	②	③	④
61	①	②	③	④
62	①	②	③	④
63	①	②	③	④
64	①	②	③	④
65	①	②	③	④
66	①	②	③	④
67	①	②	③	④
68	①	②	③	④
問 題 12				
69	①	②	③	④
70	①	②	③	④
問 題 13				
71	①	②	③	④
72	①	②	③	④
問 題 14				
73	①	②	③	④
74	①	②	③	④

N2 聴解 解答用紙 (3회)

受験番号 Examinee Registration Number												
1	0	*			0	1	*					
⓪	●		⓪	⓪	●	⓪		⓪	⓪	⓪	⓪	⓪
●	①		①	①	①	●		①	①	①	①	①
②	②		②	②	②	②		②	②	②	②	②
③	③		③	③	③	③		③	③	③	③	③
④	④		④	④	④	④		④	④	④	④	④
⑤	⑤		⑤	⑤	⑤	⑤		⑤	⑤	⑤	⑤	⑤
⑥	⑥		⑥	⑥	⑥	⑥		⑥	⑥	⑥	⑥	⑥
⑦	⑦		⑦	⑦	⑦	⑦		⑦	⑦	⑦	⑦	⑦
⑧	⑧		⑧	⑧	⑧	⑧		⑧	⑧	⑧	⑧	⑧
⑨	⑨		⑨	⑨	⑨	⑨		⑨	⑨	⑨	⑨	⑨

名前 Name	

＜ ちゅうい Notes ＞

1. くろいえんぴつ（HB、No. 2）でかいてください。
   Use a black medium soft (HB or No 2) pencil.
2. かきなおすときは、けしゴムできれいにけしてください。
   Erase any unintended marks completely.
3. きたなくしたり、おったりしないでください。
   Do not soil or bend this sheet.
4. マークれい Marking examples

よい Correct	わるい Incorrect
●	⊗ ⊘ ◯ ⊙ ⊜ ⦶ ◍

問題 1				
1	①	②	●	④
2	①	②	③	④
3	①	②	③	④
4	①	②	③	④
5	①	②	③	④

問題 2				
1	①	②	●	④
2	①	②	③	④
3	①	②	③	④
4	①	②	③	④
5	①	②	③	④
6	①	②	③	④

問題 3				
1	①	②	●	④
2	①	②	③	④
3	①	②	③	④
4	①	②	③	④
5	①	②	③	④

問題 4			
1	①	②	●
2	①	②	③
3	①	②	③
4	①	②	③
5	①	②	③
6	①	②	③
7	①	②	③
8	①	②	③
9	①	②	③
10	①	②	③
11	①	②	③
12	①	②	③

問題 5					
1		①	②	③	④
2		①	②	③	④
3	(1)	①	②	③	④
	(2)	①	②	③	④

N2 言語知識（文字・語彙・文法）・読解 解答用紙 (4회)

受験番号 Examinee Registration Number												
1	0	＊			0	1	＊					
⓪	●		⓪	⓪	●	⓪		⓪	⓪	⓪	⓪	⓪
●	①		①	①	①	●		①	①	①	①	①
②	②		②	②	②	②		②	②	②	②	②
③	③		③	③	③	③		③	③	③	③	③
④	④		④	④	④	④		④	④	④	④	④
⑤	⑤		⑤	⑤	⑤	⑤		⑤	⑤	⑤	⑤	⑤
⑥	⑥		⑥	⑥	⑥	⑥		⑥	⑥	⑥	⑥	⑥
⑦	⑦		⑦	⑦	⑦	⑦		⑦	⑦	⑦	⑦	⑦
⑧	⑧		⑧	⑧	⑧	⑧		⑧	⑧	⑧	⑧	⑧
⑨	⑨		⑨	⑨	⑨	⑨		⑨	⑨	⑨	⑨	⑨

名　前 Name	

＜ ちゅうい　Notes ＞

1. くろいえんぴつ（HB、No.2）でかいてください。
Use a black medium soft (HB or No 2) pencil.

2. かきなおすときは、けしゴムできれいにけしてください。
Erase any unintended marks completely.

3. きたなくしたり、おったりしないでください。
Do not soil or bend this sheet.

4. マークれい　Marking examples

よい Correct	わるい Incorrect
●	⊗ ◡ ◯ ⦿ ≋ ⦶ ◍

問題 1				
1	①	②	③	④
2	①	②	③	④
3	①	②	③	④
4	①	②	③	④
5	①	②	③	④

問題 2				
6	①	②	③	④
7	①	②	③	④
8	①	②	③	④
9	①	②	③	④
10	①	②	③	④

問題 3				
11	①	②	③	④
12	①	②	③	④
13	①	②	③	④
14	①	②	③	④
15	①	②	③	④

問題 4				
16	①	②	③	④
17	①	②	③	④
18	①	②	③	④
19	①	②	③	④
20	①	②	③	④
21	①	②	③	④
22	①	②	③	④

問題 5				
23	①	②	③	④
24	①	②	③	④
25	①	②	③	④
26	①	②	③	④
27	①	②	③	④

問題 6				
28	①	②	③	④
29	①	②	③	④
30	①	②	③	④
31	①	②	③	④
32	①	②	③	④

問題 7				
33	①	②	③	④
34	①	②	③	④
35	①	②	③	④
36	①	②	③	④
37	①	②	③	④
38	①	②	③	④
39	①	②	③	④
40	①	②	③	④
41	①	②	③	④
42	①	②	③	④
43	①	②	③	④
44	①	②	③	④

問題 8				
45	①	②	③	④
46	①	②	③	④
47	①	②	③	④
48	①	②	③	④
49	①	②	③	④

問題 9				
50	①	②	③	④
51	①	②	③	④
52	①	②	③	④
53	①	②	③	④
54	①	②	③	④

問題 10				
55	①	②	③	④
56	①	②	③	④
57	①	②	③	④
58	①	②	③	④
59	①	②	③	④

問題 11				
60	①	②	③	④
61	①	②	③	④
62	①	②	③	④
63	①	②	③	④
64	①	②	③	④
65	①	②	③	④
66	①	②	③	④
67	①	②	③	④
68	①	②	③	④

問題 12				
69	①	②	③	④
70	①	②	③	④

問題 13				
71	①	②	③	④
72	①	②	③	④

問題 14				
73	①	②	③	④
74	①	②	③	④

N2 聴解 解答用紙 (4회)

受 験 番 号 Examinee Registration Number												
1	0	*			0	1	*					
⓪	●		⓪	⓪	●	⓪		⓪	⓪	⓪	⓪	⓪
●	①		①	①	①	●		①	①	①	①	①
②	②		②	②	②	②		②	②	②	②	②
③	③		③	③	③	③		③	③	③	③	③
④	④		④	④	④	④		④	④	④	④	④
⑤	⑤		⑤	⑤	⑤	⑤		⑤	⑤	⑤	⑤	⑤
⑥	⑥		⑥	⑥	⑥	⑥		⑥	⑥	⑥	⑥	⑥
⑦	⑦		⑦	⑦	⑦	⑦		⑦	⑦	⑦	⑦	⑦
⑧	⑧		⑧	⑧	⑧	⑧		⑧	⑧	⑧	⑧	⑧
⑨	⑨		⑨	⑨	⑨	⑨		⑨	⑨	⑨	⑨	⑨

名 前 Name	

< ちゅうい Notes >

1. くろいえんぴつ（HB、No.2）でかいてください。
   Use a black medium soft (HB or No 2) pencil.
2. かきなおすときは、けしゴムできれいにけしてください。
   Erase any unintended marks completely.
3. きたなくしたり、おったりしないでください。
   Do not soil or bend this sheet.
4. マークれい Marking examples

よい Correct	わるい Incorrect
●	⊗ ⊘ ◯ ⦿ ⊜ ⦶ ◍

問 題 1				
1	①	②	●	④
2	①	②	③	④
3	①	②	③	④
4	①	②	③	④
5	①	②	③	④

問 題 2				
1	①	②	●	④
2	①	②	③	④
3	①	②	③	④
4	①	②	③	④
5	①	②	③	④
6	①	②	③	④

問 題 3				
1	①	②	●	④
2	①	②	③	④
3	①	②	③	④
4	①	②	③	④
5	①	②	③	④

問 題 4			
1	①	②	●
2	①	②	③
3	①	②	③
4	①	②	③
5	①	②	③
6	①	②	③
7	①	②	③
8	①	②	③
9	①	②	③
10	①	②	③
11	①	②	③
12	①	②	③

問 題 5					
1		①	②	③	④
2		①	②	③	④
3	(1)	①	②	③	④
	(2)	①	②	③	④

N2 言語知識(文字・語彙・文法)・読解 解答用紙 (5회)

受験番号 Examinee Registration Number												
1	0	＊			0	1	＊					
⓪	●		⓪	⓪	●	⓪		⓪	⓪	⓪	⓪	⓪
●	①		①	①	①	●		①	①	①	①	①
②	②		②	②	②	②		②	②	②	②	②
③	③		③	③	③	③		③	③	③	③	③
④	④		④	④	④	④		④	④	④	④	④
⑤	⑤		⑤	⑤	⑤	⑤		⑤	⑤	⑤	⑤	⑤
⑥	⑥		⑥	⑥	⑥	⑥		⑥	⑥	⑥	⑥	⑥
⑦	⑦		⑦	⑦	⑦	⑦		⑦	⑦	⑦	⑦	⑦
⑧	⑧		⑧	⑧	⑧	⑧		⑧	⑧	⑧	⑧	⑧
⑨	⑨		⑨	⑨	⑨	⑨		⑨	⑨	⑨	⑨	⑨

名前 Name	

< ちゅうい Notes >

1. くろいえんぴつ（HB、No.2）でかいてください。
Use a black medium soft (HB or No 2) pencil.
2. かきなおすときは、けしゴムできれいにけしてください。
Erase any unintended marks completely.
3. きたなくしたり、おったりしないでください。
Do not soil or bend this sheet.
4. マークれい　Marking examples

よい Correct	わるい Incorrect
●	⊗ ✓ ◯ ⓪ ≶ ◐ ◯

問題 1				
1	①	②	③	④
2	①	②	③	④
3	①	②	③	④
4	①	②	③	④
5	①	②	③	④
問題 2				
6	①	②	③	④
7	①	②	③	④
8	①	②	③	④
9	①	②	③	④
10	①	②	③	④
問題 3				
11	①	②	③	④
12	①	②	③	④
13	①	②	③	④
14	①	②	③	④
15	①	②	③	④
問題 4				
16	①	②	③	④
17	①	②	③	④
18	①	②	③	④
19	①	②	③	④
20	①	②	③	④
21	①	②	③	④
22	①	②	③	④
問題 5				
23	①	②	③	④
24	①	②	③	④
25	①	②	③	④
26	①	②	③	④
27	①	②	③	④

問題 6				
28	①	②	③	④
29	①	②	③	④
30	①	②	③	④
31	①	②	③	④
32	①	②	③	④
問題 7				
33	①	②	③	④
34	①	②	③	④
35	①	②	③	④
36	①	②	③	④
37	①	②	③	④
38	①	②	③	④
39	①	②	③	④
40	①	②	③	④
41	①	②	③	④
42	①	②	③	④
43	①	②	③	④
44	①	②	③	④
問題 8				
45	①	②	③	④
46	①	②	③	④
47	①	②	③	④
48	①	②	③	④
49	①	②	③	④
問題 9				
50	①	②	③	④
51	①	②	③	④
52	①	②	③	④
53	①	②	③	④
54	①	②	③	④

問題 10				
55	①	②	③	④
56	①	②	③	④
57	①	②	③	④
58	①	②	③	④
59	①	②	③	④
問題 11				
60	①	②	③	④
61	①	②	③	④
62	①	②	③	④
63	①	②	③	④
64	①	②	③	④
65	①	②	③	④
66	①	②	③	④
67	①	②	③	④
68	①	②	③	④
問題 12				
69	①	②	③	④
70	①	②	③	④
問題 13				
71	①	②	③	④
72	①	②	③	④
問題 14				
73	①	②	③	④
74	①	②	③	④

N2 聴解 解答用紙 (5회)

受験番号 Examinee Registration Number												
1	0	*			0	1	*					
⓪	●		⓪	⓪	●	⓪		⓪	⓪	⓪	⓪	⓪
●	①		①	①	①	●		①	①	①	①	①
②	②		②	②	②	②		②	②	②	②	②
③	③		③	③	③	③		③	③	③	③	③
④	④		④	④	④	④		④	④	④	④	④
⑤	⑤		⑤	⑤	⑤	⑤		⑤	⑤	⑤	⑤	⑤
⑥	⑥		⑥	⑥	⑥	⑥		⑥	⑥	⑥	⑥	⑥
⑦	⑦		⑦	⑦	⑦	⑦		⑦	⑦	⑦	⑦	⑦
⑧	⑧		⑧	⑧	⑧	⑧		⑧	⑧	⑧	⑧	⑧
⑨	⑨		⑨	⑨	⑨	⑨		⑨	⑨	⑨	⑨	⑨

名前 Name	

< ちゅうい Notes >

1. くろいえんぴつ（HB、No. 2）でかいてください。
   Use a black medium soft (HB or No 2) pencil.
2. かきなおすときは、けしゴムできれいにけしてください。
   Erase any unintended marks completely.
3. きたなくしたり、おったりしないでください。
   Do not soil or bend this sheet.
4. マークれい Marking examples

よい Correct	わるい Incorrect
●	

問題 1				
1	①	②	●	④
2	①	②	③	④
3	①	②	③	④
4	①	②	③	④
5	①	②	③	④

問題 2				
1	①	②	●	④
2	①	②	③	④
3	①	②	③	④
4	①	②	③	④
5	①	②	③	④
6	①	②	③	④

問題 3				
1	①	②	●	④
2	①	②	③	④
3	①	②	③	④
4	①	②	③	④
5	①	②	③	④

問題 4			
1	①	②	●
2	①	②	③
3	①	②	③
4	①	②	③
5	①	②	③
6	①	②	③
7	①	②	③
8	①	②	③
9	①	②	③
10	①	②	③
11	①	②	③
12	①	②	③

問題 5					
1		①	②	③	④
2		①	②	③	④
3	(1)	①	②	③	④
	(2)	①	②	③	④

N2 言語知識（文字・語彙・文法）・読解 解答用紙 (6회)

受験番号 Examinee Registration Number												
1	0	*			0	1	*					
⓪	●		⓪	⓪	●	⓪		⓪	⓪	⓪	⓪	⓪
●	①		①	①	①	●		①	①	①	①	①
②	②		②	②	②	②		②	②	②	②	②
③	③		③	③	③	③		③	③	③	③	③
④	④		④	④	④	④		④	④	④	④	④
⑤	⑤		⑤	⑤	⑤	⑤		⑤	⑤	⑤	⑤	⑤
⑥	⑥		⑥	⑥	⑥	⑥		⑥	⑥	⑥	⑥	⑥
⑦	⑦		⑦	⑦	⑦	⑦		⑦	⑦	⑦	⑦	⑦
⑧	⑧		⑧	⑧	⑧	⑧		⑧	⑧	⑧	⑧	⑧
⑨	⑨		⑨	⑨	⑨	⑨		⑨	⑨	⑨	⑨	⑨

名 前 Name	

＜ ちゅうい Notes ＞

1. くろいえんぴつ（HB、No.2）でかいてください。
Use a black medium soft (HB or No 2) pencil.

2. かきなおすときは、けしゴムできれいにけしてください。
Erase any unintended marks completely.

3. きたなくしたり、おったりしないでください。
Do not soil or bend this sheet.

4. マークれい Marking examples

よい Correct	わるい Incorrect
●	⊗ ✓ ◯ ⊙ ⊜ ⦶ ◍

問 題 1

1	①	②	③	④
2	①	②	③	④
3	①	②	③	④
4	①	②	③	④
5	①	②	③	④

問 題 2

6	①	②	③	④
7	①	②	③	④
8	①	②	③	④
9	①	②	③	④
10	①	②	③	④

問 題 3

11	①	②	③	④
12	①	②	③	④
13	①	②	③	④
14	①	②	③	④
15	①	②	③	④

問 題 4

16	①	②	③	④
17	①	②	③	④
18	①	②	③	④
19	①	②	③	④
20	①	②	③	④
21	①	②	③	④
22	①	②	③	④

問 題 5

23	①	②	③	④
24	①	②	③	④
25	①	②	③	④
26	①	②	③	④
27	①	②	③	④

問 題 6

28	①	②	③	④
29	①	②	③	④
30	①	②	③	④
31	①	②	③	④
32	①	②	③	④

問 題 7

33	①	②	③	④
34	①	②	③	④
35	①	②	③	④
36	①	②	③	④
37	①	②	③	④
38	①	②	③	④
39	①	②	③	④
40	①	②	③	④
41	①	②	③	④
42	①	②	③	④
43	①	②	③	④
44	①	②	③	④

問 題 8

45	①	②	③	④
46	①	②	③	④
47	①	②	③	④
48	①	②	③	④
49	①	②	③	④

問 題 9

50	①	②	③	④
51	①	②	③	④
52	①	②	③	④
53	①	②	③	④
54	①	②	③	④

問 題 10

55	①	②	③	④
56	①	②	③	④
57	①	②	③	④
58	①	②	③	④
59	①	②	③	④

問 題 11

60	①	②	③	④
61	①	②	③	④
62	①	②	③	④
63	①	②	③	④
64	①	②	③	④
65	①	②	③	④
66	①	②	③	④
67	①	②	③	④
68	①	②	③	④

問 題 12

69	①	②	③	④
70	①	②	③	④

問 題 13

71	①	②	③	④
72	①	②	③	④

問 題 14

73	①	②	③	④
74	①	②	③	④

N2 聴解 解答用紙 (6회)

受験番号 Examinee Registration Number												
1	0	*			0	1	*					
⓪	●		⓪	⓪	●	⓪		⓪	⓪	⓪	⓪	⓪
●	①		①	①	①	●		①	①	①	①	①
②	②		②	②	②	②		②	②	②	②	②
③	③		③	③	③	③		③	③	③	③	③
④	④		④	④	④	④		④	④	④	④	④
⑤	⑤		⑤	⑤	⑤	⑤		⑤	⑤	⑤	⑤	⑤
⑥	⑥		⑥	⑥	⑥	⑥		⑥	⑥	⑥	⑥	⑥
⑦	⑦		⑦	⑦	⑦	⑦		⑦	⑦	⑦	⑦	⑦
⑧	⑧		⑧	⑧	⑧	⑧		⑧	⑧	⑧	⑧	⑧
⑨	⑨		⑨	⑨	⑨	⑨		⑨	⑨	⑨	⑨	⑨

名 前 Name	

< ちゅうい Notes >

1. くろいえんぴつ（HB、No. 2）でかいてください。
Use a black medium soft (HB or No 2) pencil.
2. かきなおすときは、けしゴムできれいにけしてください。
Erase any unintended marks completely.
3. きたなくしたり、おったりしないでください。
Do not soil or bend this sheet.
4. マークれい Marking examples

よい Correct	わるい Incorrect
●	

問題 1				
1	①	②	●	④
2	①	②	③	④
3	①	②	③	④
4	①	②	③	④
5	①	②	③	④

問題 2				
1	①	②	●	④
2	①	②	③	④
3	①	②	③	④
4	①	②	③	④
5	①	②	③	④
6	①	②	③	④

問題 3				
1	①	②	●	④
2	①	②	③	④
3	①	②	③	④
4	①	②	③	④
5	①	②	③	④

問題 4			
1	①	②	●
2	①	②	③
3	①	②	③
4	①	②	③
5	①	②	③
6	①	②	③
7	①	②	③
8	①	②	③
9	①	②	③
10	①	②	③
11	①	②	③
12	①	②	③

問題 5					
1		①	②	③	④
2		①	②	③	④
3	(1)	①	②	③	④
	(2)	①	②	③	④

THE 많이 풀어보는 모의고사 N2

초판인쇄_ 2018년 4월 03일
초판발행_ 2018년 4월 10일
저자_ 이장우
펴낸이_ 이장우
펴낸곳_ 도서출판 예빈우
등록일자_ 2014년 1월 17일
등록번호_ 제 398 - 2014 - 000001호
주소_ 경기도 구리시동구릉로129번길24, 103동 801호 (인창동 성원아파트)
전화_ 070-8621-0070 팩스_ (051) 558 - 2238
홈페이지_ www.leejangwoo.com (이장우닷컴)
이메일_ jpt900@hanmail.net

ISBN 979-11-86337-23-3 13730